Die mündliche Prüfung
im 1. Examen

2018

PD Dr. Gerrit Forst LL.M. (Cambridge)
Rechtsanwalt in Düsseldorf

Prof. Dr. Johannes Hellebrand
Honorarprofessor an der Ruhr-Universität Bochum

ALPMANN UND SCHMIDT Juristische Lehrgänge Verlagsges. mbH & Co. KG
Alter Fischmarkt 8, 48143 Münster, 48001 Postfach 1169, Telefon (0251) 98109-0
AS-Online: www.alpmann-schmidt.de

Zitiervorschlag: Forst/Hellebrand, Die mündliche Prüfung im 1. Examen, Rn.

PD Dr. Forst, Gerrit
Prof. Dr. Hellebrand, Johannes
Die mündliche Prüfung im 1. Examen
2. Auflage 2018
ISBN: 978-3-86752-602-9

Verlag Alpmann und Schmidt Juristische Lehrgänge
Verlagsgesellschaft mbH & Co. KG, Münster

Unterstützen Sie uns bei der Weiterentwicklung unserer Produkte.
Wir freuen uns über Anregungen, Wünsche, Lob oder Kritik an:
feedback@alpmann-schmidt.de.

Auf der Buchmesse 2017 hat Alpmann Schmidt in verkürzter Form eine mündliche Prüfung im Ersten Juristischen Examen simuliert und einen Eindruck über Ablauf und Inhalt vermittelt. Einen Zusammenschnitt der Simulation finden Sie auf dem YouTube-Kanal von Alpmann Schmidt unter: https://www.youtube.com/channel/UCiN8CV1RcUuU6DVkbVcn3hQ.

Einleitung

Dieses Skript wendet sich an alle,[1] die ihre universitäre Juristenausbildung mit der mündlichen Prüfung im Ersten Staatsexamen abschließen und die sich auf diese Prüfung vorbereiten möchten. Die mündliche Prüfung weist im Vergleich zum schriftlichen Teil des Ersten Staatsexamens und im Vergleich zu der universitären Schwerpunktbereichsprüfung folgende Besonderheiten auf:

- Die Zeit für die Vorbereitung auf die mündliche Prüfung ist relativ knapp bemessen.
- Der Prüfungsablauf und die Bewertungskriterien sind vielen Kandidaten im Vorfeld nicht oder nur in Grundzügen bekannt.
- In der mündlichen Prüfung selbst besteht wenig Zeit zum Nachdenken, die Fähigkeit zur schnellen Reaktion und zur eigenständigen Argumentation ist gefragt.
- Der Kurzvortrag ist eine Form der Prüfung, die so nirgendwo sonst vorkommt, auch nicht in den Seminaren in den universitären Schwerpunktbereichen.
- An nur einem Tag werden die drei großen Bereiche des Rechts – Zivilrecht, Strafrecht und öffentliches Recht – abgefragt.
- Zusätzlich zu den aus den Klausuren bekannten Prüfungsgegenständen werden verstärkt Grundlagenwissen, methodisches Wissen sowie Kenntnisse der philosophischen, geschichtlichen und gesellschaftlichen Grundlagen des Rechts (§ 5a Abs. 2 S. 2 DRiG) erwartet.
- Die mündliche Prüfung hat einen erheblichen Anteil an der Gesamtnote des Ersten Staatsexamens und bietet häufig die Gelegenheit zu einer deutlichen Verbesserung.

Dieses Skript behandelt in dem von *Hellebrand* als Prüfer und Kommissionsvorsitzenden mit langjähriger Erfahrung verfassten Teil ausführlich den Prüfungsablauf in NRW und gibt Tipps für die Vorbereitung. Die anschließenden, von *Forst* verfassten Teile enthalten in Form von Stichworten wesentliches Prüfungswissen aus den Bereichen des Zivilrechts (einschließlich Nebengebieten), des Strafrechts und des öffentlichen Rechts, jeweils einschließlich des Prozessrechts. Die Darstellung in Form von Stichworten wurde bewusst gewählt, damit die Inhalte auch wie Karteikarten wiederholt werden können, allein oder in der Lerngruppe. Der vorletzte Teil wiederholt die wichtigsten methodischen Grundlagen und enthält darüber hinaus juristische „Allgemeinbildung" zur Rechtsgeschichte und zu bekannten Juristen. Vervollständigt wird das Skript durch drei Kurzvorträge nebst Lösungsvorschlägen aus den drei Rechtsgebieten.

Aus dem Gesagten folgt, was dieses Skript nicht leisten kann und auch nicht leisten soll: Es dient nicht dazu, Kenntnisse im Zivilrecht, im Strafrecht oder im öffentlichen Recht erstmals zu vermitteln. Es setzt voraus, dass der Prüfungskandidat im Laufe seines Studiums und in der Vorbereitung auf die Klausuren bereits vertiefte Kenntnisse in den drei Rechtsgebieten einschließlich der methodischen Grundlagen erlangt hat. Das Skript dient ausschließlich der Wiederholung unter Berücksichtigung der Besonderheiten der mündlichen Prüfung im Ersten Staatsexamen. Es ersetzt nicht das mehrjährige, vertiefte Studium der Rechtsordnung.

Dies vorweggeschickt, wünschen wir allen Kandidaten viel Erfolg in der bevorstehenden mündlichen Prüfung!

1

---

1 Soweit in diesem Skript von „Kandidaten" oder Ähnlichem die Rede ist, sind Damen und Herren gleichermaßen gemeint.

1. Teil: Ratschläge zur Vorbereitung auf die und zum Ablauf der mündlichen Prüfung im Ersten Staatsexamen

A. Allgemeines zur mündlichen Prüfung

2 Der erste Teil der staatlichen Pflichtfachprüfung besteht aus sechs Aufsichtsarbeiten (Klausuren). Die mündliche Prüfung ist der zweite Teil; sie wird vor einem Prüfungsausschuss abgelegt, der aus drei Prüfern einschließlich des Vorsitzenden besteht; zu einer Prüfung sollen nicht mehr als sechs Prüflinge geladen werden (§ 15 JAG NRW). Ihr soll die universitäre Schwerpunktbereichsprüfung im Regelfall vorangehen (§ 10 JAG NRW).

Die mündliche Prüfung selbst besteht aus einem Vortrag und dem Prüfungsgespräch; die Reihenfolge (erst Vortrag, dann Gespräch), die Aufgabenstellung des Vortrags und der Gegenstand des Prüfungsgesprächs sind gesetzlich festgelegt; der Gegenstand des Prüfungsgesprächs ist weiter gefasst als der des Kurzvortrags (vgl. § 10 Abs. 3 JAG NRW).

Für den Kurzvortrag wird **eine** Note, für das gesamte Prüfungsgespräch ebenfalls nur **eine** (einheitliche) Note festgesetzt; aus den Klausurnoten (60%), der Note für den Vortrag (10%) und der Note für das Prüfungsgespräch (30%) wird von der Kommission die Gesamtnote für die staatliche Pflichtfachprüfung berechnet (§ 18 Abs. 3 JAG).

Die Gesamtnote des Ersten Examens wird aus der Punktzahl der staatlichen Pflichtfachprüfung (70%) und der universitären Schwerpunktbereichsprüfung (30%) gebildet; beide Prüfungen müssen bestanden sein. Berechnung und Zeugniserteilung erfolgen durch das JPA, nicht durch die Prüfungskommission.

Die heutige Zweiteilung der Prüfung in Vortrag und Prüfungsgespräch, die es früher nur im zweiten Staatsexamen gab, ist in mehrfacher Hinsicht von erheblicher Bedeutung, auf die im Folgenden noch näher eingegangen wird.

I. Ausgangslage

3 Zur Vorbereitung des **Vortrags** vertiefen Sie sich in eine vorgegebene Aufgabenstellung, in der Regel in einen Sachverhalt – ggf. noch mit Zusatzfrage –, überprüfen ihn in tatsächlicher und rechtlicher Hinsicht (innerhalb einer Stunde) und tragen Ihre Gedanken dazu (in maximal zwölf Minuten) der Kommission vor. Verständnis- oder Ergänzungsfragen der Prüfer sind nicht zulässig; bei Versprechern oder zu kurzer Erörterung spezieller Fragen können Sie nur auf eine nachsichtige Bewertung oder wohlwollende Interpretation hoffen.

4 Nach dem Vortrag haben die Kandidaten eine unterschiedlich lange, aber zur Erholung ausreichende **Pause** bis zum **Prüfungsgespräch**. Zwischen den Prüfungen der verschiedenen Fachgebiete gibt es meist eine kurze Pause, die Sie zur Erholung und zum Umschalten auf das nächste Gebiet nutzen sollten.

Die gesamte mündliche Prüfung – bis auf die Beratung – ist öffentlich, die Verkündung des Ergebnisses allerdings nur dann, wenn keiner der Kandidaten der öffentlichen Verkündung widersprochen hat. Ihren Vortrag halten die Prüflinge jeweils **einzeln** in Abwesenheit der anderen Kandidaten vor der Kommission; beim Gespräch werden die Prüflinge **gemeinsam** geprüft.

II. Das Umschalten auf das Prüfungsgespräch

Wenn Sie sich in die mündliche Prüfung begeben, sind Sie zunächst voll auf den Vortrag mit seinem speziellen Inhalt und den Anforderungen, die an eine solche Einzelleistung zu stellen sind, fixiert. Nachdem Sie den Vortrag gehalten haben, müssen Sie sich nicht nur von seinem thematischen Gegenstand, sondern auch von der Vortragsform lösen und sich darauf einstellen, dass Ihnen in den drei Teilen des folgenden Prüfungsgesprächs (u.U. nach allgemeinen Fragen) Sachverhalte aus verschiedenen Rechtsgebieten mündlich unterbreitet werden, die Sie genau erfassen und ohne große Überlegungszeit anders als beim Vortrag juristisch angehen müssen, und zwar in Konkurrenz zu den Mitprüflingen: Wenn Sie zu lange nachdenken oder einen falschen Ansatz wählen, laufen Sie Gefahr, dass die Frage an den nächsten Kandidaten geht.

5

Wichtig ist nur, dass Sie die Umstellung schaffen, dass Sie die Besonderheiten des Prüfungsgesprächs kennen und nutzen, aber auch dessen spezifische Gefahren beherrschen. In der universitären Ausbildung, aber auch in der Zeit zwischen Klausuren und Ladung zum Mündlichen sollten Sie daher – wie noch näher darzustellen ist – nicht nur Ihre **Vortrags**fähigkeiten, sondern auch die Fähigkeiten zum **juristischen Gespräch** inhaltlich und **rhetorisch** trainieren.

III. Die Bedeutung des Vortrags für die Endnote

Nicht selten kommt es vor, dass ein Kandidat mit Chancen auf eine bestimmte Note den Kurzvortrag – aus welchen Gründen auch immer (etwa ungeliebtes Rechtsgebiet, schlechte Tageskondition, Zufälligkeiten) – „vergeigt" und im Prüfungsgespräch zwar sein in den Klausuren gezeigtes Niveau erreicht, aber das Manko des Kurzvortrags einfach nicht mehr wettmachen kann und so knapp die Note verfehlt, die nach den Klausurnoten im Bereich des Möglichen gelegen hätte. Insofern ist der Kurzvortrag mit seinen Eigenheiten (Monolog, Zeitschranke, Unzulässigkeit ergänzender Fragen) ein unheimlicher Unsicherheitsfaktor.

6

Wenn etwa ein „Prädikatsaspirant" mit 500 Klausurpunkten (Sie würden wahrscheinlich sagen: „mit 50 Punkten") im Vortrag nur 200 bzw. 20 Punkte holt, im Prüfungsgespräch aber ein gehobenes Vollbefriedigend (3 x 12 = 36 bzw. 360 Punkte) erreicht, „landet" er bei 880 Punkten; die Kommission kann ihm nur durch Zuerkennung eines Bonus, auf den noch näher eingegangen wird, zu einem „Vollbefriedigend" verhelfen. Dieser Bonus würde sich bei 880 Punkten aufdrängen, aber schwieriger wäre es schon, wenn das Prüfungsgespräch nur 300 Punkte brächte oder wenn die sechs Klausuren sehr unterschiedlich wären. Lassen Sie sich dadurch nicht entmutigen; sie sollten nur um die Gefahr wissen, auf dass Sie im Examen damit fertig werden.

IV. Die psychologische Bedeutung des gelungenen oder misslungenen Vortrags für die weitere Prüfung

7 Ein erkennbar gelungener Vortrag ist eine gute Basis für das nachfolgende Prüfungsgespräch: Von der Euphorie des Kurzvortrags getragen, können Sie im Prüfungsgespräch forsch und frei auftreten, sauber prüfen, souverän, inhaltlich gelungen und rhetorisch überzeugend argumentieren. Die Prüfung wird ein voller Erfolg. Selbst der Kandidat, der nur **glaubt**, einen gelungenen Vortrag „geliefert" zu haben, hat **mental** eine gute Ausgangsbasis für das Prüfungsgespräch.

Am schlimmsten ist es, wenn der Kandidat selbst bemerkt, dass sein Vortrag misslungen ist – sei es, dass er sich in Details verhaspelt oder mit Nebensächlichkeiten verzettelt hat, mit der Zeit nicht ausgekommen oder umgekehrt viel zu früh fertig geworden ist. Dies ist eine schwere Hypothek für das anschließende Prüfungsgespräch, und es ist zu befürchten, dass der Kandidat das Prüfungsgespräch schlechter absolviert, als es seinen Fähigkeiten entspricht – falls er sich nicht in der Pause zwischen Kurzvortrag und Prüfungsgespräch noch „berappelt".

*Tipp: Erfahrungsgemäß stimmen nur in etwa der Hälfte der Prüfungen die Noten von Vortrag und Prüfungsgespräch in etwa überein. Ansonsten wird das Prüfungsgespräch meist besser benotet als der Kurzvortrag. Dass die Klausuren durchweg unter dem Niveau des Mündlichen liegen, dürfte allgemein bekannt sein. **Sie haben also gute Chancen, sich im Mündlichen zu verbessern.***

V. Funktionsverteilung zwischen Vorsitzendem und Beisitzern

8 Das JAG NRW regelt die Stellung des Vorsitzenden der Kommission nur formal (§§ 15 Abs. 2, 3 19 Abs. 2): Er leitet die Prüfung und hat darauf zu achten, dass die Prüflinge in geeigneter Weise befragt werden. Ihm obliegt die Aufrechterhaltung der Ordnung; er soll das Prüfungsvorgespräch führen, und er hat die Niederschrift über die mündliche Prüfung zu unterschreiben. Darüber hinaus prüft er wie jedes andere Mitglied der Kommission ein bestimmtes Rechtsgebiet.

Anders als bei der (gelegentlich vorkommenden) divergierenden Bewertung einer Klausur durch Erst- und Zweitkorrektor sind die Entscheidungen im Mündlichen bei der heutigen Dreierbesetzung unproblematisch: Die Mehrheit setzt sich durch, der Vorsitzende hat kein bevorrechtigtes Stimmrecht. Seine Stellung im Hauptamt ist rechtlich unerheblich, aber nach den Erfahrungen des Autors auch praktisch nur wenig bedeutsam: Natürlich kann z.B. ein LG-Präsident als Kommissionsvorsitzender einen Richter seines LG (gewissermaßen kraft Amtes) möglicherweise leichter „auf seine Seite" ziehen. Ähnliches kann aber auch dann vorkommen, wenn etwa der Vorsitzende und ein Prüfer öfter zusammen prüfen oder wenn beide denselben Prüfungsstil pflegen bzw. ggf. wissenschaftlich irgendwie kooperieren: etwa der Vorsitzende als Hochschullehrer, der andere als Lehrbeauftragter, Doktorand o.ä.

Unabhängig davon bestimmt der Vorsitzende aber jedenfalls zumeist maßgeblich das **Klima in der Prüfung** – ob sie distanziert, streng, steif, engstirnig, formalistisch, beckmesserisch oder eher locker, aufgeschlossen, verständnisvoll, wohlwollend durchgeführt wird. Er hat darüber hinaus einen maßgeblichen Einfluss auf das allgemeine **Niveau** der Benotung: Dort kommt allerdings auch die Kompetenz des Fachprüfers zum Zuge; zudem spielt hier die Einmischungsbereitschaft des nicht fachspezifischen Beisitzers eine nicht unwichtige Rolle.

Jedenfalls ist der Vorsitzende **Primus inter pares**: Er kennt die Personalakte der Prüflinge, führt die Vorgespräche und gewinnt dadurch vorab einen unmittelbaren Eindruck von den Prüflingen. Er hat in der Prüfung die Moderation – im Terminus der StPO: die sog. Verfahrensleitung – und er prüft die Kandidaten in einem Prüfungsfach, in dem er dann (bei der Beratung) ggf. noch den Vorteil des Fachprüfers hat. **9**

Dass die gesetzlichen und faktischen Befugnisse des Vorsitzenden unterschiedlich **wahrgenommen** werden können, liegt auf der Hand; insofern unterscheidet sich die mündliche Prüfung nicht von einer Hauptverhandlung in Strafsachen: Das Gesetz enthält nur Grundsätze und bestimmte gewisse Determinanten; was die Richter daraus machen, wird wesentlich von der (immer noch völlig vernachlässigten) **Richterpersönlichkeit** bestimmt. Gerade dies aber ist das Schöne an der Richter- und auch an der Prüfertätigkeit. Dass dies nicht zulasten der Kandidaten geht, dafür sorgen die Bestimmungen des JAG, aber auch die Mitgestaltungsrechte der Beisitzer. Ein „Vorrecht" des Vorsitzenden besteht beim JPA Hamm darin, dass er als Letzter prüft. Dies lässt sich nur damit begründen, dass er kraft Amtes verpflichtet ist, noch bestehende Zweifel an der Einordnung der Prüflinge in eine bestimmte Note zu klären.

Ungeachtet dessen bestimmt jeder Fachprüfer eigenverantwortlich, **was** er zum Gegenstand seines Prüfungsgesprächs macht und **wie** er seinen Teil der Prüfung gestaltet. Interventionen des Vorsitzenden während des Prüfungsgesprächs kommen praktisch nur vor, wenn die Prüfung den Rahmen der Prüfungsgebiete (wirklich oder mutmaßlich) überschreitet oder der Fachprüfer Antworten eines Prüflings akustisch nicht, nicht vollständig oder falsch verstanden hat. In derartigen Fällen kann aber auch ein Mitprüfer die Sache richtigstellen, sodass dies kein Privileg und keine spezifische Pflicht des Vorsitzenden ist. **10**

Dezente Hinweise des Vorsitzenden an den Fachprüfer kann es freilich geben, wenn nach seiner Meinung ein Kandidat im betreffenden Fach vernachlässigt worden ist oder der Fachprüfer „im Eifer des Gefechts" die Prüfung über das zeitliche Limit hinauszieht: Ein erfahrener Prüfer bricht die Prüfung unter Hinweis auf den Zeitablauf ab; ein junger Prüfer versucht vielleicht, den Fall „durchzupeitschen", zumindest aber darzulegen, wie der Fall zu Ende gelöst worden wäre. Theoretisch kann eine leichte Zeitüberziehung in einem Fach durch eine Kürzung der Prüfung im nächsten Rechtsgebiet ausgeglichen werden. Praktisch wird von dieser Möglichkeit aber wenig Gebrauch gemacht, um keine Angriffsflächen für Widersprüche zu bieten.

B. Die Vorbereitung auf die mündliche Prüfung

Die mündliche Prüfung ist kein Eintages-Event, sondern sollte der Endpunkt einer Entwicklung sein, die spätestens nach den Klausuren und einer kurzen Erholungsphase beginnt: Denken Sie nicht mehr an die Klausuren! Rätseln Sie nicht mehr darüber, was Sie wahrscheinlich oder möglicherweise falsch gemacht bzw. übersehen haben! Diskutie- **11** ren Sie nicht mit Kandidaten, die die Klausuren ebenfalls geschrieben haben, und lassen Sie sich nicht von Besserwissern ins Bockshorn jagen! Karten Sie um Gottes willen nicht nach, sondern nutzen Sie lieber die Zeit bis zum Mündlichen für eine gezielte Vorbereitung darauf.

I. Allgemeine Ratschläge

12 Die Frage ist natürlich, was Sie nach der intensiven Vorbereitung auf die Klausuren durch ein Uni- und/oder privates Repetitorium überhaupt noch speziell für das Mündliche lernen können. Klausuren schreiben können Sie (oder auch nicht); das Ergebnis bleibt abzuwarten. Aber das Mündliche ist eben eine andere, zusätzliche, ergänzende, absichernde Form der Überprüfung, ob Sie das „rechtswissenschaftliche Studienziel erreicht" haben „und damit für den juristischen Vorbereitungsdienst fachlich geeignet" sind (§ 2 Abs. 1 JAG NRW).

Wenn Sie diesen Teil des Skripts sorgfältig gelesen haben, sollten Sie sich daran machen, **Vorträge** in ihrer Erarbeitung, aber auch in ihrer Ausführung zu üben sowie **Prüfungsgespräche** in privaten Arbeitskreisen und speziellen universitären Veranstaltungen zu führen. Denken Sie daran, dass die Klausuren durchweg schlechter als erwartet ausfallen und dass im Mündlichen mit seinem 40%-gen Anteil an der staatlichen Pflichtfachprüfung durchaus noch einiges zu „holen" ist; auch auf diesen Aspekt wird später noch näher einzugehen sein.

Lösen Sie sich also von Ihrer Fixierung auf die Klausuren, nutzen Sie die Zeit gezielt für das Mündliche! Erstellen Sie sich ein Programm, das sich nicht auf ein stures Büffeln um jeden Preis (zuhause) beschränkt, sondern gestalten Sie Ihre Arbeitstage bis zur Ladung zum Mündlichen sinnvoll und abwechslungsreich! Wechseln Sie zwischen Lernen und Repetieren, zwischen abstrakten Fragen und konkreten Problemen, zwischen anspruchsvollen und alltäglich-stereotypen Tätigkeiten! Übertreiben Sie nicht, sondern halten Sie Maß! Konkret – ohne Gewähr für Vollständigkeit – folgende Ratschläge:

1. Teilen Sie den Lernstoff und Ihren Tagesablauf **richtig ein:** Zuviel auf einmal bringt nichts; den ganzen Tag „büffeln" kann niemand! Verteilen Sie den Stoff, variieren Sie! Stetigkeit, Ausdauer und Kontinuität zählen.

2. Denken Sie daran, dass es im Mündlichen nicht nur auf juristisches Wissen ankommt, sondern auch die physische und psychische Kondition wichtig ist!

3. Lernen Sie **neue Entscheidungen und Aufsätze** nicht einfach „leitsatzmäßig" auswendig, sondern verorten Sie sie in Ihrem bisherigen Wissen dort, wo sie hingehören!

4. Im Zentrum dieses Wissens sollten nicht die unter Juristen (übertrieben) beliebten Meinungsstreitigkeiten stehen, sondern der **Gesetzeswortlaut mit seinen Tatbestandsmerkmalen**, bei denen diese Meinungsstreitigkeiten jeweils ihren Ursprung haben. Denken Sie immer daran: Am schönsten – insbesondere für einen Praktiker – ist es, wenn es in concreto auf einen Meinungsstreit gar nicht ankommt.

5. Vervollkommnen Sie Ihre Fähigkeit, **Gesetze zu lesen und zu verstehen**:

■ zunächst „einfaches" Erfassen des Wortlauts: Tatbestand – Rechtsfolge

■ dann Kenntnis der von Rspr. und Lit. entwickelten Definitionen

■ schließlich Verstehen des Sachverhalts, der hinter einer gesetzlichen Regelung steht und von ihr geregelt werden soll.

6. Scheuen Sie sich nicht, nebenbei auch noch die **deutsche Sprachlehre** zu repetieren (Satzbau, Wortlehre, Grammatik) oder einen (allerdings auf das Wesentliche beschränkten) Blick auf die sog. **juristische Logik** zu werfen!

7. Bemühen Sie sich, nicht bei Details „hängenzubleiben", sondern die dahinterstehenden gesetzlichen Strukturen zu erfassen, **etwa** aus dem Strafrecht:

■ Aufbau des Delikts (objektiv und subjektiv)

■ Standort, Begriff und Behandlung des Erlaubnistatbestandsirrtums

■ Arten der Delikte und Tatbestände

■ Irrtum i.w.S. als irrige Annahme, aber auch als Unkenntnis von Umständen

■ Konnexität zwischen Täuschung, Irrtum, Verfügung, Schaden, Bereicherung beim Betrug

■ Unterschied zwischen Betrug in mittelbarer Täterschaft, Dreiecksbetrug und fremdnützigem Betrug (Kumulation aller drei Formen ist möglich!)

■ § 255 oder § 249? Verhältnis zu § 252? Strafbarkeit von Sicherungserpressung (ggf. nur Nötigung) und Sicherungsbetrug (jedenfalls mitbestrafte Nachtat)?

8. Üben Sie Ihre Fähigkeit, Problemfelder komplex zu erfassen, etwa wiederum aus dem Strafrecht:

■ Rechtswidrigkeit als Tatbestands- oder Verbrechensmerkmal mit den (ggf. unterschiedlichen) Folgen für Irrtum und irrige Annahme

■ Strafrechtlicher Rechtmäßigkeitsbegriff (§ 113 StGB – Rechtfertigungsgründe – inzidenter § 32 StGB)

■ Bindung des Strafrechts an andere Rechtsgebiete oder mehr oder weniger starke Loslösung davon

■ Tatbestandsirrtum bei falscher außerstrafrechtlicher Wertung im Verhältnis zum Verbotsirrtum mit der Parallele zwischen untauglichem Versuch und Wahndelikt

9. Merken Sie sich bestimmte **Paragraphenketten** und wiederholen Sie sie immer wieder, etwa

■ Zivilrecht: Herausgabe und Aufwendungsersatz bei GoA in ihren verschiedenen Formen

■ Strafrecht: §§ 164, 145 d, 187 StGB

■ Öffentliches Recht: Ermächtigungsgrundlagen im Polizei- und Ordnungsrecht: zunächst Spezialgesetze, dann Standardmaßnahmen, dann Generalklausel

13   **10.** Prägen Sie sich einfache Merksätze ein:

■ Bei Lügen denkt man immer an Betrug, falsche Verdächtigung und Aussage- sowie Beleidigungs-, selten aber an Urkundsdelikte (anders § 271 StGB).

■ Bei falscher Zeugenaussage (§ 153 StGB) muss immer das dahinterstehende Motiv mitberücksichtigt werden: § 263, §§ 164, 239 oder § 258 StGB in Tateinheit?

■ Keine Teilnahme vor der Haupttat erörtern!

■ Erst den Tatmittler, dann den mittelbarer Täter prüfen!

■ Erst die Haupttat, dann das Anschlussdelikt anprüfen!

■ Schaden beim Betrug = Vermögensminderung **oder** konkrete Vermögensgefährdung

11. Üben Sie folgende Reihenfolge bei der Erörterung von **Meinungsstreitigkeiten**:

■ Exaktes Erkennen der Rechtsfrage schon anhand des Gesetzeswortlauts oder einer einschlägigen Definition

■ Erahnen, wie ein konkret dazu auftauchender Meinungsstreit in seiner Bandbreite aussehen **könnte**,

■ Verzicht auf die Stellungnahme zu einem Streit, auf den es konkret nicht ankommt

■ Wenn eine Argumentation erforderlich ist, Einhaltung folgender Reihenfolge:

    ■ grammatikalische Auslegung

    ■ systematische Auslegung

    ■ teleologische Auslegung (Rechtsgut – Missbrauch – Geltung)

    ■ verfassungskonforme Auslegung

    ■ historische Auslegung (falls überhaupt bekannt und mit Niederschlag im Gesetz)

Aber achten Sie **im Strafrecht** auf Wortlautgrenze und denken Sie an das Verbot der Analogie, das freilich (wie das Rückwirkungsverbot) unterschiedlich weit reicht!

12. Machen Sie sich bewusst, welche typischen Fehler **Ihnen** immer wieder unterlaufen, z.B.:

■ Unterscheiden Sie im **Strafrecht** nicht sauber zwischen Zueignungsabsicht i.S.d. § 242 StGB und Zueignung i.S.d. § 246 StGB?

■ Kennen Sie im **Zivilrecht** nicht den exakten Aufbau der §§ 812 ff. BGB in ihren Voraussetzungen, Ausschlussgründen und Rechtsfolgen?

■ Verzetteln Sie sich im **öffentlichen Recht** immer beim einstweiligen Rechtsschutz?

Oder allgemeiner

■ Vernachlässigen Sie die Arbeit am Sachverhalt mit seinen vielfältigen Details und beschäftigen Sie sich zu sehr mit der rechtlichen Seite des Falles?

■ Tun Sie sich schwer, für den Fall überhaupt relevante Gesetze oder einschlägige Bücher/Abschnitte eines Gesetzes zu finden oder zumindest darin mit der gebotenen Schnelligkeit anhand der (amtlichen oder nichtamtlichen) Überschriften auf die möglicherweise relevante Norm zu stoßen?

■ Prüfen Sie oft nur eine Norm oder einen Absatz, ohne einen Blick auf die folgende Norm oder den nächsten Absatz zu werfen?

13. Merken Sie sich die häufigsten juristischen Argumente: **14**

■ Wortlautgrenze/Analogieverbot

■ Bestimmtheitsgrundsatz

■ Lückenhaftigkeit des Strafrechts/ultima ratio

■ Rechtsgüterschutz

■ Kein Gesinnungsstrafrecht

■ Verschuldensprinzip

■ Strafzwecke

■ Rechtssicherheit und materielle Gerechtigkeit!

14. Merken Sie sich häufige juristische Begriffe/Kriterien mit den exakten Definitionen:

■ Gefahr und Verdacht (§§ 34 StGB, 112, 112a StPO)

■ Abstrakte und konkrete Gefährdung (etwa § 224 Abs. 1 Nr. 5, § 263 StGB)

■ Unmittelbarkeit und Mittelbarkeit

■ unerhebliche Störung des körperlichen Wohlbefindens: § 223 (–) – nicht unerhebliche Störung § 223 StGB (+) – Gefahr erheblicher Verletzungen: § 224 Abs. 1 Nr. 2 StGB (+), (abstrakte oder konkrete?) Lebensgefahr: § 224 Abs. 1 Nr. 5 StGB (+)

15. Lösen Sie sich vom Schubkastendenken (Bürgerliches Recht, Strafrecht, öffentliches Recht) und üben Sie den Übergang von einem Rechtsgebiet ins andere; dies ist leichter und auch interessanter, als Sie vielleicht glauben. Im Strafrecht ist dies bei allen Tatbestandsmerkmalen erforderlich, die sich strafprozessual, zivil- oder öffentlich-rechtlich definieren; die bekanntesten sind

■ aus dem **Zivilrecht** die Fremdheit von Sachen, die Rechtswidrigkeit von Zueignung und Bereicherung sowie der Missbrauch einer Verfügungs- oder Verpflichtungsbefugnis

■ aus dem **Strafprozessrecht** das Legalitätsprinzip als Garantenpflicht, die Zwangsmittel als Rechtfertigungsgründe, aber auch als Kriterien zur Prüfung der Möglichkeit der Erfolgsabwendung beim Unterlassen sowie die prozessualen Rechte von Prozessbeteiligten und ihre Bedeutung im Rahmen von Tatbeständen zum Schutz der Strafrechtspflege (§§ 153 ff., 258 StGB).

15   Vor allem aber sollten Sie vor dem Mündlichen die Übergänge von einem Problem zum anderen, von einem Tatbestand zum nächsten, von einem Argument zum Gegenargument üben.

Denken Sie daran: Im stillen Kämmerlein gelingt der Übergang einigermaßen, aber in der mündlichen Prüfung sind Sie gestresst. Die Konzentration auf wenige Stunden, die Konkurrenz mit anderen, die Kommission als mehr oder weniger strenges Gegenüber und dann noch der eigene Erwartungsdruck auf ein gelungenes Examen. Stellen Sie sich darauf ein, dass Ihnen im Stress nicht so schnell einfällt, was Sie sonst immer einigermaßen parat hatten – und steuern Sie dagegen, indem Sie die Synapsen Ihres juristischen Gehirns entsprechend trainieren!

Sie werden sich sicherlich sagen, dass Sie viele dieser Ratschläge schon bei den Klausuren hätten beherzigen müssen; aber dies ändert nichts daran, dass Sie sie jedenfalls im Mündlichen befolgen sollten. Und denken Sie daran, dass manches, was Sie zu Anfang Ihres Studiums (grundlegend, abstrakt, vorab) gelernt haben, naturgemäß im Laufe der Zeit in den Hintergrund getreten ist, aber im Mündlichen wieder aktuell werden könnte. Denken Sie nur an die Bereiche Deutsche Rechts- und Verfassungsgeschichte, an die Strafzwecke und an die Grundlagen des Bürgerlichen, Straf- und Öffentlichen Rechts. Im BGB gilt dies etwa für die Struktur der Willenserklärung und des Vertrags, der Geschäftsfähigkeit, der Stellvertretung und die Unterschiede zwischen Einwilligung, Zustimmung und Ermächtigung.

II. Konkrete Ratschläge, wenn die Ladung zum Mündlichen näher rückt

Ganz einfach: Halten Sie sich auf dem Laufenden, soweit es um Themen geht, die im Mündlichen aktuell werden können, und lassen Sie sich von nichts und von niemand verrückt machen! Dazu im Einzelnen:

16   **1.** Sie müssen sich in Gesetzgebung, Rspr., Lit. und Rechtspolitik (in dieser Reihenfolge!) auf dem Laufenden halten; die Begriffspaare „de lege lata, de lege ferenda" dürften Ihnen bekannt sein. Diese einschlägige Information gelingt Ihnen nur, wenn Sie regelmäßig bis zum Tag der Prüfung Ausbildungszeitschriften und Rechtsprechungsübersichten studieren. Letztere garantieren insbesondere mit ihren Hit- und Hotlists, dass Sie gut abschätzen können, was im Mündlichen auf Sie zukommt.

17   **2.** Die Kommunikation mit Kandidaten, die unlängst Klausuren geschrieben oder gar schon im Mündlichen gestanden haben, ist nützlich. So erfahren Sie, was derzeit en vogue ist: Zudem hat mancher Prüfer eine der letzten Klausuren korrigiert und verwendet sie gerne im Mündlichen, weil er die entsprechenden Probleme ohnehin verinnerlicht und parat hat. Dass er bei eng beieinander liegenden mündlichen Prüfungen denselben Fall prüft, ist dagegen eher unwahrscheinlich, aber auch nicht ganz ausgeschlossen.

3. Neuigkeiten in den Tages-Medien sind insbesondere für das Straf- und öffentliche Recht interessant: Wer sich hierüber auf dem Laufenden hält, hat zumindest eine gute Ausgangsbasis für das Mündliche. | 18

III. Die Ladung zur mündlichen Prüfung

Wenn sich der voraussichtliche Termin zur mündlichen Prüfung immer mehr nähert, wartet jeder Kandidat „natürlich" neugierig auf den Briefträger: Wann und ggf. wo die Prüfung genau stattfindet, ist weniger wichtig, **aber**: Wie viele Punkte haben die Klausuren ergeben? Wie setzt sich die Prüfungskommission zusammen? Aus welchem Gebiet kommt der Kurzvortrag? Gibt es Kommilitonen, die im selben Termin geprüft werden? Welche Noten bringen diese aus den Klausuren mit? Aber gemach – alles der Reihe nach! | 19

1. Klausurnoten

Die Klausurnoten liegen meist **unter** der eigenen Einschätzung der Kandidaten. Ob dies an dem (schwierigen, lebensfremden, schwer verständlichen, zu umfangreichen) Fall, der Pingeligkeit oder Strenge der Korrektoren liegt, seinen Grund in der Selbstüberschätzung der Kandidaten oder in der bei Prüflingen gelegentlich anzutreffenden, falschen Vorstellung vom allgemeinen Niveau von Examensklausuren hat, mag dahin stehen. | 20

Nicht selten kommt es aber auch vor, dass Kandidaten ordentlich bewertete Klausuren selbst zuvor als misslungen angesehen haben, und umgekehrt Klausuren „im Teich" sind, die sie selbst als gelungen betrachtet haben. Diese Divergenz zwischen eigener Einschätzung und amtlicher Bewertung ist häufig zu beobachten. Ob dies berechtigt ist oder nicht, sollte Sie aber nicht weiter beschäftigen.

Auf jeden Fall kommen Sie, da Sie keinen sog. Block „gebaut" haben, ins Mündliche, und Sie können sich ihm auch nicht entziehen, selbst wenn Ihnen die Klausurnoten absolut nicht passen. Welche Bedeutung diese Noten tatsächlich für das Gesamtergebnis der Prüfung haben, werden wir noch sehen. **Wichtig ist**: Lassen Sie sich von schlechten Klausuren nicht entmutigen und werden Sie bei gut bewerteten Klausuren nicht übermütig! Schauen Sie gefasst in die Zukunft und versuchen Sie, die Zeit bis zum Mündlichen bestmöglich zu nutzen. Aber zurück zur Ladung!

2. Zusammensetzung der Kommission

In der Ladung zum Mündlichen ist neben Ihren Klausurnoten die Kommission angegeben, vor der Sie die mündliche Prüfung zu absolvieren haben. Sie wissen nunmehr, wer Vorsitzender und Beisitzer ist. In den Ladungen des JPA Düsseldorf erfahren Sie zudem, wer welches Gebiet prüft; bei Ladungen des JPA Hamm ist dies nicht ausdrücklich erklärt, aber in den meisten Fällen zu erahnen. Allerdings gibt es Richter dieses OLG, die alle drei Fächer prüfen, namentlich wenn sie hauptberuflich (auch) dem JPA zugeordnet sind. | 21

In schätzungsweise 95% aller Fälle bleibt es bei dieser Zusammensetzung der Kommission. Nur selten kommt es vor, dass ein Prüfer ausfällt oder jedenfalls am Prüfungstag nicht mehr rechtzeitig bis zum Beginn der Kurzvorträge erscheinen kann. Die Prüfung scheitert daran nicht, weil bei jedem JPA für einen solchen Fall jemand als Ersatz verfügbar ist. Allerdings ist dieser Wechsel für Sie als Prüfling misslich, weil Sie sich auf einen anderen Prüfer eingestellt haben. Umsichtige Prüfungskommissionen berücksichtigen dies teils schon in der Gestaltung des Prüfungsgesprächs, zumindest aber bei dessen Bewertung.

Einige Prüfer kennen Sie vielleicht als Professoren oder Lehrbeauftragte der Universität, an der Sie studiert haben. Erkundigen Sie sich, was sie gerade lesen oder publiziert haben, welche Übungen mit welchen Hausarbeiten/Klausuren sie zurzeit veranstalten und ob sie Seminare mit bestimmten Themen abhalten. Vielleicht setzen Sie sich auch in ihre Vorlesung, um sie einfach nur zu erleben; der daraus resultierende Erkenntnisgewinn könnte sich im Mündlichen auszahlen.

Die meisten Prüfer – insbesondere wenn sie Richter, Staats- oder Rechtsanwälte, Notare, Beamte des Justizministeriums, sonstige Verwaltungsbeamte oder gelegentlich auch Justitiare großer Firmen sind – werden Ihnen vom Namen her nichts sagen. Versuchen Sie über Google etwas über sie in Erfahrung zu bringen; besorgen Sie sich Protokolle bei der Fachschaft oder Ihrem Repetitorium – aber bitte lassen Sie sich nicht von anderen Kommilitonen oder Referendaren verrückt machen! Im Übrigen ist, wie bereits dargestellt, der Vorsitzende nicht derjenige, der diktatorisch alles bestimmt – weder im Guten noch im Schlechten!

Die Zusammensetzung der Prüfungskommission wird von den Kandidaten bei der Ladung (nicht zwingend auch später noch) mehr oder weniger berechtigt als Glücksfall, Unglück oder gar als Katastrophe angesehen. Jedenfalls betonen die JPA immer, dass die Zusammensetzung der Kommission ebenso wie auch der Kreis der Prüflinge rein zufällig ist und **nicht** nach irgendwelchen Kriterien gesteuert wird. Sie selbst sollten dies gelassen sehen: Auch im Leben hängt vieles davon ab, welchen Menschen Sie wann, wie und wo begegnen; dies gilt bei Gericht, in einer Anwaltskanzlei, Firma und Behörde – so auch in der mündlichen Prüfung. Zudem haben Sie als Jurist einen Beruf gewählt, in dem Sie es mehr als andere mit den unterschiedlichsten menschlichen Persönlichkeiten zu tun haben. Die mündliche Prüfung gibt Ihnen Gelegenheit, ihre Kommunikationsfähigkeit mit den verschiedenen Menschentypen zu üben.

3. Das Rechtsgebiet des Kurzvortrags

22   Die nächste Überraschung, die die Ladung mit sich bringt, ist das Gebiet des Kurzvortrags: Zivilrecht, Strafrecht oder öffentliches Recht. Lesen Sie dazu aber bitte § 11 Abs. 2 und 3 JAG NRW genauestens: Daraus ergibt sich, dass die Themen des Kurzvortrags mit denen der Klausuren identisch sind, anders als das Prüfungsgespräch den Katalog des § 11 JAG NRW aber nicht voll ausschöpfen.

23   Das **öffentliche Recht** ist sehr weitgestreckt, es reicht vom EU-Recht über das GG und die Landesverfassung bis hin zu einfachen Landesgesetzen, ja sogar bis zu einer gemeindlichen Satzung oder einer Rechtsverordnung. Im Übrigen ist die Einbettung öffentlich-rechtlicher Fälle in ein prozessuales Gewand – VwGO oder BVerfGG – durchaus üblich.

Im **Zivilrecht** ist der Radius nicht weniger groß: Er reicht vom BGB über das Arbeits- und Handels- bis hin zum Gesellschafts- und Wertpapierrecht. Dabei gilt allerdings der Grundsatz: Je entfernter das Rechtsgebiet ist, desto konkreter sind die Vorgaben zu den Normen und zu den möglichen Argumenten im Aufgabentext selbst und desto weniger wird konkretes Detailwissen als vielmehr Kenntnisse von den Grundstrukturen und Verständnis verlangt. Also um Gottes willen nicht bange machen lassen! Selbst aus dem BGB kann es entlegene Fälle geben, etwa aus dem Recht des gesetzlichen Eigentumserwerbs (vom entlaufenen Stier), dem Nachbarschaftsrecht (etwa von Geruchs-/Geräuscheinwirkungen oder Laubeinfall), dem Familienrecht (etwa den §§ 1365 ff. BGB) und dem Erbrecht (etwa gesetzliche Erbfolge, Pflichtteils- oder Vermächtnisrecht) – möglicherweise sogar verbunden mit prozessualen Fragen. Nicht unproblematisch erweisen sich selbst Fallkonstellationen aus dem AT des BGB: Sie sind wegen ihrer Grundsätzlichkeit auch den fachfremden Prüfern noch in Ansätzen bekannt. Bei den Kandidaten ist es oft lange her, dass sie sich mit ihnen befasst haben.

24

Am engsten ist der Kreis der in Betracht kommenden Themen im **Strafrecht**, dafür ist dort (aus welchen Gründen auch immer) die Zahl der Meinungsstreitigkeiten sehr groß; ebenso groß ist die Bandbreite des jeweiligen Meinungsspektrums. Sie müssen zudem nicht selten mit einer Einbettung des Falles in ein Gerichtsverfahren und so mit straf- oder zivilprozessualen „Einschlägen" bei der materiell-rechtlichen Prüfung, aber auch mit einer strafprozessualen Zusatzfrage rechnen.

25

Sie sehen: Mit der Angabe zum Kurzvortrag: „Zivilrecht, Strafrecht, öffentliches Recht" ist nicht viel gewonnen. Auch hier gilt der zur Prüfungskommission erteilte Ratschlag: Nur nicht durchdrehen oder verzweifeln, aber auch nicht übermütig werden! Das Einzige, was Sie tun können: Schauen Sie in den Zeitschriften oder Rechtsprechungsübersichten nach, was dort en vogue ist; nicht selten kommt eine dieser Entscheidungen als Kurzvortrag vor, und gerade die Repetitorien bemühen sich, dies bei der Auswahl der Entscheidungen zu berücksichtigen. Ich selbst habe einen Fall aus der letzten Zeit meiner Prüfungstätigkeit in Erinnerung, bei dem ein Kandidat, der gerade noch die Hürde des Klausurenblocks „geschafft" und sich als Freischüssler schon mental auf einen erneuten Prüfungsanlauf eingestellt hatte, dann aber den Kurzvortrag mit Prädikat schaffte und sich so aus der Gefahrenzone brachte. Er bestand das Examen mit einem mittleren (seinen Erwartungen durchaus genügenden) Ausreichend und gab bei der Gratulation nach Verkündung des Prüfungsergebnisses freimütig zu, den Sachverhalt aus der Rechtsprechungsübersicht von Alpmann Schmidt gekannt zu haben.

4. Die Mitprüflinge

Jeder Prüfer weiß, dass es von zahlreichen Faktoren abhängt, wie eine Prüfungsstunde verläuft: nicht nur vom Kenntnisstand und der Kommunikationsfähigkeit der Kandidaten, sondern auch davon, wie ihre Sitzordnung festgelegt ist, ob die Befragung der Kandidaten in einem Fachgebiet schnell wechselt und in welcher Reihenfolge der Prüfer seine Fragen stellt:

26

■ Der Prüfling, der immer nur **nach** einem guten Kandidaten befragt wird, hat es schwer, Punkte zu sammeln. Nur Zustimmung bringt nichts, weitere, insbesondere bessere Argumente hat er kaum; eine gegensätzliche Meinung zu vertreten, wäre tödlich.

■ Wer **„hinter"** einem **schwachen** Kandidaten sitzt und über ein gutes Wissen verfügt, kann sich unschwer als „Ausputzer" verdient machen: Er korrigiert die Fehler seines Nebenmanns in tatsächlicher und rechtlicher Hinsicht souverän, aber nicht überheblich. Er kann sich auf das Wesentliche beschränken und braucht sich nicht zu wundern oder zu ärgern, wenn der Prüfer sodann auf den nächsten Kandidaten zugeht: Ein Prüfer erkennt ohne Weiteres, ob jemand das Problem erfasst hat. Deshalb **mein Rat**: Korrigieren Sie Ihren Nebenmann nicht betont übertrieben, sondern stellen Sie Ihre gegenteilige Ansicht sachlich, bescheiden und fair, aber komprimiert argumentativ kraftvoll dar!

■ Unter Kandidaten mit überdurchschnittlichen Klausuren hat es ein Kandidat mit „nur" durchschnittlichen Klausuren schwer, während er bei Mitprüflingen knapp über der Blockgrenze oder jedenfalls im ausreichenden Bereich „als Einäugiger der König unter Blinden" ist. Lassen Sie sich im ersten Fall nicht entmutigen (auch hinter guten Kandidaten gibt es noch überdurchschnittliche), und werden Sie im zweiten Fall nicht überheblich!

Gute Prüfer wissen genau um derartige Phänomene und bemühen sich, bei der Befragung gegenzusteuern oder dies jedenfalls bei der Bewertung zu berücksichtigen. Aber es gibt trotzdem Prüfungen, bei denen im Ergebnis doch noch Schwache von noch Schwächeren profitieren oder durchschnittliche Kandidaten es bei besseren Prüflingen schwer haben. Es ist also nicht unwichtig, vor der Prüfung (etwa über Internet oder Repetitorium) in Erfahrung zu bringen, welche „Leidensgenossen" in derselben Prüfung sitzen; noch interessanter wäre es natürlich, wenn diese (in etwa) ihre Klausurnoten verraten würden.

27   Die Sitzreihe in der mündlichen Prüfung erfahren Sie erst am Prüfungstag; sie deckt sich mit der Reihenfolge der Kurzvorträge und Prüfungsvorgespräche. Diese Sitzordnung kann sich gelegentlich, wie dargestellt, auf den Gang der Prüfung auswirken, was erfahrene Prüfer allerdings zu minimieren suchen. Wenn die Vorgespräche im Prüfungssaal stattfinden, können Sie anhand der Namensschilder die Sitzordnung für das Prüfungsgespräch erkennen. Ansonsten ist es üblich, dass der Kandidat beim Kurzvortrag nicht auf seinem Platz, sondern vis-à-vis der Kommission gegenübersitzt.

5. Die Bedeutung der Klausurnoten für das Bestehen der Prüfung und für die Endnote

28   Früher war nur bei einem sog. Doppelblock („Versagen" in Hausarbeit **und** Klausur) der Zugang zur mündlichen Prüfung verwehrt. Spannend wurde es dann im Mündlichen, wenn entweder die Hausarbeit **oder** die Klausuren misslungen waren. Nachdem die Hausarbeit weggefallen ist, steht schon **ein** Klausurblock – Definition in § 20 JAG NRW genau lesen! – der Zulassung zum Mündlichen entgegen, und die Durchfallquote bei den Klausuren ist deshalb erschreckend hoch. Spiegelbildlich ist aber die Chance, auch im Mündlichen zu bestehen, wenn ein Block **nicht** vorliegt, wesentlich größer: Wer heute im Ersten Examen scheitert, hat meist einen Klausurenblock. **Ein Scheitern im Mündlichen ohne Klausurenblock ist äußerst selten**. Dies sollten Sie beim Einstieg ins Mündliche bedenken. Trotzdem haben die Klausurnoten eine große Bedeutung dafür, **wie** der Kandidat das Examen besteht.

Zunächst besteht zwischen den Klausurnoten und dem Prüfungsgespräch in den jeweiligen Gebieten nicht selten eine verblüffende Übereinstimmung. Des Weiteren kann ein besseres Niveau der Klausuren als Vortrag oder Prüfungsgespräch die Zuerkennung eines Bonus bei der Bestimmung der Endnote rechtfertigen: Wenn der Kandidat sich in den Klausuren als befriedigend dargestellt hat, im Mündlichen aber insgesamt (aus welchen Gründen auch immer) allenfalls im oberen ausreichenden Bereich liegt, drängt es sich auf, ihm einen Bonus zuzubilligen, um ihn noch im unteren befriedigenden Bereich anzusiedeln.

Auf der anderen Seite trifft die gelegentlich bei Studenten, Kandidaten und Absolventen anzutreffende Meinung nicht zu, die Klausurnoten bestimmten **zwangsläufig** auch, in welcher Kategorie der Kandidat im Mündlichen angesiedelt werde. Dieses Vorurteil basiert meist auf dem Frust des Kandidaten über das Ergebnis der eigenen mündlichen Prüfung oder aus der Selbstüberschätzung. Richtig ist vielmehr: Die Klausuren **prädestinieren** zwar nicht die Endnote, haben aber schon allein rechnerisch eine erhebliche Bedeutung: Bei 230 Punkten in den Klausuren ist es nach menschlichem Ermessen eher unwahrscheinlich, dass der Kandidat noch ein Befriedigend schafft. Bei 350 Punkten aus den Klausuren sollte ein Befriedigend dagegen durchaus möglich sein, und ab 450 Punkten ist ein Prädikat in greifbarer Nähe.

Tipp: Aufgrund langjähriger praktischer Erfahrungen trösten viele Vorsitzende die Kandidaten bei der Verkündung des Prüfungsergebnisses mit dem Argument, dass eine Verdoppelung der Klausurpunkte im Mündlichen durchaus „ordentlich" ist – etwa wenn ein Kandidat 300 Punkte bei den Klausuren erreicht hat und am Ende der Prüfung bei 610 Punkten landet. Aber es gibt auch Ausnahmen, in denen Kandidaten mit schlechten Klausuren im Mündlichen besser fahren und Kandidaten mit gelungenen Klausuren im Mündlichen dieses Niveau nicht erreichen. Um es noch einmal zu sagen: Eine Bindung an die Klausurnoten als Präjudizien gibt es wirklich nicht. Da die Prüfer im Mündlichen zumeist nicht die Klausuren korrigiert haben, besteht auch nicht die Gefahr, dass die Klausurnoten unbewusst weiterwirken.

6. Dauer der mündlichen Prüfung

Die Dauer einer mündlichen Prüfung hängt von der Anzahl der Kandidaten und von der Gestaltung der Pausen zwischen Kurzvortrag und Prüfungsgespräch, aber auch der Beratungen zwischen den einzelnen Fächern im Prüfungsgespräch ab: Pro Kurzvortrag werden 12 Minuten, beim Prüfungsgespräch pro Gebiet und Kandidat etwa je 10 Minuten gerechnet. **29**

Sind keine Zuhörer anwesend, kann die Kommission die einzelnen Kurzvorträge jeweils „zwischenberaten", die endgültige Beratung über alle Kurzvorträge kann dadurch kürzer ausfallen. Ob damit aber auch die Pause zwischen den Kurzvorträgen und dem Prüfungsgespräch reduziert werden kann, wird uneinheitlich gehandhabt: Beim JPA Düsseldorf beginnt das Prüfungsgespräch, wenn die Beratung über die Kurzvorträge abgeschlossen ist. Beim JPA Hamm wird die Pause in der Regel vorher festgesetzt und ist vom Ende der Beratung über den Kurzvortrag unabhängig. Man will offenbar einen Anfechtungsgrund vermeiden: Auch der Kandidat mit dem letzten Kurzvortrag soll eine angemessene Pause zur Erholung und zum Umschalten haben.

Rechtlich weniger problematisch, aber für das Prüfungsniveau und die Notengebung bedeutsamer ist – so erstaunlich dies zunächst klingen mag – die Mittagspause: Eine zeitlich ausgiebige und auch wörtlich ausgekostete Mittagspause senkt nach den Erfahrungen des Autors das Niveau der Prüfung („Plenus venter non studet libenter – Voller Bauch studiert nicht gern"), und zwar sowohl auf Seiten der Prüfer als auch der Prüflinge, was sich dann aber leider nur auf dem „Konto" der Kandidaten, der Notengebung, negativ auswirkt. Deshalb sollten Sie sich darauf einstellen, dass die Mittagspause möglichst knapp ist. Wenn ein Kandidat aber definitiv erklärt, eine Pause von 30 – 45 Minuten zu benötigen, um wieder prüfungsfähig zu sein, kann sich der Vorsitzende dem nicht entziehen, will er nicht einen schwer auszuräumenden Anfechtungsgrund liefern.

Tipp: Die Pausen zwischen den einzelnen Teilen des Prüfungsgesprächs sollten die Kandidaten dazu nutzen, inhaltlich von einem Prüfungsfach in das andere „umzuschalten" und auch konkret-mental den vorangegangenen Teil des Prüfungsgesprächs „abzuhaken": Ob er mehr oder weniger gelungen war, was man hätte besser machen oder richtiger hätte sagen können, spielt alles keine Rolle mehr: Es geht unabhängig davon in die nächste Runde; die Karten werden neu gemischt!

7. Unterschiede zwischen den Prüfungsämtern

30 Die JPA großer Bundesländer bemühen sich um eine einheitliche Linie in der Handhabung des **Verfahrens**, aber es bleiben Unterschiede in Details, die bereits angeklungen sind. Soweit es um die **Ergebnisse** geht, mögen die jährlichen Statistiken beigezogen werden: Differenzen sollten dabei nicht unbedingt den Prüfungsämtern angelastet werden; ihre Ursachen können auch in den Einzugsbereichen der Ämter sowie bei den Universitäten und deren Einzugsbereichen liegen. Nordrhein-Westfalen mit seinen **drei JPA** (Düsseldorf, Hamm, Köln) und seinen **sechs Universitäten** mit juristischen Fakultäten (Bielefeld, Bochum, Bonn, Düsseldorf, Köln und Münster) bietet insoweit ein gutes Erforschungsgebiet, ob und bejahendenfalls welchen Stellenwert Universität und JPA auf das Ergebnis haben.

IV. Die Zeitgestaltung nach dem Zugang der Ladung zum Mündlichen

31 Die Zeit zwischen dem Zugang der Ladung und der mündlichen Prüfung ist mit drei Wochen recht kurz und sollte von Ihnen gezielt und nachhaltig genutzt werden, nachdem Sie die vorangehenden Monate seit den Klausuren wie vorgeschlagen sinnvoll genutzt haben.

1. Prüfungsprotokolle

32 Wichtig ist es, dass Sie sich zunächst schnellstens die Protokolle der Prüfer über die Fachschaft Ihrer Universität und/oder bei Alpmann Schmidt besorgen und sorgfältig studieren.

a) Bei der Benutzung dieser Protokolle ist allerdings – wenn sie nicht zentral überarbeitet und miteinander in Einklang gebracht werden – vorab zu bedenken, dass sie inhaltlich den Sachverhalt und die Rechtsprobleme nicht unbedingt richtig wiedergeben und bei Wertungen stark subjektiv geprägt sein können: Dem einen Kandidaten liegt die

Prüfungsweise, dem anderen nicht; der eine Prüfling kommt mit der Materie im Ergebnis gut, der andere (aus welchen Gründen auch immer) überhaupt nicht zurecht. Manchem Kandidaten mangelt es auch an der Fähigkeit, sich selbst richtig einzuschätzen, oder an der Bereitschaft, die Schuld für eine wenig gelungene Prüfung (auch) bei sich zu suchen.

Im Übrigen ist bei der Zurechnung der Ergebnisse auf den Vorsitzenden und die Beisitzer Vorsicht geboten, da der Protokollant die innere Struktur der jeweiligen Kommission nicht kennt:

■ Wenn die Note für den Vortrag oder die Teilnote für eine Fachprüfung gut ausfällt, ist dies nicht unbedingt der Großzügigkeit des Fachprüfers zuzuschreiben, sondern kann auch darauf beruhen, dass die fachfremden Prüfer die Beiträge des Kandidaten zum Prüfungsgespräch angesichts der Schwierigkeit der Materie besser bewertet haben als der Fachprüfer, der täglich mit ihr zu tun hat.

■ Umgekehrt kann es gerade bei Themen, die grundsätzlicher Natur sind, vorkommen, dass die fachfremden Prüfer die Bewertung mit dem Argument nach unten ziehen, dass man die grundlegende Thematik als Jurist einfach kennen müsse.

b) Interessant ist bei den Protokollen ansonsten natürlich zunächst der **Beruf der Prüfer**: Hochschullehrer für welche Fächer mit welchen Forschungsschwerpunkten? Richter, Staatsanwalt oder Verwaltungsbeamter mit welchem Dezernat? Rechtsanwalt, Justitiar oder Notar? Schon unter diesem Aspekt lohnt es sich, sich ein wenig Hintergrundwissen zu verschaffen.

In erster Linie sollten Sie aber anhand der Protokolle herausfinden, welche **Themen** die Prüfer vornehmlich prüfen, ob sie protokollfest sind, ob sie aktuelle Ereignisse aufgreifen oder sich eher in der Rechtshistorie tummeln, ob sie Theorien lieben oder praktisch denken, ob sie eher der höchstrichterlichen Rspr. folgen oder sich (auch) für abweichende Meinungen interessieren, ob sie streng und zügig prüfen, ob sie den Fall je nach den Diskussionsbeiträgen mehr oder weniger stark „laufen lassen" oder die Kandidaten führen und ihnen Hilfestellungen inhaltlicher Art (ggf. schon bei der Formulierung ihrer Fragen) geben. Vielleicht können Sie den Protokollen auch entnehmen, was ein Prüfer partout nicht mag oder umgekehrt: worauf er besonders „abfährt".

Beim Vorsitzenden sind die Protokolle auch darauf zu sichten, wie er das Vorgespräch führt: Was spricht er an, was interessiert ihn kaum? Was kommt bei ihm gut an, was kann er nicht ab? Ist er im Vorgespräch nett und umgänglich, in der Prüfung selbst aber streng?

2. Letzter fachlicher Schliff

Was für die Zeit nach den Klausuren allgemein gilt, hat auch für die Zeit nach Zugang der Ladung Bedeutung; deshalb noch einmal: Bleiben Sie ruhig; machen Sie weiter! Lesen Sie die aktuellen Ausgaben der Ausbildungs- und Standardzeitschriften zu den jeweiligen Rechtsgebieten und die neuesten Rechtsprechungsübersichten! Lassen Sie sich nicht verrückt machen: Auch andere Kandidaten kochen nur mit Wasser, und Sie selbst können grundlegende Defizite Ihres Studiums ohnehin nicht mehr kurzerhand ausräumen.

33

Auf der anderen Seite sehen Sie zu, dass Sie physisch und psychisch/mental möglichst gut konditioniert sind!

*Tipp: Büffeln Sie auch jetzt nicht an einem Stück, sondern machen Sie Pausen! Übertreiben Sie es nicht an einem Tag! Lernen Sie nicht nur für sich, sondern pflegen Sie auch die (mehr oder wenige) fachliche Unterhaltung mit Kollegen, Bekannten und Freunden. Im Mündlichen kommt es nicht nur darauf an, etwas zu wissen, sondern man muss es auch verständlich „rüberbringen" und in concreto anwenden. Und halten Sie sich immer vor Augen: In der Prüfungsvorbereitung („Im stillen Kämmerlein") klappt vieles einigermaßen; im Mündlichen kommt der **akute Stress** hinzu, der vieles blockiert: Sicherlich haben Sie schon als Zuhörer an einer mündlichen Prüfung teilgenommen und sich darüber gewundert, dass die vor Ihnen sitzenden Kandidaten nicht auf das Problem oder die richtige Antwort kamen. Gefahr erkannt, Gefahr gebannt: Sie müssen nur vorbeugen!*

3. Kleinigkeiten, die aber unter Umständen nicht bedeutungslos sind

34   Wenn Sie die vorstehenden Ratschläge beherzigen, können Sie schon einigermaßen sicher in die mündliche Prüfung gehen. Dabei ist eine ungewohnte Anspannung, eine starke Fixierung nur natürlich. Lassen Sie sich dadurch nicht verunsichern, sondern nutzen Sie beides für eine gute Prüfungsleistung. Daneben spielen aber auch Kleinigkeiten eine wichtige Rolle, die Sie nicht vernachlässigen, sondern gezielt in Ihre Prüfungsvorbereitung einbauen sollten:

- Machen Sie sich rechtzeitig Gedanken darüber, wie Sie zum Prüfungsort gelangen: Nehmen Sie Ihr Auto, fahren Sie mit dem ÖPNV oder lassen Sie sich von einem Freund, Bekannten oder Verwandten bringen?

- Finden Sie einen Kommilitonen, der Sie als Zuhörer in den Pausen berät und motiviert? Oder können Sie jemanden mitnehmen, der zwar nicht zuhören darf, Ihnen aber in den Pausen Ratschläge geben kann oder Ihnen auch nur sein Ohr leiht?

- Legen Sie rechtzeitig Personalausweis und sonstige Prüfungspapiere bereit! Sorgen Sie für genügend Getränke in den Pausen und vielleicht für ein Butterbrot, Schokolade o.ä.!

- Fahren Sie morgens rechtzeitig, lieber noch etwas früher los! Setzen Sie sich nicht zeitmäßig unter unnötigen Stress, damit Sie nicht entnervt auf dem letzten Drücker zum Prüfungsvorgespräch kommen und sich kaum noch konzentrieren können!

- Machen Sie sich – gleich ob männlich oder weiblich – frühzeitig Gedanken darüber, was sie konkret zur Prüfung anziehen!

35   **Eine Anmerkung zum letzten Punkt**: Erachten Sie das äußere Erscheinungsbild nicht als völlig nebensächlich, auch wenn sich im Laufe der letzten 50 Jahre die Vorstellungen über die angemessene Kleidung bei einer Staatsprüfung gravierend verändert haben und heute übertrieben formuliert praktisch jeder so erscheinen kann, wie er möchte. Jedenfalls sollten Sie die Bekleidungsfrage nicht weltanschaulich/ideologisch, sondern pragmatisch sehen. Denken Sie daran, dass Juristen – ich hätte fast gesagt: von der Ausbildung und von Berufs wegen – konservativ sind, sich aber auch in Justiz und Verwaltung die Mode geändert hat. Im Zweifel sollten Sie sich neutral, unauffällig kleiden; auch wenn Sie Kleidung und auffälligen Körperschmuck als Mittel zur Äußerung Ihrer Persönlichkeit oder Ihrer tragenden Auffassungen ansehen, sollten Sie Ihren Bekennermut nicht gerade in der mündlichen Prüfung zeigen.

Tipp: Auf jeden Fall sollten Sie darauf achten, dass die Kleidung bequem ist; wenn Sie einen dunklen Anzug für besondere Anlässe haben, den Sie nur alle Jubeljahre anziehen, probieren Sie ihn vorher an – nicht dass Sie im Examensstress zu viel gefuttert haben, Jackett oder Hose zwacken oder sich eine Motte an ihnen sichtlich gelabt hat.

C. Das Prüfungsvorgespräch

Nach Ihrem Eintreffen am Prüfungsort, in der Regel ab 9:00 Uhr findet ein Gespräch des Vorsitzenden mit den Kandidaten statt, bevor die anderen Prüfer eintreffen. Die Gespräche erfolgen in der Reihe der Kurzvorträge, die auch der Sitzreihe im Prüfungssaal – aus der Sicht der Kommission im Uhrzeigersinn – entspricht. **36**

I. Die Funktion des Gesprächs

Das Prüfungsvorgespräch hat mehrere Funktionen, die im JAG NRW nur zum Teil, um nicht zu sagen: nur einseitig beschrieben sind.

1. Bedeutung für die Kommission

Nach § 15 Abs. 3 JAG NRW soll das Prüfungsvorgespräch (primär) dazu dienen, ein Bild von der Persönlichkeit des einzelnen Kandidaten (über die Prüfungsakte hinaus) zu gewinnen: **37**

■ Was hat er im Lebenslauf nur unzureichend erwähnt? Was sind die Gründe für ein bestimmtes Faktum, oder wie hat es sich in der Folgezeit ausgewirkt?

■ Wie sind Lücken, Brüche oder Widersprüche in der Vita zu erklären? Wie haben sie sich auf das Studium oder die bisherige Prüfung ausgewirkt?

■ Welche Fachgebiete haben ihn in der Ausbildung besonders interessiert?

■ Warum genau sind frühere Prüfungsanläufe gescheitert? Warum hat der Kandidat so lange studiert?

■ Wie ist die Tageskondition des Kandidaten?

Befürchten Sie aber bitte keine Psychoanalyse: Einmal gibt es Vorsitzende, die sich damit begnügen, die aus den Personalakten ersichtlichen Daten nur mit Ihnen abzugleichen, bevor sie dann den Beisitzern mitgeteilt werden. Zum anderen geht das Gespräch ohnehin selten in die Tiefe; aber jedenfalls sollten Sie sich (für alle Fälle) vorsorglich auf diesbezügliche Fragen einstellen und sich zumindest schlüssige Antworten zurechtlegen.

2. Nutzen für den Kandidaten

38 Das Gespräch des Vorsitzenden mit den Kandidaten ist dazu geeignet, bei ihnen die natürliche Nervosität abzubauen. Zudem kann es einen nützlichen persönlichen Kontakt zwischen den Kandidaten und der Kommission in Gestalt des Vorsitzenden herstellen. Ferner kann es bei pessimistischen Kandidaten Ängste zerstreuen – etwa mit dem Argument, dass nach der Neufassung des JAG ein Scheitern im Mündlichen eher die Ausnahme ist, und schließlich können (auch wenn dies nebensächlich erscheint) die Kandidaten sich schon an den Prüfungsraum gewöhnen, in dem das Vorgespräch oft stattfindet.

II. Ihre Vorbereitung auf das Prüfungsvorgespräch

39 Sie sollten sich noch einmal in Erinnerung rufen, welche Eigenheiten des Vorsitzenden aus den Protokollen ersichtlich waren, und Ihr Verhalten darauf einstellen. Dass Sie Protokolle eingesehen haben, können Sie ruhig einräumen; dies ist üblich. Bei der Beantwortung der eventuell gestellten Frage, wie denn die Kommission in den Protokollen geschildert wird, sollten Sie aber Vorsicht walten lassen, falls die Kommission oder einzelne Prüfer darin schlecht abgeschnitten haben. Notfalls helfen Allgemeinplätze!

Ansonsten können Sie beim Gespräch durchaus zugeben, dass Sie nervös und angespannt sind. Allerdings sollten Sie sich dabei vor Geschwätzigkeit hüten: Mehr zuhören als reden, zurückhaltend, aber selbstbewusst reagieren! Überlassen Sie die Moderation dem Vorsitzenden!

1. Je nach der Eigenart des Vorsitzenden müssen Sie sich insbesondere auf Fragen zu Ihrer **Abiturnote**, zu den **Leistungskursen**, zu guten, aber auch zu schlechten Zeugnisnoten sowie auf Niveauabfälle oder -steigerungen einstellen.

2. Gelegentlich wird auch gefragt, warum Sie sich gerade für das Studium der Rechtswissenschaften entschieden haben. Wenn Ihre Universitätsscheine und die Schwerpunktprüfung, aber auch die Examensklausuren **nicht ordentlich** waren, sollten Sie bei Ihrer Antwort besonders vorsichtig und tunlichst kreativ sein!

3. Sie müssen damit rechnen, dass der Vorsitzende ihren **Studienort** und dort tätige Hochschullehrer anspricht, dass er Sie zu **Hobbies** fragt, die Sie im Lebenslauf (hoffentlich nicht übertrieben) angegeben haben, und dass er sich nach Ihren **wissenschaftlichen Interessen** erkundigt.

4. Beliebt ist die Frage nach dem **Berufsziel**: Auch hier sollten Sie offen und ehrlich sein, sich nicht unbedingt dem Vorsitzenden anbiedern, insbesondere nicht genau dessen Beruf als Ihr Ziel angeben. Nicht schlecht kommt es an, gewisse Neigungen zu nennen, aber zu bekunden, die Referendarzeit zur Wahl des Berufs nutzen zu wollen. Auf keinen Fall sollten Sie Berufsziele angeben, die von Ihren bisherigen juristischen Leistungen her eher utopisch sind.

5. Promotionsabsichten sollten Sie ruhig offenbaren, insbesondere wenn der Vorsitzende Hochschullehrer ist oder an der Uni einen Lehrauftrag hat. Sachdienlich kann es auch sein, die Promotionsvoraussetzungen zu nennen und eine etwaige Problematik anzusprechen, die sich dafür aus Ihren (nicht gerade positiven) Klausurnoten ergeben könnte.

6. Häufig wird gefragt, welches **Notenziel** Sie verfolgen: Bei der Antwort sollten Sie angesichts Ihrer Klausurnoten realistisch, aber nicht überheblich sein und auch hier keine unrealistischen Ziele kundtun. Die Bereitschaft zu kämpfen sollten Sie ruhig aussprechen.

7. Sollte der Vorsitzende näher auf Ihre Klausuren eingehen, taucht naturgemäß die   **40**
Frage nach der **Ursache der Benotung** auf:

■ Sind die Klausuren **ordentlich** ausgefallen, können Sie durchaus sagen, sie entsprächen in etwa den Examensklausurenkursen an der Uni oder den Klausuren im Repetitorium. Seien Sie aber nicht überheblich, zeigen Sie sich nicht streberisch! Verraten Sie niemals, dass Sie die Urteile gekannt haben, die den Klausurfällen zugrunde lagen! Vielleicht waren Sie damals bei den Klausuren (aus welchem Grund?) einfach mental und physisch „gut drauf".

■ Wenn die Klausuren im **unteren** Bereich liegen, können Sie ruhig Ihrer Enttäuschung Ausdruck verleihen, aber Sie müssen hier damit rechnen, dass der Vorsitzende Sie fragt, ob Sie eine Erklärung für das schlechte Abschneiden bei den Klausuren haben. In der Praxis kommen dabei alle möglichen Antworten vor: Ging es Ihnen – aus welchen Gründen – nicht gut? Haben Sie sich zu früh zum Examen gemeldet? War der Fall zu schwer? Sind auch Kollegen über die Benotung entsetzt? Aber denken Sie daran: Aus der Prüfungsakte sind zumindest teilweise Ihre universitären Leistungen bekannt, deshalb bitte nicht schummeln!

■ Sind die Klausuren **uneinheitlich** ausgefallen, kann man einzelne durchaus als Ausrutscher deklarieren; dies wird stets akzeptiert. Sind die Klausuren eines ganzen Fachgebiets schlecht ausgefallen, können Sie erklären, dass Ihr besonderes Interesse bei den anderen Fächern liegt. Aber bitte übertreiben Sie auch hier nicht, sonst könnte es passieren, dass man Ihnen in den angeblichen Lieblingsfächern auf den Zahn fühlt und feststellt, dass Ihre Kenntnisse auch dort keineswegs üppig sind. Sie müssen im Übrigen damit rechnen, dass die Kommission bei höchst unterschiedlicher Bewertung Ihrer Beiträge in den einzelnen Teilen des Prüfungsgesprächs nachschaut, ob dies etwa in Korrelation zu Ihren Klausuren steht und insofern stimmig ist.

8. Im Vorgespräch wird regelmäßig noch Ihre **universitäre Schwerpunktbereichsprü-**   **41**
fung angesprochen: Wie haben Sie diese Prüfung absolviert, oder warum haben Sie sie noch nicht abgeschlossen? Warum ist die Schwerpunktbereichsprüfung so gut oder so schlecht ausgefallen? Was mussten Sie an Ihrer Universität dafür an Leistungen erbringen?

Optimal, aber nicht an jeder Uni möglich und individuell nicht stets finanzierbar ist es, **zuerst** die staatliche Pflichtfachprüfung zu absolvieren und sich **dann erst** der Schwerpunktbereichsprüfung zu unterziehen. So können Sie sich zunächst umfänglich auf die umfassenden Anforderungen der staatlichen Pflichtfachprüfung konzentrieren und dann Ihren Fokus auf die konkrete Schwerpunktbereichsprüfung richten; da Sie das Ergebnis der staatlichen Pflichtfachprüfung kennen, können Sie Ihre Anstrengungen bei der Schwerpunktbereichsprüfung besser darauf einstellen, als wenn Sie umgekehrt zunächst die universitäre Schwerpunktbereichsprüfung und dann erst die staatliche Pflichtfachprüfung absolvieren.

9. Zuletzt noch ein Wort zum **Freischuss**: Aus den Prüfungsakten ist ersichtlich, ob Sie ein Freischusskandidat sind oder nicht. Es kann durchaus sein, dass die Meldung zur Prüfung bei Ihrem realen Kenntnisstand noch nicht angemessen war und deswegen die Klausuren so schlecht ausgefallen sind.

*Tipp: Sagen Sie niemals schon im Vorgespräch, dass Sie in jedem Fall eine Notenverbesserung versuchen, falls Sie Ihr Notenziel nicht erreichen sollten. Dies könnte die Kommission in Zweifelsfällen dazu veranlassen, es bei der rechnerischen Punktzahl zu belassen, weil Sie ja **ohnehin Notenverbesserung** versuchen. Besser ist es dann schon, die Hoffnung zu äußern, dass das Mündliche zu der gewünschten Note führt, und anklingen zu lassen, dass eine Notenverbesserung für Sie wegen des dafür benötigten Zeit- und Repetieraufwands (auch finanziell) nur schwer finanzierbar ist.*

D. Der Kurzvortrag

42 Nach dem Prüfungsvorgespräch haben Sie je nach Prüfungsreihenfolge, Beginn und Dauer der Prüfungsvorgespräche noch eine gewisse Zeit zur Erholung, erfahrungsgemäß mindestens eine halbe bis dreiviertel Stunde. Dann werden Sie – jeweils im Viertelstundentakt versetzt – in den Raum hineingerufen, in dem Sie sich eine Stunde mit dem Kurzvortrag beschäftigen können.

Derweil trifft sich die Prüfungskommission: Der Vorsitzende trägt den wesentlichen Inhalt der (ihm bisher allein bekannten) Prüfungsakten vor, insbesondere Alter des Kandidaten, Abiturnote (ggf. mit Leistungskursen), Studienverlauf (wo – mit welchem Ergebnissen – Schwerpunktbereichsprüfung) und Besonderheiten aus der Vita. Außerdem unterrichtet er die Mitprüfer über Inhalt und Verlauf des Prüfungsvorgesprächs und stimmt mit ihnen den Ablauf der Prüfung, insbesondere die Mittagspause, ab. Ferner werden die Aufgabenstellung des Kurzvortrags und die dazu vom JPA herausgegebenen Lösungshinweise ggf. mit zu erwartenden abweichenden Lösungswegen oder Ergebnissen besprochen.

Den Sachverhalt des Kurzvortrags und die Lösungshinweise haben alle Mitglieder der Kommission schon mit der Ladung, also drei Wochen vor dem Termin, erhalten. Ob und wie intensiv sie sich mit beidem beschäftigen, ist mentalitätsbedingt, aber auch davon abhängig, ob der Fall aus dem eigenen oder einem fremden Fach kommt. Zumindest ein oder zwei Tage vor der Prüfung steigt aber jeder Prüfer näher in den Fall ein und macht sich – in der Regel nach den Lösungshinweisen des JPA – ein Tableau, auf dem er während der einzelnen Kurzvorträge vermerkt, ob die Kandidaten die relevanten Punkte angesprochen und wie sie sie gelöst haben. Der Prüfer, aus dessen Fachbereich der Vortrag kommt, muss damit rechnen, dass seiner Stimme in der Beratung besonderes Gewicht beigemessen wird, was die Schwierigkeit des Falles und die Qualität seiner Lösung durch die Kandidaten angeht.

I. Die Berechtigung des Kurzvortrags neben dem Prüfungsgespräch

43 Wie bereits dargelegt, unterscheidet der Kurzvortrag sich nicht nur inhaltlich, sondern auch von seinen **Anforderungen** her wesentlich vom anschließenden Prüfungsgespräch und ist für den weiteren Verlauf der mündlichen Prüfung von nicht zu unterschätzender Bedeutung: Ein gelungener Kurzvortrag ist die stärkste „Vitaminspritze" für das folgende Prüfungsgespräch. Läuft der Vortrag inhaltlich, vortragsmäßig oder zeitlich schlecht, ist dies eine schwere „Hypothek", falls der Kandidat sich dessen bewusst ist und es ihm nicht gelingt, sich bis zum Beginn des Prüfungsgesprächs wieder mental aufzubauen.

II. Der Gegenstand

Vom Vorkommen her entspricht der Gegenstand des Vortrags in NRW dem Verhältnis der Klausurfächer: **Ein** Strafrechtsfall kommt auf **zwei** Fälle aus dem öffentlichen Recht und auf **drei** Fälle aus dem Bürgerlichen Recht. **44**

- Im **Bürgerlichen Recht** geht es primär um materielles Recht, überwiegend aus den ersten drei Büchern des BGB – aber auch aus dem Arbeits-, Handels- und Gesellschaftsrecht; Zivilprozessrecht kommt allenfalls am Rande zur Sprache.

- Im **Strafrecht** geht es immer um materielles Recht. Zuweilen gibt es als Annex eine strafprozessuale Zusatzfrage. Gelegentlich sind die Fälle in ein Straf- oder Zivilverfahren „eingebettet", in denen es materiell-rechtlich etwa um falsche uneidliche Aussage, Falschverdächtigung, Verleumdung, Freiheitsberaubung, Strafvereitelung oder Prozessbetrug geht, bei denen das Prozessrecht dann mittelbar zur Sprache kommen kann oder gar muss. Nur ausnahmsweise gibt es Fälle, in denen ein Fall durch die Verfahrensstadien „wandert" und sich die Beweislage sowie damit auch die rechtliche Bewertung ändert (etwa Anklage wegen Diebstahls, in Hauptverhandlung Hehlerei oder Unklarheit). Diese Fälle bereiten guten Kandidaten keine Probleme, schwächere Kandidaten bekommen sie aber nicht sauber in den Griff.

- Im **öffentlichen Recht** sind Sie die Verquickung von Prozessrecht und materiellem Recht schon seit Beginn Ihrer universitären Ausbildung gewohnt. Sie sollten aber unbedingt gelernt haben, die Zulässigkeitsprüfung nicht Punkt für Punkt abzuhaken, sondern sich auf die allein problematischen Punkte zu beschränken: Wer Zweifel hat, einen Punkt **nicht** anzusprechen, sollte ihn zumindest knapp „abtun". Nur ganz selten gibt es Zusatzfragen!

In allen Fächern darf der Kandidat den Sachverhalt bei den Prüfern als bekannt voraussetzen. Er braucht ihn also nicht vorab vorzutragen; muss ihn aber bei der Subsumtion vollständig verwerten. Der Vorsitzende verliest ihn, wenn die Zuhörer den Prüfungsraum vor dem ersten Kandidaten betreten haben, damit sie den Kurzvorträgen folgen können.

III. Die Vorbereitung

Für das Gelingen eines Kurzvortrags ist seine einstündige Erarbeitung fast ebenso wichtig wie der Vortrag selbst; dies kann Ihnen nicht oft genug gesagt werden. **45**

Nach dem Prüfungsvorgespräch und der anschließenden (unterschiedlich langen) Pause werden Sie in den Vorbereitungsraum gerufen. Die vor Ihnen liegende Stunde sollten Sie ebenso einteilen wie die Vorbereitung einer Klausur mit folgenden Schritten: **Lesen** des kurzen Sachverhalts (meist eine Seite), **Erarbeitung** eines Konzepts und zum

Schluss (häufig unterlassen!) **Überarbeitung** dieses Konzepts unter folgenden Aspekten:

- Ist es **vollständig**, oder sollte etwas (wo und in welcher Breite) eingefügt werden?
- Kann man etwas **offen lassen** und dadurch Zeit für Wichtigeres gewinnen?
- Sollte man etwas **umstellen**, um die Schlüssigkeit oder Verständlichkeit zu erhöhen?
- Wo liegen die **Schwerpunkte** des Falles, die für die Bewertung des Kurzvortrags entscheidend sind und die deshalb im Vortrag auch zeitmäßig angemessen angesprochen werden sollten?

IV. Der Vortrag selbst

46   Das Gesetz räumt Ihnen maximal 12 Minuten ein; eine Verlängerung gibt es nicht. Wenn die Uhr des Vorsitzenden klingelt, ist Ihr Vortrag zu Ende. Fragen der Kommission zum Vortrag sind nach der derzeitigen (keineswegs unproblematischen) Gesetzeslage nicht erlaubt.

Die Benutzung einer eigenen Uhr ist Ihnen gestattet; entscheidend ist aber die dem Vorsitzenden vom JPA zur Verfügung gestellte Uhr. Diese beginnt allerdings erst zu laufen, wenn Sie mit Ihren Vorbereitungen (Aufschlagen des Gesetzestextes, Anbringung von Haftmerkzetteln, Einstellen Ihres Zeitmessers, Einschenken des Mineralwassers) fertig sind; aber übertreiben Sie es dabei nicht!

Ihre Aufzeichnungen (Konzept) aus der einstündigen Vorbereitungszeit dürfen Sie Ihrem Vortrag zugrunde legen; Sie dürfen aber nicht ablesen. Tun Sie zumindest so, als ob Sie ad hoc formulieren und gelegentlich sogar um Formulierungen ringen!

Der Vortrag beginnt mit einer Anrede: „Sehr geehrte Prüfungskommission" – aber um Gottes Willen nicht: „Sehr geehrtes Prüfungskomitee!", sonst denkt jeder – zumindest jeder Rheinländer – an Karneval!

Schauen Sie dabei die Kommission an, und lassen Sie sich nicht dadurch irritieren, dass die Prüfer immer nur auf ein Stück Papier blicken und schriftlich fixieren, was Sie vortragen. Auch wenn Sie zuweilen den Eindruck haben, damit gewissermaßen gegen eine Wand zu sprechen, tragen Sie unbeirrt vor! Denken Sie immer daran, dass die Kommission die positiven Seiten, aber auch die Schwächen des Vortrags festhalten muss, und lassen Sie sich dadurch weder im Guten noch im Schlechten beeinflussen, sondern halten sie sich an Ihr Konzept!

Achten Sie darauf, dass Sie nicht zu schnell und zu monoton sprechen, sondern denken Sie an den alten lateinischen Spruch: „Variatio delectat – Veränderung erfreut". Daher kann Unproblematisches kurz festgestellt werden; bei Problematischem gehen Sie in die Breite und Tiefe! Grundsätzlich ist der Gutachtenstil angebracht; gelegentlich kann etwas durchaus auch im Urteilsstil festgestellt werden.

Erfahrungsgemäß kommen vielleicht 5% der Kandidaten mit der Zeit von 12 Minuten nicht aus, 85–90% schöpfen sie mehr oder weniger **nicht** aus, 5–10% gelingt eine

„Punktlandung" – meist mit einer eigenen Uhr und einem vorher festgelegten variablen Vortragsstil.

V. Die Bewertung

Der Kurzvortrag wird getrennt vom Prüfungsgespräch bewertet, und zwar vorab in Ihrer Erholungspause zwischen den Kurzvorträgen und dem Prüfungsgespräch. Sind keine Zuhörer anwesend, findet schon zwischen den Vorträgen je nach der zur Verfügung stehenden Zeit bis zum Vortrag des nächsten Kandidaten eine sog. Zwischenberatung statt.

47

1. Bewertungskriterien

Kriterien zur Bewertung des Kurzvortrags sind die **Sachverhaltserfassung**, die Erkennung der spezifischen (rechtlichen oder tatsächlichen) **Probleme des Falles**, die Richtigkeit oder zumindest Vertretbarkeit dieser **Prüfung**, der **Vortragsstil** und die Einhaltung der **Zeit**.

48

Die meisten Kandidaten erfassen den **Sachverhalt** richtig, viele verwerten allerdings die Details des Sachverhalts bei der Subsumtion nicht umfassend genug; die rechtliche Seite des Falles wird zu breit, die tatsächliche Seite zu knapp erörtert.

Zur Erkennung der **Fallprobleme** gilt dasselbe wie bei den Klausuren. Exaktes Erkennen der relevanten Frage, Darstellung des bekannten oder mutmaßlichen Meinungsstands und – wenn erforderlich – kurze, aber strukturierte, an den Auslegungstheorien orientierte Argumentation.

Zur zumindest **vertretbaren Prüfung** ließe sich vieles sagen. Eins ist wichtig: Bei der Vertretbarkeit darf der Zeitdruck des Vortrags nicht außer Betracht bleiben. Was sich erst bei intensiver Recherche und Argumentation als nicht „haltbar" erweist, kann im Vortrag durchaus gut vertretbar sein, und wer einfach nur auswendig gelernt der herrschenden Meinung folgt, ohne die Problematik verstanden zu haben, wird schlechter bewertet als jemand, der, ohne den Meinungsstreit zu kennen, mit guten Argumenten den Standpunkt einer Mindermeinung vertritt.

Zum **Vortragsstil** ist bereits das Wichtigste gesagt worden. Der bei Prüferbesprechungen gelegentlich diskutierte Fall, wie ein Vortrag zu bewerten ist, der inhaltlich gut, aber vortragsmäßig indiskutabel ist, oder wie es um einen Kurzvortrag steht, der (umgekehrt) gut vorgetragen, aber inhaltlich völlig unbrauchbar ist, kommt glücklicherweise in der Praxis offenbar nicht vor.

2. Nutzen und Gefahren einer Zwischenberatung

Am schwierigsten ist die Bewertung der Kurzvorträge, wenn sie erst am Ende aller Vorträge erfolgt, weil der Prüfer dann erst anhand seiner Aufzeichnungen eruieren muss, wie der jeweilige Vortrag gelaufen ist, und weil es dann Streitigkeiten über einzelne Passagen, insbesondere über manche Weichenstellungen, geben kann. Solche Probleme gibt es dagegen kaum, wenn der Vortrag gerade erst zu Ende gegangen und den Prüfern gewissermaßen noch im Ohr ist. Insofern ist eine Beratung nach jedem einzelnen

49

Vortrag besser, aber nur dann möglich, wenn keine Zuhörer anwesend sind. Allerdings entwickeln die Kurzvorträge gelegentlich eine Eigendynamik, die eine Korrektur des Zwischenberatungsergebnisses erfordern, wie folgende auch für Kandidaten interessante Fälle zeigen:

■ Gemessen an den Lösungshinweisen des JPA scheint der erste Vortrag misslungen zu sein, die anderen sind aber noch schlechter. Hier stellt sich die Frage, ob man die Messlatte zunächst nicht zu hoch angelegt hatte und namentlich der erste Vortrag, aber evtl. auch noch weitere besser zu bewerten sind. Im Extremfall stellt sich der Sachverhalt als **schwierig** oder gar als **zu schwierig** dar, was allen Kandidaten zugutekommen sollte.

■ Der erste Vortrag erscheint wenig brauchbar, weil er ohne einleuchtende Begründung einen anderen Lösungsweg als die Hinweise des JPA wählt. Ein weiterer Vortrag gelangt zur selben Lösung, begründet dies aber durchaus vertretbar: Je nach Qualität der Begründung kann dieser Vortrag (insb. wenn er eine Schwachstelle der amtlichen Lösungsskizze offenbart) sogar im überdurchschnittlichen Bereich liegen; er kann zugleich den ersten Vortrag nach oben ziehen, wenn dessen Begründung zwar unzureichend, aber nicht nur im Ergebnis, sondern auch den Ansätzen (im Lichte des späteren Vortrags) besser zu bewerten ist.

■ Dazwischen liegt der Fall, dass ein Kandidat an einer Stelle – zumeist zu Anfang – die Weichen so stellt, dass der Vortrag an den Lösungshinweisen völlig vorbeiläuft: Wenn die weitere Lösung konsequent ist, sollte der Vortrag durchaus noch als brauchbar angesehen werden; wo er schließlich landet, hängt davon ab, wie die andersartige Weichenstellung von der Gesetzeslage, aber auch von der Argumentation her zu bewerten ist. Eine pointierte Begründung eines Klausurkorrektors für eine im Ergebnis zwar unhaltbare, aber trotzdem noch befriedigende Wertung lautete: „Der Kandidat irrt auf hohem Niveau."

VI. Tipps zur Vorbereitung auf den Kurzvortrag an der Uni und im Repetitorium

50 Als Prüfungskandidat sollten Sie zunächst unbedingt Sinn und Zweck des Vortrags verstehen – ein Phänomen, das Ihnen in Ihrem späteren beruflichen Leben stets begegnen wird: Sie werden schriftlich oder mündlich mit einem Lebenssachverhalt konfrontiert, den Sie ad hoc zunächst in seinen juristisch entscheidenden Elementen erkennen müssen. Auf diesen Sachverhalt müssen Sie dann die einschlägigen Normen anwenden und bei Bedarf in die höchstrichterliche Rspr. und Lit. „einsteigen". Ist Ihnen beides nicht sofort möglich, sollten Sie zumindest imstande sein, die entscheidenden Rechtsfragen zu sehen und **vorab** schon mögliche oder gar wahrscheinliche Lösungen anzudeuten. Dies simuliert der Vortrag in exemplarischer Weise.

Im Übrigen sollten Sie Ihre rhetorischen Fähigkeiten festigen, ggf. verbessern, sich in Rechtschreibung und Grammatik auf dem Laufenden halten und lernen, frei vor einem größeren Personenkreis zu sprechen. Das bloße Anhören simulierter mündlicher Prüfungen kann dabei helfen, ersetzt aber eigene Übungen nicht.

Dies gilt auch für die Vorbereitung des Kurzvortrags in der Zeit von exakt einer Stunde: Wer die Erarbeitung und das Halten eines Vortrags handwerklich und zeitlich beherrscht, kann auch bei einem noch so exotischen und schwierigen Fall jedenfalls etwas halbwegs Vertretbares zuwege bringen.

E. Das Prüfungsgespräch

I. Formales

Das Prüfungsgespräch unterscheidet sich in seiner Funktion und dementsprechend auch in seinen Anforderungen grundlegend vom Kurzvortrag: Hier führen Sie keinen Monolog, sondern beantworten Fragen des Fachprüfers, lösen insbesondere einen mündlich vorgegebenen Fall unter seiner Moderation und im Wechsel mit Ihren Mitprüflingen. Ob dieser Diskurs gelingt, hängt entscheidend einmal von der Eigenart des Fachprüfers, zum anderen von den juristischen Kenntnissen und der Kommunikationsfähigkeit der Prüflinge ab.

51

Für das gesamte Prüfungsgespräch wird nur eine einzige Punktzahl vergeben: Nach den einzelnen Teilen werden in der Kommission zumeist vorläufige Punkte, eventuell mit Plus- oder Minuszeichen o.ä., festgehalten. Die Dauer dieser Zwischenberatungen hängt von der Zusammensetzung der Kommission, der Eigenart des Vorsitzenden und dem konkreten Niveau des jeweiligen Prüfungsteils, zum anderen aber auch davon ab, um welchen Teil des Prüfungsgesprächs es geht: Die Beratung des ersten Teils dauert meistens länger, die Beratung des dritten Teils ist oft (trotz Berechnung der Gesamtnote) kürzer – es sei denn, ein Kandidat stünde „auf der Kippe" zwischen „Bestanden" und „Nichtbestanden" oder zwischen zwei Noten. In vielen Kommissionen wird bereits nach dem zweiten Teil der Prüfung ein „vorläufiger Kassensturz" gemacht und überlegt, welchem Kandidaten mehr auf den Zahn gefühlt werden muss oder welchem Prüfling Gelegenheit gegeben werden soll zu beweisen, ob er trotz gewisser Mängel noch oder schon in jeder Hinsicht durchschnittlichen Anforderungen entspricht oder ob seine Leistung (bereits oder noch) (erheblich) über den durchschnittlichen Anforderungen liegt.

Sie selbst können als Prüfling schon im ersten Teil des Prüfungsgesprächs durch gute Beiträge Pflöcke einschlagen und im zweiten Teil den positiven Eindruck bestätigen. Der dritte Teil würde dann – selbst wenn er schwächer wäre – nur wenig am Gesamteindruck ändern, könnte ansonsten aber optimalerweise auch die Sache abrunden. Umgekehrt ist mit einer schwachen Leistung im ersten Teil die Gesamtnote für das Prüfungsgespräch noch keineswegs prädestiniert, aber Sie haben es eben schwerer, die erstrebte Note zu erreichen.

Die Reihenfolge der Fächer bestimmt – wie bereits gesagt – die Kommission. Meist richtet sie sich nach der klassischen Reihenfolge: Bürgerliches Recht, Strafrecht, öffentliches Recht. Beim JPA Hamm prüft der Vorsitzende sein eigenes Fachgebiet grundsätzlich zuletzt. Es kann aber auch vorkommen, dass die Kommission die Reihenfolge davon abhängig macht, aus welchem Gebiet der Kurzvortrag stammt: So kann sie z.B. beschließen, dass zuerst das Fach, aus dem der Kurzvortrag stammt, geprüft wird, um den Kandidaten das häufige Wechseln zu ersparen und ein ganzes Gebiet zeitnah zu „erledigen".

52

Auf die Bedeutung der Mittagspause für das Prüfungsgespräch ist bereits hingewiesen worden (s.o. Rn. 29). Stellen Sie sich auf eine kurze Pause ein und entscheiden Sie sich bei der eventuellen Frage des Vorsitzenden, ob es eine längere Pause geben soll, pragmatisch. Eine vorherige Abstimmung unter den Prüflingen ist sinnvoll.

II. Der Inhalt

53   Das Prüfungsgespräch ist wie gesagt formal ein Dialog zwischen dem Fachprüfer und den einzelnen Prüflingen. Es kann aber auch mittelbar zu einem Disput der Prüflinge untereinander kommen. Im Zentrum einer jeden Teilprüfung stehen – worauf Sie in Ihrer Ausbildung und/oder von Ihrem Repetitor besonders trainiert worden sind – durchweg (neben gelegentlichen grundsätzlichen Fragen zu Anfang oder am Ende eines Fachs) mehr oder weniger lebensnahe Fälle, die Sie nach den Normen eines bestimmten Rechtsgebiets beurteilen sollen, wobei zur **Arbeit am Sachverhalt** in der Regel die **Auslegung als Arbeit an der Norm** hinzukommt und die eigentliche **Subsumtion** seitens der Kandidaten nicht selten zu kurz gerät; sie ist aber in der Rechtsanwendung oft entscheidend.

1. Die Thematik im Allgemeinen

54   Für die Thematik des Prüfungsgesprächs gilt in NRW der volle **Katalog** des § 11 JAG NRW, den Sie unbedingt schon zu Beginn Ihrer Examensvorbereitung intensiv zur Kenntnis nehmen sollten. Dies gilt nicht nur für die aufgezählten Rechts-/Gesetzesbereiche, sondern auch für die **Modalitäten**, unter denen ein Gebiet zum Prüfungsstoff erklärt wird.

55   **a)** Bei den sog. **Pflichtfächern** wird nur selten ein Gesetz, Buch, Abschnitt ohne Einschränkung zum Prüfungsstoff deklariert. Oft gibt es die Einschränkung „ohne ...", oder es werden nur bestimmte Abschnitte eines Buches oder Gesetzes zum Pflichtfach gezählt. Häufig wird etwas „ nur im Überblick" als Examensgegenstand zugelassen; dabei wird nur die Kenntnis der „gesetzlichen Grundstrukturen ohne **vertieftes** Wissen der Rspr. und Lit." vorausgesetzt – allerdings einschließlich der europarechtlichen Bezüge, der philosophischen, geschichtlichen (= historischen), gesellschaftlichen (= soziologischen) Grundlagen und der rechtswissenschaftlichen Methoden.

Bei all diesen Fächern muss man jedenfalls die Grundstrukturen, zentralen Streitpunkte und grundlegenden höchstrichterlichen Entscheidungen kennen, ebenso die zentralen EU-Grundsätze und speziellen EU-Richtlinien. Zudem sollte ohnehin für das gesamte Prüfungsverfahren die rechtswissenschaftliche Methode (etwa Auslegungsmethoden, Grundsätze zum Aufbau und zur Fassung von Normen) genauestens bekannt sein. Bei den philosophischen, historischen, soziologischen Grundlagen kann der Kandidat durchaus „auf Lücke setzen" und sich ggf. nach der Ladung gezielt (etwa anhand der Protokolle) informieren.

56   **b)** Bei den **anderen Rechtsgebieten** kommt es nicht auf Einzelwissen, sondern „nur" auf Verständnis und Arbeitsmethode an. Derartige Aufgabenstellungen kommen nicht selten vor; es kann sein, dass der Prüfer sogar die zentrale Norm nennt oder abgedruckt den Prüflingen vorlegt. Hier sollten Sie Ihr allgemeines juristisches Talent zum Zuge

kommen lassen: Mutig in das Repertoire Ihrer Normaufbaukenntnisse und Auslegungsmethoden sowie in Ihre Kenntnisse von grundlegenden Instituten des jeweiligen Rechtsgebiets greifen und so die Diskussion nachhaltig beeinflussen.

Tipp: *Keineswegs sollten Sie, wenn Sie den Fall zufällig kennen, gezielt den zentralen Punkt nennen und apodiktisch beantworten, geschweige denn die dahinter stehende Entscheidung auch noch nennen!*

2. Konkretes zur Aufgabenstellung

Halten Sie sich immer vor Augen, dass die mündliche Prüfung in ihrer Qualität und damit auch für die Benotung entscheidend davon abhängt, wie das Gespräch zwischen den Prüfern und den Prüflingen interaktiv verläuft. Insofern ist es nicht nur durchaus legitim, sondern geradezu unumgänglich, dass Sie sich zunächst auf die einzelnen Prüfer einstellen.

a) Auf die Bedeutung des **Fachprüfers** für Gegenstand und Art der Prüfung ist bereits hingewiesen worden. Nach Bekanntgabe der Kommission sollten Sie sich – neben der Sichtung aktueller Themen in Gesetzgebung, Rspr., Lit. und Medien – also vermehrt den Themen widmen, mit denen Ihre Prüfer beruflich zu tun haben.

b) Die sog. **Protokollfestigkeit** ist bei den Prüfern sehr unterschiedlich: Nicht wenige **57** Prüfer machen bestimmte Fälle immer wieder zum Prüfungsgegenstand. Ob dies bei „Ihren" Prüfern der Fall ist, können Sie den angeforderten Protokollen entnehmen. Aber Vorsicht ist geboten: Zunächst kommt nicht **jedes** Lieblingsproblem eines Prüfers in **jeder** Prüfung vor und es wird Ihnen negativ angekreidet, wenn Sie es einfach in die Diskussion werfen, obwohl es absolut fernliegend ist. Darüber hinaus werden manche „Protokollfälle" mit inhaltlichen Abweichungen oder nur gekürzt geprüft. Nicht wenige Fälle werden auch von den Teilnehmern der Prüfung in ihren Protokollen vom Sachverhalt und/oder von der Lösung her unzutreffend wiedergegeben. Eine einfache Sichtung der Protokolle hilft daher nur bedingt weiter. Besser ist es, wenn die Protokolle von zentralen Stellen (etwa von privaten Repetitorien) auf ihre Richtigkeit geprüft und nach Herstellung einer gewissen Kongruenz niedergelegt werden. Auf jeden Fall sollten Sie beim Lesen der Protokolle die Fälle und ihre Lösungen nicht einfach übernehmen, sondern sie anhand des Gesetzestextes nachvollziehen.

Die Protokollfestigkeit hat nicht nur für den Prüfling, falls er sich genügend vorbereitet hat, unschätzbare Vorteile – davon können Generationen von Juristen berichten –, sondern sie kommt auch mehrfach dem Prüfer zugute: Der wichtigste und deutlichste Vorteil besteht darin, dass er sich kaum noch auf das Prüfungsgespräch vorbereiten muss. Darüber hinaus gelingt ihm die Führung des Gesprächs besser, als wenn es um einen Fall geht, den er noch nie geprüft hat. Zudem fallen, da auch die Kandidaten aufgrund der Lektüre der Protokolle vorbereitet sind, solche Prüfungsgespräche durchweg ordentlich aus, während nicht protokollfeste Prüfer damit rechnen müssen, dass die Kandidaten weniger Positives bringen und die Prüfung schlechter gelingt als der Prüfungsteil eines Mitprüfers, der einen Fall bringt, den selbst die anderen Mitglieder der Kommission bereits „in- und auswendig" kennen.

Ähnlich kann es einem Prüfer ergehen, der die Kandidaten mit einem Fall konfrontiert, in dem es um allgemeine Probleme geht: Eine solche Prüfung empfinden die Mitprüfer der Kommission unter Umständen als gut machbar („Das weiß man doch!") und kreiden damit den Prüflingen, die eher über ein konkretes Wissen als über ein allgemeines Grundverständnis und Grundlagenkenntnisse verfügen, ihre folglich unzureichenden Beiträge negativ an.

*Tipp: Beschäftigen Sie sich bei Ihrer Vorbereitung auf das Mündliche **auch** mit dem grundsätzlichen Hintergrund der Normen, nicht nur mit den konkreten Details der Normanwendung!*

58 **c)** Manche Prüfer sind wenig protokollfest. Sie greifen lieber **kürzlich gestellte Examensklausuren** auf, wenn sie als Korrektoren damit befasst waren; insofern lohnt es sich, hinsichtlich der aktuellen Klausuren auf dem Laufenden zu sein. Halten Sie insofern an der Universität oder im Repetitorium Augen und Ohren offen oder suchen Sie entsprechende Informationen über das Internet.

59 **d)** Wieder andere Prüfer lieben es, den zu prüfenden Fall **neuen Entscheidungen** zu entnehmen. Insofern lohnt es sich, die neuere höchstrichterliche Rspr. einigermaßen zu kennen. Aber denken Sie daran: Es ist taktisch klug, grundsätzlich nicht zu offenbaren, dass man die Entscheidung kennt, sondern Sie sollten sich an das (natürlich bekannte) Problem heranarbeiten, als wenn Sie es erstmals sehen, und bedächtig Argumente für und gegen die (Ihnen ja bekannte) Lösung bringen! Verständnis und Beherrschung der juristischen Arbeitsweise bringen mehr als punktuelles Wissen.

e) Einige Prüfer beginnen – gewissermaßen zum Aufwärmen – mit **allgemeinen, aktuellen Fragen** ihres Rechtsgebiets und stellen dann einen **Fall** vor. Dies hat den Vorteil, dass sowohl abstraktes, aktuelles (Grund-)Wissen als auch sodann praktische Fertigkeiten bei der Lösung eines Falles festgestellt werden können. Namentlich Vorsitzende greifen im letzten Teil des Prüfungsgesprächs gelegentlich auch Themen aus den **vorangegangenen Prüfungsteilen** auf und stellen dazu aus ihrem Gebiet Fragen.

60 **f)** Manche Prüfer unterbreiten den Kandidaten einen (schier endlos) **langen Sachverhalt** und verstehen oft nicht, warum die Kandidaten ihn nicht verstanden haben. Vorsichtshalber lassen sie ihn durch einen Prüfling wiederholen, um sicherzugehen, dass der Fall „richtig herübergekommen ist":

■ Sollten Sie mit dieser Wiederholung „beauftragt" sein, achten Sie darauf, ob der Prüfer eine einfache oder eine auf das Wesentliche beschränkte Wiedergabe des Sachverhalts wünscht. Im zweiten Fall müssen Sie – um Ihren juristischen Blick zu manifestieren – all das weglassen, was nur „colorandi causa" (zur lebensnahen Ausschmückung des Falls) vom Prüfer vorgetragen worden ist.

■ Sind Sie nicht mit der Sachverhaltswiederholung betraut, achten Sie darauf, ob Ihre Aufzeichnungen stimmen oder ob es Abweichungen gibt. In einem solchen Fall werden Sie möglicherweise um Richtigstellung gebeten; u.U. sollten Sie auch von sich aus zwecks Klärung beim Prüfer nachfragen – statt später auf einer falschen Basis Ihre Beiträge zu leisten.

g) Gerade bei jungen Prüfern kommt es gelegentlich vor, dass sie das Prüfungsgespräch sehr zügig führen und etwas zu früh mit dem Fall fertig sind; sie hätten besser daran getan, gegen Ende die Zügel schleifen zu lassen und noch ergänzende, weiterführende Fragen zu stellen.

Wenn sie klug sind, bilden sie eine kurze Fallwandlung und geben allen Kandidaten Gelegenheit, dazu Stellung zu nehmen, oder sie stellen mehr oder weniger losgelöst vom Fall eine allgemeine Frage.

Schwierig wird es, wenn der Prüfer stattdessen einen neuen Fall bringt: Die Vorstellung des Sachverhalts kostet Zeit, und in der restlichen Zeit kann kaum jeder Prüfling angemessen Gelegenheit zur Stellungnahme bekommen. Zudem ist es für die Kandidaten schwierig, vom alten Fall auf den neuen Fall umzuschalten, sich kurz einzuarbeiten und dann auch schon etwas Sachdienliches von sich zu geben. Aber notfalls müssen Sie auch dies können. Freilich gibt es nicht selten Kandidaten, die dies nicht schaffen und bei dem neuen Fall „total von der Rolle" sind. Jedenfalls sollten Sie auch dieses schnelle Umschalten und die Abgabe einer trotzdem einigermaßen passablen Stellungnahme üben.

III. Die formale Gestaltung

Das Prüfungsgespräch wird allein vom „Fachprüfer" geführt. Er bestimmt eigenständig das Thema und den Ablauf seines Prüfungsteils. Der Vorsitzende leitet den Prüfungsteil nur ein, achtet darauf, dass der Prüfer sich im Rahmen des Katalogs nach § 11 JAG NRW bewegt, und beendet mit mehr oder weniger dezenten Hinweisen auf das Ende der Prüfungszeit den jeweiligen Teil. Interventionen des Vorsitzenden auf das Prüfungsgespräch selbst sind die absolute Ausnahme. **61**

1. Der Gesprächsstil des Prüfers

Wie der „Fachprüfer" seinen Teil des Prüfungsgespräch **gestaltet**, ist allein seine Sache: Manche bleiben sehr lang bei einem Kandidaten und schaffen so nur zwei oder maximal drei Durchgänge, andere wechseln relativ schnell und die Kandidaten kommen öfter dran. Manche Prüfer lassen die Zügel schleifen und mischen sich wenig ein; andere führen die Kandidaten sehr stark. Manche begnügen sich mit knappen Antworten, wenn sie erkennen lassen, dass der Kandidat das Problem kennt; andere Prüfer wollen eine ausführliche Argumentation. Auf diese Eigenarten des Fachprüfers müssen Sie sich einstellen.

Achten Sie im Übrigen auch auf etwaige Reaktionen der Mitprüfer. Nicht alle verfolgen mit steinernem Gesicht die Prüfung des Kollegen, sondern viele denken mit und reagieren entsprechend auf falsche und richtige Antworten der Kandidaten. Nutzen Sie dies unabhängig davon, ob Sie gerade am Zuge sind oder ob Sie als Nächster gefragt werden könnten bzw. für den Fall, dass die Frage möglicherweise freigegeben wird.

Kommentare des „Fachprüfers" zu Ihren Antworten haben, woran Sie stets denken sollten, zwei Adressaten: **62**

■ Zunächst sollen die **Prüflinge** in etwa erkennen können, ob sie mit ihren Beiträgen richtig oder falsch liegen; es soll verhindert werden, dass der Fachprüfer immer nur „gut/gut" sagt, die Prüfung aber letzten Endes „mangelhaft" ist. Allerdings dürfen die Prüflinge durch die negative Kommentierung ihrer Beiträge nicht so verunsichert werden, dass sie im Folgenden nichts Positives mehr zu Wege bringen.

■ Des Weiteren richten sich die Kommentare an die **Mitprüfer**, die den Verlauf der Prüfung und deren positive, aber auch negative Bestandteile für die einzelnen Kandidaten festhalten, um bei der anschließenden Beratung eine sachgerechte Bewertung zu ermöglichen. Gerade engagierte Prüfer gehen so in der Führung der Prüfung auf, dass sie deren Ergebnisse nicht selten nur unzureichend festhalten; sie bitten daher ihre Mitprüfer vorab um Mitschrift.

Die **Befragung guter Kandidaten** ist einerseits für jeden Prüfer ein Genuss, kann aber bei falscher Handhabung auch eine Prüfung „ruinieren":

■ Wer bei einem anspruchsvollen Fall den besten Prüfling als Ersten fragt, läuft Gefahr, dass dieser den Fall kurzerhand exakt löst und die anderen Prüflinge nur „Nachlese" betreiben können oder der Prüfer den nächsten Fall präsentieren muss.

■ Wer als Prüfer bei einem zentralen Problem des Falles zunächst schwache und dann überdurchschnittliche Kandidaten befragt, hat wenig Schwierigkeiten: Er sollte allerdings bei den ersten Befragten berücksichtigen, dass sie weniger Zeit zum Suchen und Überlegen hatten, und bei den zuletzt Befragten die eventuelle Vorarbeit der anderen Prüflinge berücksichtigen, ihnen aber ausreichend Gelegenheit geben, ihre zutreffende Meinung zu untermauern.

■ Im Extremfall kann ein „guter" Prüfling auch die Funktion eines sog. Ausputzers haben: Er wird nur punktuell bei Versagen vorangehender Kandidaten, dann aber recht effektiv befragt und kann den Fall wieder in die richtige Spur bringen. Zeitmäßig kommt er dabei u.U. zu kurz, was bei der Gesamtwertung aber durch die allenthalben richtigen, die Prüfung entscheidend fördernden Antworten mehr als ausgeglichen wird.

■ Ansonsten gehen die Prüfer häufig der Reihe nach, meist von links, gelegentlich auch von rechts vor. Die gezielte Frage an einen Kandidaten unter Überspringen anderer Prüflinge ist eher die Ausnahme.

Warum ich Ihnen dies erzähle? Ganz einfach: Damit das Prüfungsgespräch gelingt, müssen Sie nicht nur wissen, wie Sie sich dabei einbringen müssen (dazu im Folgenden), sondern es ist auch sachdienlich, die Funktion und die Probleme Ihres Gegenübers zu kennen und um die Regeln zu wissen, die er einhalten muss und jedenfalls im Regelfall einhält.

2. Der Gesprächsstil des Prüflings

63   Bedauerlicherweise wird das juristische Fachgespräch sowohl an der Universität als auch in den privaten Repetitorien nicht ausreichend geübt. Dabei ist es **eine** Sache, ein juristisches Problem sauber und überzeugend (soweit überhaupt möglich) für sich zu ergründen (und ggf. schriftlich niederzulegen), und eine **andere** Sache, das Ergebnis dieser Prüfung mündlich anderen juristisch gebildeten Personen verständlich zu vermitteln. Noch anders (aber für das Erste Staatsexamen noch nicht relevant) ist es, diese Position im Interesse einer Partei, eines Beschuldigten oder Verletzten etwa gegenüber Gericht, Staatsanwaltschaft oder Behörde zu vertreten. Im ersten Examen geht es indes nur darum, wie Sie sich im wissenschaftlichen Diskurs verhalten sollen.

a) Bevor Sie antworten, sollten Sie die Ihnen gestellte Frage genau verstanden oder den Ihnen unterbreiteten Sachverhalt richtig gehört und dann juristisch sauber bewertet haben. Was für die juristische Arbeitsweise allgemein sowie für Klausuren und Kurzvortrag gilt, müssen Sie auch für das Prüfungsgespräch beachten. Sachlich, ruhig, nicht zu locker, nicht vorwitzig, langweilig, stereotyp usw. Nicht übertreiben, nicht gezielt nach Überzeugung „gieren", niemals Plattitüden verbreiten, nie mit Worthülsen um sich werfen, nie viel reden, ohne etwas zu sagen und sich nicht anbiedern!

b) Ansonsten sollten Sie immer daran denken, dass der „Fachprüfer" die Fragen stellt und Sie sowie Ihre Mitprüflinge die Antworten geben sollen: Stellen Sie niemals eine Frage an den Prüfer (typische zu erwartende Antwort: „Die Fragen stelle ich!") und drängen Sie Ihre Leidensgenossen nicht an den Rand! Reden Sie um Gottes willen nicht dazwischen, aber schnalzen Sie auch nicht und zeigen Sie nicht auf; Sie haben genügend andere Möglichkeiten, der Prüfungskommission „konkludent" (insbesondere durch Blickkontakt) zu zeigen, dass Sie zur Antwort bereit sind! Falls Sie aber wirklich einmal „auf dem Schlauch stehen", blättern Sie nicht wahllos im Gesetzestext herum – insbesondere nicht im falschen Ordner oder zwar im richtigen Ordner, aber im falschen Gesetz: Die Prüfer achten darauf, ob Sie im Schönfelder vorne etwa im BGB oder hinten in der ZPO blättern.

c) Es ließen sich noch diverse formale Regeln für das Prüfungsgespräch aufstellen, aber denken Sie daran, ein sauberes juristisches Denken ist nicht alles, Sie müssen es auch anderen vermitteln können; beide Aspekte will die Kommission mit dem Prüfungsgespräch bei Ihnen überprüfen.

d) Zum Inhalt der Antworten nur so viel: Das Verhältnis von Rspr. und Lit. dürfte Ihnen zumindest in Grundzügen bekannt sein. Sie sollten auch wissen, dass die Jurisprudenz als **Wissenschaft** früher umstritten war, sie aber auch heute noch keine wissenschaftlich exakten, mathematischen Ergebnisse liefert. **64**

- Bei der Sicht eines Rechtsproblems **de lege lata** kommen die Auslegungsmethoden zum Tragen; allerdings gelangen Rspr. und Lit. dabei nicht selten zu unterschiedlichen Ergebnissen.

- Bei einem Rechtsproblem **de lege ferenda** spielen andere Überlegungen eine entscheidende Rolle, die Sie bei Ihrer Examensvorbereitung gelegentlich auch üben sollten; während Ihres Studiums und bei Ihrer Examensvorbereitung haben Sie sich wahrscheinlich hauptsächlich auf Fall-Lösungen und Entscheidungslektüre konzentriert.

Tipp: Insgesamt sollten Sie Ihr juristisches Licht nicht „unter den Scheffel stellen", aber Ihre Ansicht auch nicht als die alleinseligmachende darstellen. Sachliche Kompetenz und Bescheidenheit im Auftreten sind keine unüberbrückbaren Gegensätze, sondern gehören zusammen. Trauen Sie der Prüfungskommission die Fähigkeit zu, Blender von zurückhaltenden, aber kompetenten Kandidaten zu unterscheiden.

IV. Die Bewertung

Das Prüfungsgespräch wird wie bereits dargestellt jeweils entsprechend den Teilbereichen zwischenberaten. Die Dauer der Zwischenberatung ist davon abhängig, ob der **65**

Vorsitzende akribisch reproduzierend (Abhaken) entsprechend den Beiträgen der Kandidaten **oder** aber z.B. durch Bildung einer „Hitliste" eine Reihenfolge der Kandidaten erstellt und dann die Noten zugeteilt werden. Jedenfalls gibt es bei der Wertung des Kurzvortrags, aber auch der Teilbereiche eine Präferenz des Fachprüfers, danach spielt die Kollegialität der Kommission eine gewichtige Rolle, und „last but not least" kommt vielleicht in seltenen Fällen die Dominanz des Vorsitzenden zum Tragen.

F. Die Beratung

66 Die Beratung liegt von der Moderation her kraft Gesetzes in der Hand des Vorsitzenden, der seine Rolle allerdings unterschiedlich wahrnehmen kann, was wiederum die Dauer der Beratung, aber auch u.U. das Notenniveau bestimmt. Das Ergebnis der Beratung ist eine Kollegialentscheidung, die freilich im Normalfall – ungeachtet der normativen Stimmenverhältnisse – nicht unwesentlich vom Vorsitzenden geprägt wird.

I. Die Notenberechnung allgemein

67 Für den **Kurzvortrag** sind die Noten weitgehend – wenn auch ggf. mit Vorbehalt – nach jedem **einzelnen** Vortrag (falls keine Zuhörer anwesend sind) oder ansonsten nach **allen** Vorträgen festgelegt worden; Einzelheiten sind bereits ausgeführt worden.

Für das **Prüfungsgespräch** sind – wie ebenfalls schon dargelegt – die Weichen in den Zwischenberatungen nach den einzelnen Teilbereichen gestellt worden, sodass die abschließende Beratung meist schnell abläuft. Am Ende werden die Zwischenergebnisse „zusammengerechnet"; bei Zweifeln entscheidet meist der Gesamteindruck (etwa „noch durchschnittlich" oder „schon überdurchschnittlich"?), aber auch etwa der Aspekt des insgesamt einheitlichen Niveaus oder der Steigerung (etwa bei anfänglicher Nervosität).

Wo die Grenze zum Überdurchschnittlichen – zum Prädikat – liegt, lässt sich nicht abstrakt bestimmen. In der mündlichen Prüfung sollte sie nach unserer Auffassung schon dort beginnen, wo ein Kandidat ein solides Grundwissen hat und sein juristisches Handwerk beherrscht, kurzum: wo man mit ihm diskutieren kann. Dass dabei Hilfestellungen erlaubt sind und zwischen einem jungen Juristen und einem langjährig theoretisch und/oder praktisch tätigen Juristen Unterschiede im juristischen Wissensstand und in der Lebenserfahrung, in der Kommunikations- und Argumentationsfähigkeit, in Wertungs- und Gewichtungsfragen bestehen, liegt auf der Hand, darf aber keineswegs zulasten des Prüflings gehen. Wie im Leben allgemein hat auch im Prüfungswesen Überheblichkeit keinen Platz. **Empathie, Wohlwollen und ein menschlicher Umgangston machen einen guten Prüfer aus**.

II. Die Grenzen der mathematischen Notenberechnung

68 Das Gesetz gibt der Kommission die Möglichkeit, das rechnerische Ergebnis mit einem Bonus/Malus zu korrigieren, „wenn dies aufgrund des Gesamteindrucks den Leistungsstand des Prüflings besser kennzeichnet und die Abweichung auf das Bestehen keinen Einfluss hat" (§ 18 Abs. 4 JAG NRW). Von dieser Möglichkeit machen die Kommissionen **zum Nachteil der Prüflinge** kaum Gebrauch, nicht zuletzt deswegen, weil ein Malus verwaltungsgerichtlich nur schwer haltbar wäre. Zum **Vorteil der Prüflinge** kann davon nach den Grundsätzen des JPA Hamm Gebrauch gemacht werden, wenn mehr als 50% der staatlichen Pflichtfachprüfung besser als die rechnerisch ermittelte Endnote ist.

Viele Kommissionen „umgehen" die Zuerkennung eines Bonus/Malus allerdings, indem sie „Zwischennoten" bei Kurzvortrag und Prüfungsgespräch, wenn sie ohnehin mit einem Plus oder Minus versehen waren, entsprechend dem endgültigen Gesamteindruck vom Kandidaten „korrigieren".

Zudem wollen Kommissionen es verständlicherweise tunlichst vermeiden, dass Kandidaten eine bessere Note nur knapp verfehlen. Umgekehrt ist eine exakte Punktlandung eines Kandidaten etwa bei 4,00 Punkten (Ausreichend) oder 6,50 Punkten (Befriedigend) durchaus aussagekräftig – wenn umgekehrt ein Kandidat in seltenen Fällen z.B. mit 6,42 Punkten das Befriedigend knapp verfehlt, gibt auch dies zu denken.

III. Die Vorbereitung der Verkündung

Wie bei einem Urteil in Strafsachen hat der Vorsitzende sich – unabhängig von seiner eigenen Position – auf die (öffentliche oder nicht öffentliche) Verkündung des Prüfungsergebnisses vorzubereiten: Er muss also die Punkte festhalten, die für die Kommission insgesamt für die Benotung von Vortrag und Prüfungsgespräch entscheidend waren. Einzelheiten sind von der Persönlichkeit des Vorsitzenden abhängig, brauchen Sie aber als Prüfling nicht weiter zu interessieren.

IV. Die Bedeutung der Schwerpunktbereichsprüfung

Nach dem JAG NRW geht die Schwerpunktbereichsprüfung mit 30% in die Gesamtnote **69** des Ersten Staatsexamens ein; die staatliche Pflichtfachprüfung zählt 70%. Die allermeisten Prüfungskommissionen haben bei der Notengebung nur den Part der staatlichen Pflichtfachprüfung vor Augen, und so sehen auch die amtlichen Berechnungsvordrucke und Niederschriften aus. Den Kommissionen ist es also nicht zu verdenken, dass sie bei allem guten Willen die Note für die Schwerpunktbereichsprüfung, wenn sie überhaupt schon vorliegt, **nicht** mit in ihre Überlegungen einbeziehen. Es kann daher durchaus vorkommen, dass bei einer überdurchschnittlichen Leistung im Schwerpunktbereich und einer befriedigenden Bewältigung der staatlichen Pflichtfachprüfung der Kandidat insgesamt das Prädikat knapp verfehlt: Dasselbe gilt für einen Kandidaten, der im Schwerpunktbereich schlecht abgeschnitten hat, aber in der Pflichtfachprüfung überdurchschnittlich war und trotzdem insgesamt das Prädikat nicht erreicht.

Tipp: Bei der Beurteilung des Gesamtzeugnisses für das Erste Staatsexamen scheint das Augenmerk interessierter Außenstehender ohnehin mehr auf dem Ergebnis der Pflichtfachprüfung als auf der Note der Schwerpunktbereichsprüfung zu liegen.

G. Verkündung des Ergebnisses der Prüfung

Am Ende der Prüfung wird wie in jedem justizförmigen Verfahren, insbesondere im **70** Strafprozess, das Ergebnis **verkündet**. Wie im Strafverfahren liegt es allerdings grundsätzlich im Ermessen des Vorsitzenden, ob er das Ergebnis ausführlich oder nur knapp

begründet. Die Kandidaten haben freilich einen Anspruch auf umfassende Begründung; ob sie ihn geltend machen, wenn der Vorsitzende es sich „zu leicht macht", ist ihre Sache.

I. Grundsätzlicher Inhalt

71   Bei einer für alle Kandidaten wunschgemäß verlaufenen Prüfung kann der Vorsitzende sich kurz fassen und abschließend (mehr rhetorisch) fragen, ob weiterer Begründungsbedarf besteht. Ansonsten sollten (auch zur Information der Zuhörer) hinsichtlich des **Kurzvortrags** einerseits die zentralen Probleme oder einfach die Fundstelle der zugrundeliegenden Entscheidung genannt und zum anderen zu den einzelnen Vorträgen deren positive Ansätze und Mängel angeführt werden. Soweit es um das **Prüfungsgespräch** geht, sollten nur Allgemeines und die Entwicklung eines Kandidaten und lediglich in Ausnahmefällen konkrete Details genannt werden. Allenfalls beispielhaft können bei Bedarf gewisse Antworten besonders angeführt werden.

Ggf. wird der Vorsitzende bei knapper Verfehlung einer Note anregen, dass Freischusskandidaten eine Notenverbesserung versuchen, oder Kandidaten, die entweder nur knapp bestanden oder ihre Wunschnote verfehlt haben, ermahnen, ihre Defizite aufzuarbeiten, um die Referendarzeit – mit einem besseren Resultat – zu absolvieren. Ist (ausnahmsweise) ein Kandidat im Mündlichen gescheitert, ist es üblich, aber keineswegs zwingend, dass er vor den anderen Prüflingen allein in den Prüfungssaal gerufen wird.

II. Ergänzende Fragen

Selbst wenn der Vorsitzende fragt: „Gibt es noch Fragen?" sollten Sie sich zurückhalten. Die Chancen, etwas zu korrigieren, sind ohnehin gleich Null; zudem sollten Sie daran denken, dass Sie selbst im Prüfungsstress sind.

III. Persönliche Gratulation

Ob die Verkündung des Ergebnisses der Prüfung (wie im Strafprozess) stehend erfolgt, wird unterschiedlich gehandhabt. Unabhängig davon ist es aber üblich, dass die gesamte Kommission Ihnen abschließend zum bestandenen Examen gratuliert und Ihnen vielleicht nicht nur tröstende Worte, sondern auch Anregungen oder Angebote für Ihren weiteren Werdegang mit auf den Weg gibt.

H. Ausblick

Mit dem Ersten Staatsexamen legen Sie den Grundstein für Ihre weitere juristische Laufbahn, unabhängig davon, ob Sie zwecks Promotion oder L.L.M. den Kontakt zur Universität halten oder ob Sie sich sofort in die praktische Ausbildung als Referendar stürzen wollen. Nutzen Sie das, was Ihnen das Bestehen des Ersten Staatsexamens ermöglicht hat, als Grundstock und als ausbaufähigen Begleiter für die Referendarzeit, die für Sie neue Herausforderungen bereithält.

2. Teil: Wesentliches Prüfungswissen aus dem Zivilrecht

Typischerweise beginnt die mündliche Prüfung im Zivilrecht mit einem kleinen Fall, der im Prüfungsgespräch zu lösen ist. Häufig geht es aber nicht nur darum, eine Anspruchsgrundlage sauber zu prüfen, sondern der Fall dient als Aufhänger für Vertiefungsfragen. Oft werden auf diese Weise die Grundlagen des Zivilrechts abgefragt sowie die Zusammenhänge zwischen den verschiedenen Teilgebieten des Zivilrechts. Den Kernbereich jeder mündlichen Prüfung im Zivilrecht bilden die ersten drei Bücher des BGB (Allgemeiner Teil, Schuldrecht, Sachenrecht). Je nach Bundesland und Vorlieben der Prüfungskommission können zum Prüfungsstoff außerdem das Familien- und Erbrecht, das Arbeitsrecht sowie das Handels- und Gesellschaftsrecht und das internationale Privatrecht zählen. Auch schon im Ersten Staatsexamen ist zudem mit Fragen aus dem Zivilprozessrecht zu rechnen. **72**

A. Allgemeines

Gegenstand: Der Begriff Gegenstand wird im Zivilrecht als Sammelbezeichnung verwendet für Sachen und Rechte. Sachen sind alle körperlichen Gegenstände (§ 90 BGB). Rechte sind dementsprechend alle unkörperlichen Gegenstände, also Ansprüche und Rechte. **73**

Privatautonomie: Die Privatautonomie ist das Recht eines Rechtssubjekts (Rn. 75), die eigenen Angelegenheiten selber zu regeln. Sie beherrscht das gesamte Zivilrecht. Das Zivilrecht zeichnet sich dadurch aus, dass es das Verhältnis rechtlich gleichgestellter Personen behandelt, dass es also kein rechtliches Über-Unterordnungs-Verhältnis gibt wie zwischen Staat und Bürger, das für das öffentliche Recht prägend ist. Die Privatautonomie lässt sich weiter unterteilen in die Vertragsfreiheit (Rn. 97), die Vereinigungsfreiheit (Rn. 157), die Verfügungsfreiheit (Rn. 127), die Eheschließungsfreiheit (Rn. 129) und die Testierfreiheit (Rn. 139). Umstritten ist, ob auch die Tarifautonomie (Art. 9 Abs. 3 GG) eine Ausprägung der Privatautonomie ist.[2] Verfassungsrechtlich ist die Privatautonomie durch verschiedene Grundrechte garantiert, unter anderem durch Art. 2 Abs. 1, 6 Abs. 1, 9 Abs. 1, 12 Abs. 1 und 14 Abs. 1 GG. Die Privatautonomie existiert nicht grenzenlos. Sie wird durch zwingende Gesetze eingeschränkt. Beispielsweise kann ein Erblasser ein Testament (Rn. 140) nur durch eine eigenhändig geschriebene und unterschriebene Erklärung errichten (§ 2247 Abs. 1 BGB). Beachtet er diese Form (Rn. 84) nicht, ist das Testament nicht wirksam errichtet worden. **74**

Tipp: *Häufig werden die Begriffe „Vertragsfreiheit" und „Privatautonomie" synonym gebraucht. Das ist nicht ganz richtig, weil die Vertragsfreiheit nur einen Teil der Privatautonomie bildet, wenn auch den wichtigsten. In der mündlichen Prüfung sollte auch sprachlich genau zwischen Vertragsfreiheit und Privatautonomie unterschieden werden.*

Rechtssubjekt: Ein Rechtssubjekt ist im Zivilrecht (und nicht nur dort) jemand, der die Fähigkeit besitzt, Träger von Rechten und Pflichten zu sein. Zu den Rechtssubjekten zählen alle natürlichen Personen (Menschen) mit dem Beginn der Rechtsfähigkeit (Rn. 88). „Künstliche" Rechtssubjekte sind die juristischen Personen (Rn. 158) und manche Ge- **75**

---

2 Dafür BAG, Beschl. v. 27.01.2010 – 4 AZR 537/08 (A): „Tarifautonomie als kollektiv ausgeübte Privatautonomie."

samthandsgemeinschaften (Rn. 153). Diese erhalten ihre Rechtsfähigkeit durch eine gesetzliche Regelung (so z.B. die GmbH durch § 13 Abs. 1 GmbHG), behördliche Anerkennung (so z.B. die rechtsfähige Stiftung nach § 80 Abs. 1 BGB) oder ausnahmsweise durch die Rspr. (so z.B. die Gesellschaft bürgerlichen Rechts).[3] Abgelehnt hat es die Rspr. dagegen, der Erbengemeinschaft (§ 2032 BGB) die Rechtsfähigkeit zuzusprechen.[4]

76 **Tiere:** Tiere sind nach § 90a S. 1 BGB keine Sachen. Der Gesetzgeber trägt damit der Staatszielbestimmung des Art. 20a GG (Schutz der Lebensgrundlagen künftiger Generationen und der Tiere) Rechnung. Da an Tieren jedoch Rechte bestehen können, werden sie nach § 90a S. 3 BGB für die Zwecke des Zivilrechts wie Sachen behandelt.

77 **Trennungs- und Abstraktionsprinzip:** Das Trennungs- und Abstraktionsprinzip ist ein Grundsatz des deutschen Zivilrechts. Das Trennungsprinzip besagt, dass Rechtsgeschäfte in Verpflichtungsgeschäfte und Verfügungsgeschäfte unterteilt werden müssen. Verpflichtungsgeschäfte führen dazu, dass eine Partei schuldrechtlich dazu verpflichtet ist, eine bestimmte Leistung zu erbringen. Verfügungsgeschäfte sind alle Rechtsgeschäfte, durch die ein Recht unmittelbar geschaffen, übertragen, verändert oder aufgehoben wird. In der Regel handelt es sich bei diesen Rechten um dingliche Rechte (z.B. Eigentum), aber auch die Abtretung eines Anspruchs (§§ 398 ff. BGB) ist ein Verfügungsgeschäft. Das Abstraktionsprinzip besagt, dass die Wirksamkeit des Verpflichtungsgeschäfts und die Wirksamkeit des Verfügungsgeschäfts unabhängig voneinander sind. Dadurch wird der Rechtsverkehr erleichtert, weil über Rechte auch dann durch den Erwerber als Berechtigten verfügt werden kann, wenn das ihrem Erwerb zugrundeliegende Verpflichtungsgeschäft unwirksam ist. Ist das Verpflichtungsgeschäft unwirksam, die Verfügung aber wirksam, kann der Verfügende aber gegebenenfalls nach den §§ 812 ff. BGB die Rückabwicklung der Verfügung verlangen. Das Abstraktionsprinzip wird durchbrochen, wenn die Parteien die Verfügung unter die Bedingung (Rn. 81) einer wirksamen Verpflichtung gestellt haben, was nach h.M. grundsätzlich möglich ist (eine Ausnahme von dem Grundsatz enthält z.B. § 925 Abs. 2 BGB). Grundsätzlich möglich ist auch, dass Verpflichtungs- und Verfügungsgeschäft eine Geschäftseinheit (§ 139 BGB) bilden, jedoch müssen deutliche Anhaltspunkte im Sachverhalt dafür bestehen, dass die Parteien das Verpflichtungs- und das Verfügungsgeschäft als einheitliches Geschäft ausgestalten wollten, weil anderenfalls der Grundsatz, dass beide Geschäfte in ihrem rechtlichen Bestand voneinander unabhängig sind, in sein Gegenteil verkehrt würde. Keine Durchbrechung des Abstraktionsprinzips liegt vor, wenn derselbe Mangel (z.B. Geschäftsunfähigkeit) sich sowohl auf die Verpflichtung als auch auf die Verfügung auswirkt – hier ist das jeweilige Rechtsgeschäft jeweils von einem Mangel betroffen, der lediglich in beiden Fällen identisch ist.

Beispiel: A verkauft B ein Buch. Der Kaufvertrag (§ 433 BGB) ist das Verpflichtungsgeschäft. A ist nach § 433 Abs. 1 S. 1 BGB verpflichtet, B das Eigentum an dem Buch zu verschaffen. Das geschieht nach § 929 S. 1 BGB durch die dingliche Einigung und die Übergabe des Buches. Die dingliche Einigung ist das Verfügungsgeschäft. Ficht A anschließend den Kaufvertrag an, ist dieser nach § 142 BGB mit Wirkung *ex tunc* nichtig. Die Wirksamkeit der Übereignung bleibt davon grundsätzlich unberührt. B könnte das Buch trotz der Anfechtung als Berechtigter an einen Dritten übereignen. Solange dies nicht geschehen ist, könnte A von B die Rückübereignung des Buches nach § 812 Abs. 1 S. 1 Alt. 1 BGB verlangen, anderenfalls steht ihm nach § 818 Abs. 2 BGB allenfalls Wertersatz zu.

3 BGH RÜ 2001, 160.
4 BGH NJW 2006, 3715.

Übersicht: Prüfungsreihenfolge von Ansprüchen

78

Schritt 1: Vertragliche Ansprüche

- Vorrang der Regeln des besonderen Schuldrechts

- Vermutung des Vertretenmüssens (§ 280 Abs. 1 S. 2 BGB)

- Zurechnung des Verhaltens und Verschuldens von Erfüllungsgehilfen (§ 278 BGB)

- möglicher „Auftrag" i.S.d. §§ 677 ff. BGB

- mögliches Recht zum Besitz i.S.d. § 985 BGB

- möglicher Rechtfertigungsgrund i.S.d. §§ 823 ff. BGB

- möglicher Rechtsgrund i.S.d. §§ 812 ff. BGB

Schritt 2: Vertragsähnliche Ansprüche (§ 311 Abs. 2/3 BGB, §§ 677 ff. BGB)

- Vermutung des Vertretenmüssens (§ 280 Abs. 1 S. 2 BGB)

- Zurechnung des Verhaltens und Verschuldens von Erfüllungsgehilfen (§ 278 BGB)

- mögliches Recht zum Besitz i.S.d. § 985 BGB

- möglicher Rechtfertigungsgrund i.S.d. §§ 823 ff. BGB

- möglicher Rechtsgrund i.S.d. §§ 812 ff. BGB

Schritt 3: Dingliche Ansprüche

- mögliches Eigentum oder „sonstiges Recht" i.S.d. § 823 Abs. 1 BGB

- Vorrang des Eigentümer-Besitzer-Verhältnisses (§ 993 Abs. 1 a.E. BGB)

- möglicher Rechtfertigungsgrund i.S.d. §§ 823 ff. BGB

- möglicher Rechtsgrund i.S.d. §§ 812 ff. BGB

Schritt 4: Deliktische Ansprüche

Schritt 5: Bereicherungsrechtliche Ansprüche

Wie in den Klausuren müssen mögliche Anspruchsgrundlagen auch in der mündlichen Prüfung (Vortrag und Prüfungsgespräch) zumindest gedanklich in der unten dargestellten Reihenfolge geprüft werden, weil manche Ansprüche einen Anspruch aus einer anderen Anspruchsgrundlage ausschließen (z.B. kann ein Vertrag ein Rechtsgrund i.S.d. §§ 812 ff. BGB sein) oder weil bestimmte Regeln vorrangig vor anderen Regeln sind (z.B. die §§ 987 ff. BGB vor den §§ 812 ff. BGB). Außerdem wird durch diese Vorgehensweise vermieden, dass Anspruchsgrundlagen übersehen werden.

Tipp: Wenn vorrangige Anspruchsgrundlagen ausscheiden, sollte dies im Vortrag und im Prüfungsgespräch kurz deutlich gemacht werden, z.B. so: „Da hier keine vertraglichen oder vertragsähnlichen Ansprüche in Betracht kommen, könnte sich ein Anspruch des X auf Herausgabe der Sache aus § 985 BGB ergeben…" Dadurch geht kaum Zeit verloren, aber die Kommission wird erkennen, dass die Lösung systematisch erarbeitet wurde.

B. Kerngebiete

I. Allgemeiner Teil des BGB

79 **Anfechtung:** Die Anfechtung ist ein einseitiges Rechtsgeschäft, mit dem die Wirkungen einer Willenserklärung beseitigt werden können. Die Anfechtung wirkt *ex tunc* (§ 142 Abs. 1 BGB). Auch eine bereits aus einem anderen Grund nichtige Willenserklärung kann angefochten werden (sog. „Doppelwirkung im Recht" oder „Kipp'sche Lehre von der Doppelnichtigkeit" nach ihrem Entdecker *Theodor Kipp*). Weil die Anfechtung bewirkt, dass die Bindungswirkung einer Willenserklärung (vgl. § 130 BGB) entfällt, ist sie nur in den gesetzlich bestimmten Fällen möglich. Anderenfalls könnte der Rechtsverkehr nicht mehr auf die Bindungswirkung einer Willenserklärung vertrauen, wodurch unser Zivilrechts- und Wirtschaftssystem grundsätzlich in Frage gestellt würde. Das Gesetz erkennt vier Anfechtungsgründe an:

- Anfechtung wegen eines Irrtums über den Inhalt der Erklärung (§ 119 Abs. 1 Alt. 1 BGB),

- Anfechtung wegen eines Irrtums bei der Abgabe der Erklärung (§ 119 Abs. 1 Alt. 2 BGB, ein Unterfall findet sich mit dem sog. Übermittlungsfehler in § 120 BGB),

- Anfechtung wegen eines Irrtums über wesentliche Eigenschaften einer Person oder Sache (§ 119 Abs. 2 BGB, abzugrenzen vom unbeachtlichen Motivirrtum),

- Anfechtung wegen einer arglistigen Täuschung oder Drohung (§ 123 Abs. 1 BGB).

Anfechtungsberechtigt ist der Erklärende, der Anfechtungsgegner bestimmt sich nach § 143 BGB. Der Irrtum muss kausal für die Abgabe der Willenserklärung gewesen sein (§ 119 Abs. 1 BGB a.E.: „ … bei Kenntnis der Sachlage und bei verständiger Würdigung des Falles nicht abgegeben haben würde."). Die Anfechtung ist zudem nur zeitlich begrenzt möglich: In den Fällen des § 119 BGB muss die Anfechtung nach § 121 Abs. 1 BGB „ohne schuldhaftes Zögern" (unverzüglich) erfolgen, nachdem der Anfechtungsberechtigte von dem Anfechtungsgrund Kenntnis erlangt hat. In den Fällen des § 123 BGB beträgt die Anfechtungsfrist gemäß § 124 BGB ein Jahr, gerechnet ab dem Zeitpunkt, von dem an der Anfechtungsberechtigte die Täuschung entdeckt bzw. die Drohung entfällt. Nach Ablauf von zehn Jahren ist die Anfechtung gar nicht mehr möglich (§§ 121 Abs. 2, 124 Abs. 3 BGB). Erleidet der Anfechtungsgegner oder ein Dritter durch die Anfechtung einen Schaden, ist der Anfechtende nach § 122 Abs. 1 BGB verpflichtet, diesen zu ersetzen, es sei denn, der Anfechtungsgegner oder der Dritte kannte den Grund der Anfechtbarkeit oder kannte ihn infolge von Fahrlässigkeit nicht (§ 122 Abs. 2 BGB, sog. „Kennenmüssen" – die Legaldefinition gilt auch für andere Fälle des „Kennenmüssens"). Die Pflicht zum Schadensersatz ist verschuldensunabhängig, beschränkt sich aber auf den Ersatz des Vertrauensschadens (negatives Interesse). Übersteigt das negative Interesse den Erfüllungsschaden (positives Interesse), ist nach § 122 Abs. 1 a.E. BGB höchstens das positive Interesse zu ersetzen.

Tipp: Problematisch und in der mündlichen Prüfung als Aufgabe beliebt sind bei § 119 BGB vor allem die Abgrenzung des Erklärungsirrtums vom Inhaltsirrtum sowie die Abgrenzung des Eigenschaftsirrtums vom Motivirrtum. Bei § 123 BGB ist vor allem Absatz 2 (Täuschung durch einen Dritten) problematisch und deshalb gelegentlich Gegenstand von Prüfungen. Zur Vertiefung s. das AS-Skript BGB AT 2 (2017).

Anspruch: Ein Anspruch ist nach der Legaldefinition des § 194 BGB das Recht, von einem anderen ein Tun oder Unterlassen zu verlangen. Inhaber eines Anspruchs kann nur ein Rechtssubjekt (Rn. 75) sein. Ansprüche entstehen kraft Rechtsgeschäfts oder kraft Gesetzes. Wenn dem Anspruchsgegner eine Einrede zusteht, ist der Anspruch gehemmt. Unterschieden werden peremptorische Einreden, die den Anspruch dauerhaft hemmen (z.B. die Verjährung) und dilatorische Einreden, die nur zu einer vorübergehenden Hemmung führen (z.B. eine Stundung). Durch eine Einwendung erlischt der Anspruch. Der wichtigste Erlöschensgrund ist die Erfüllung (§ 362 BGB).

80

Bedingung: Eine Bedingung macht die Wirkung eines Rechtsgeschäfts von einem Ereignis abhängig, dessen Eintritt ungewiss ist. Nach § 158 BGB kann eine Bedingung aufschiebend sein, sodass die Wirkung des Rechtsgeschäfts erst mit dem Eintritt des Ereignisses eintritt, oder auflösend, sodass die Wirkung des Rechtsgeschäfts mit dem Eintritt des Ereignisses endet. Wenn eine Partei den Eintritt des Ereignisses selber herbeiführen kann, spricht man von einer Potestativbedingung. Bestimmte Rechtsgeschäfte sind bedingungsfeindlich, können also nicht mit einer Bedingung versehen werden (z.B. die Auflassung, § 925 Abs. 2 BGB). Der Gesetzgeber will damit in der Regel die Rechtssicherheit erhöhen, um den Rechts- und Geschäftsverkehr zu erleichtern.

81

Befristung: Eine Befristung macht die Wirkung eines Rechtsgeschäfts von einem Zeitpunkt abhängig (§ 163 BGB). Das zur Bedingung Gesagte gilt entsprechend.

82

Bote: Der Bote ist im BGB nicht ausdrücklich geregelt, § 120 BGB setzt ihn aber voraus („zur Übermittlung verwendete Person"). Zu unterscheiden ist zwischen Empfangsboten und Erklärungsboten.

83

■ Der Erklärungsbote ist eine Person, die eine fremde Willenserklärung übermittelt. Anders als ein Stellvertreter (Rn. 90) gibt der Erklärungsbote keine eigene Willenserklärung ab. Deshalb braucht der Bote – anders als der Stellvertreter, § 165 BGB – auch nicht (beschränkt) geschäftsfähig zu sein („Ist das Kindlein noch so klein, kann es doch schon Bote sein.").

■ Der Empfangsbote ist eine Person, die eine an den Geschäftsherrn gerichtete Willenserklärung entgegennimmt und an diesen weiterleitet, eine Art „menschlicher Briefkasten". Der Zugang (Rn. 96) der Willenserklärung bei dem Geschäftsherrn erfolgt nicht zwangsläufig bereits mit der Entgegennahme durch den Boten, sondern grundsätzlich erst dann, wenn der Geschäftsherr die zumutbare Möglichkeit hatte, die Willenserklärung zur Kenntnis zu nehmen. Ein sofortiger Zugang kann aber anzunehmen sein, wenn Empfangsbote und Geschäftsherr sich gerade in denselben Räumlichkeiten aufhalten (Beispiel: Das Kind nimmt an der Haustür einen an die Eltern gerichteten Brief vom Postboten entgegen, die Eltern befinden sich im Wohnzimmer. Hier erfolgt der Zugang sofort.). Als Empfangsbote ist zudem nur anzusehen, wer zum Empfang einer an den Geschäftsherrn gerichteten Willenserklärung geeignet und bestimmt ist; insbesondere bei kleinen Kindern kann dies problematisch sein.

- Wenn Willensmängel (z.B. Irrtümer) auftreten, kommt es auf den Willen des Geschäftsherrn und nicht auf den des Boten an (anders § 166 Abs. 1 BGB für den Stellvertreter). Wenn der Bote die Willenserklärung irrtümlich falsch übermittelt, gewährt § 120 BGB dem Geschäftsherrn ein Anfechtungsrecht (Sonderfall des Erklärungsirrtums). Wenn der Bote bewusst eine falsche Willenserklärung „übermittelt", ist er nach h.M. wie ein Vertreter ohne Vertretungsmacht zu behandeln, die §§ 177 ff. BGB sind danach entsprechend anzuwenden. Die Haftung nach § 179 BGB soll aber auch in diesem Fall nur auf einen geschäftsfähigen Boten angewendet werden.

84   **Form:** Rechtsgeschäfte bedürfen grundsätzlich keiner bestimmten Form, auch die mündlich oder durch konkludentes Verhalten abgegebene Willenserklärung ist wirksam. Der Gesetzgeber schreibt aber für bestimmte Rechtsgeschäfte eine besondere Form vor. Damit verfolgt er unterschiedliche Zwecke. Häufig geht es ihm darum, den Erklärenden durch die Form vor den Folgen des Rechtsgeschäfts zu warnen (Warnfunktion), den Beweis des Rechtsgeschäfts zu erleichtern (Beweisfunktion), eine Beratung durch einen neutralen Dritten (z.B. Notar) zu ermöglichen (Beratungsfunktion) oder eine Überprüfung – etwa durch die Finanzbehörden zwecks Besteuerung – zu ermöglichen (Kontrollfunktion). Wird die vorgeschriebene Form nicht eingehalten, ist das Rechtsgeschäft nach § 125 S. 1 BGB nichtig. Gelegentlich kann der Formmangel geheilt werden, etwa durch die Erfüllung des Rechtsgeschäfts (so etwa § 311b Abs. 1 S. 2 BGB). Hat eine Partei die andere Partei davon abgehalten, dass die für das Rechtsgeschäft erforderliche Form nicht eingehalten wird, kann es der ersten Partei ausnahmsweise nach § 242 BGB verwehrt sein, sich auf den Mangel der Form zu berufen. Die Rspr. ist hier allerdings sehr streng,[5] weil die gesetzlichen Formvorschriften nicht auf diese Weise umgangen oder zur Disposition der Parteien gestellt werden dürfen. Das BGB unterscheidet eine ganze Reihe von Formen. Die wichtigsten sind (in steigender Reihenfolge):

- Textform (§ 126b BGB), erfordert eine dauerhafte Wiedergabe und eine Nennung des Erklärenden (z.B. Brief mit maschinengeschriebener Unterschrift), Fax, nach heute h.M. genügt auch eine E-Mail, SMS etc.,

- Schriftform (§ 126 BGB), erfordert i.d.R. eine schriftliche Erklärung und eine eigenhändige Unterschrift,

- elektronische Form (§ 126a BGB), erfordert eine qualifizierte elektronische Signatur nach Art. 25 ff. eIDAS-Verordnung,[6]

- öffentliche Beglaubigung (§ 129 BGB), erfordert eine schriftliche Erklärung und die Beglaubigung der Unterschrift durch einen Notar,

- notarielle Beurkundung (§ 128 BGB), erfordert eine Beurkundung durch einen Notar,

- gerichtlicher Vergleich (§ 127a BGB).

Grundsätzlich gilt, dass eine strengere Form auch die Erfordernisse einer weniger strengen Form wahrt. Ausdrücklich angeordnet ist, dass die notarielle Urkunde die Schrift-

---

5   Sehr streng insbesondere RG, Urt. v. 21.05.1927 – V 476/26 – *Edelmannfall*; etwas großzügiger BGHZ 23, 249 – *Hoferbefall*; BGHZ 48, 396 – *Kaufmannsehrenwort*.
6   Verordnung (EU) Nr. 910/2014.

form und die öffentliche Beglaubigung ersetzt (§§ 126 Abs. 4, 128 Abs. 2 BGB). Die notarielle Beurkundung kann nur durch einen gerichtlichen Vergleich ersetzt werden (§ 127a BGB). Die elektronische Form wurde als Ersatz für die Schriftform im elektronischen Geschäftsverkehr eingeführt. Sie ersetzt daher die Schriftform, soweit dies im Gesetz nicht ausgeschlossen ist (§ 126 Abs. 3 BGB). Ein solcher Ausschluss findet sich etwa in § 623 BGB (Schriftform der Kündigung eines Arbeitsverhältnisses).

Tipp: Für manche Rechtsgeschäfte gelten besondere Formerfordernisse, die den §§ 126 ff. BGB als speziellere Regeln vorgehen. So muss die Auflassung bei gleichzeitiger Anwesenheit der Parteien vor einer dafür zuständigen Stelle (i.d.R. ein Notar) erklärt werden (§ 925 Abs. 1 S. 1 BGB). Die Ehe kann nur durch Erklärung der Eheschließenden vor dem Standesbeamten geschlossen werden (§ 1310 Abs. 1 S. 1 BGB). Ein eigenhändiges Testament muss nach § 2247 Abs. 1 BGB nicht nur eigenhändig unterschrieben sein, sondern auch der Text muss eigenhändig geschrieben sein.

Geschäftsfähigkeit: Geschäftsfähigkeit ist die Fähigkeit, im eigenen Namen wirksam Rechtsgeschäfte vornehmen zu können. Das BGB kennt verschiedene Stufen der Geschäftsfähigkeit: 85

- Minderjährige sind bis zur Vollendung des siebten Lebensjahres nach § 104 Nr. 1 BGB nicht geschäftsfähig.

- Ebenfalls nicht geschäftsfähig sind nach § 104 Nr. 2 BGB Personen, die sich in einem die freie Willensbestimmung ausschließenden Zustand krankhafter Störung der Geistestätigkeit befinden, sofern nicht der Zustand seiner Natur nach ein vorübergehender ist. Solche Personen werden häufig durch besondere Vertreter rechtsgeschäftlich vertreten, etwa einen Betreuer (§§ 1901 ff. BGB). Wer nach § 104 Nr. 2 BGB grundsätzlich geschäftsunfähig ist, kann die Geschäftsfähigkeit vorübergehend wiedererlangen. Etwa kann eine Person, die an Altersdemenz leidet, klare Momente *(lucida intervalla)* haben, in denen die Geschäftsfähigkeit vorübergehend gegeben ist. Eine Abweichung von § 104 Nr. 2 BGB enthält § 105 a S. 1 BGB: Tätigt ein volljähriger Geschäftsunfähiger ein Geschäft des täglichen Lebens, das mit geringwertigen Mitteln bewirkt werden kann, so gilt der von ihm geschlossene Vertrag danach in Ansehung von Leistung und, soweit vereinbart, Gegenleistung als wirksam, sobald Leistung und Gegenleistung bewirkt sind (Beispiel: Ein unter Altersdemenz leidender Mensch erwirbt ein Stück Kuchen.). Das gilt nach Satz 2 nicht bei einer erheblichen Gefahr für die Person oder das Vermögen des Geschäftsunfähigen.

- Ab der Vollendung des siebten Lebensjahres bis zur Vollendung des achtzehnten Lebensjahres (vgl. § 2 BGB) sind Minderjährige nach § 106 BGB beschränkt geschäftsfähig. Sie können in diesem Zeitraum solche Geschäfte wirksam vornehmen, die für sie lediglich rechtlich vorteilhaft sind. Auf die wirtschaftlichen Folgen kommt es nicht an. Ein Geschäft ist rechtlich vorteilhaft, wenn der Minderjährige weder eine eigene Verbindlichkeit eingeht, noch er auf Rechte verzichtet (Beispiel: Übereignung an ein Kind). Für andere Geschäfte bedarf der Minderjährige nach §§ 107, 108 Abs. 1 BGB der Zustimmung (Einwilligung oder Genehmigung) durch den gesetzlichen Vertreter. Gesetzliche Vertreter des Kindes sind nach §§ 1626, 1629 BGB in der Regel die Eltern. Einseitige Rechtsgeschäfte, die ein Minderjähriger ohne Zustimmung des gesetzlichen Vertreters vornimmt, sind nach § 111 S. 1 BGB unwirksam.

■ Eine erste Ausnahme von dem Zustimmungserfordernis enthält § 110 BGB, der sog. Taschengeldparagraph. Danach sind Verträge wirksam, die ein Minderjähriger ohne Zustimmung des gesetzlichen Vertreters vor Vollendung des achtzehnten Lebensjahrs abschließt, wenn der Minderjährige die vertragsmäßige Leistung mit Mitteln bewirkt, die ihm zu diesem Zweck oder zu freier Verfügung von dem Vertreter oder mit dessen Zustimmung von einem Dritten überlassen worden sind. Nicht von § 110 BGB umfasst sind Leistungen, die der Minderjährige mit Mitteln bewirkt, die er durch die von § 110 BGB erfassten Mittel erworben hat (Beispiel: Ein Kind nimmt mit Taschengeld an einer Lotterie teil und gewinnt. Es ist dann nicht nach § 110 BGB berechtigt, auch über den Lotteriegewinn frei zu verfügen.).

■ Weitere Ausnahmen von dem Zustimmungserfordernis enthalten die §§ 112, 113 BGB. Minderjährigen wird dadurch die Möglichkeit eröffnet, ein Erwerbsgeschäft zu betreiben bzw. in den Arbeitsmarkt einzutreten.

■ Nach § 165 BGB kann ein beschränkt geschäftsfähiger Minderjähriger zudem aktiv oder passiv als Stellvertreter auftreten. Ein geschäftsunfähiger Minderjähriger ist dazu nicht in der Lage, weil er keine eigene Willenserklärung formulieren kann. Unter anderem dadurch unterscheidet sich die Stellvertretung von der Botenschaft (Rn. 83).

86 **Naturalobligation:** Eine Naturalobligation ist ein Anspruch (Rn. 80), der nicht vor Gericht durchgesetzt werden kann. Beispiele für Naturalobligationen sind Ansprüche aus Spiel und Wette (§ 762 Abs. 1 BGB) oder aus einem Ehemaklervertrag (§ 656 Abs. 1 BGB). Auch verjährte Forderungen sind Naturalobligationen, da eine Leistung nach Eintritt der Verjährung nicht zurückgefordert werden kann (§ 214 Abs. 2 S. 1 BGB). Wird eine Naturalobligation erfüllt, bildet sie aber einen Rechtsgrund, sodass die Leistung nicht nach § 812 Abs. 1 S. 1 Alt. 1 BGB zurückgefordert werden kann (vgl. §§ 762 Abs. 1 S. 2, 656 Abs. 1 S.2 BGB). Auch verjährte Forderungen sind Naturalobligationen, da eine zwecks Befriedigung eines verjährten Anspruchs erfolgte Leistung nicht zurückgefordert werden kann (§ 214 Abs. 2 S. 1 BGB).

87 **Obliegenheit:** Eine Obliegenheit ist eine Rechtspflicht, die ein Rechtssubjekt erfüllen muss, um Nachteile von sich selbst abzuwenden. Sie unterscheidet sich von Haupt- oder Nebenpflichten dadurch, dass ihre Erfüllung durch den anderen Teil nicht verlangt werden kann und dass ihre Verletzung keine Schadensersatzpflichten gegenüber dem anderen Teil begründet.

Beispiele: Schadensminderungsobliegenheit (§ 254 Abs. 2 S. 1 BGB), Prüf- und Rügeobliegenheit beim Handelskauf (§ 377 HGB).

88 **Rechtsfähigkeit:** Die Rechtsfähigkeit bezeichnet die Fähigkeit, Träger von Rechten und Pflichten zu sein. Wer rechtsfähig ist, ist mit anderen Worten ein Rechtssubjekt (Rn. 75). Die Rechtsfähigkeit natürlicher Personen beginnt im Zivilrecht nach § 1 BGB mit der *Vollendung* der Geburt. Der ungeborene Mensch (*nasciturus*) ist also noch nicht rechtsfähig, nach § 1923 Abs. 2 BGB wohl aber erbfähig (Rn. 136). Die Rechtsfähigkeit endet mit dem Tod (Ansprüche aus dem sog. postmortalen Persönlichkeitsrecht stehen den Angehörigen oder den Erben zu). Abzugrenzen ist die Rechtsfähigkeit von der Geschäftsfähigkeit (Rn. 85).

Tipp: Anders als im Zivilrecht beginnt der strafrechtliche Schutz des menschlichen Lebens nach den §§ 211 ff. StGB bereits mit dem Beginn der Geburt. Vor diesem Zeitpunkt wird das ungeborene Leben durch die §§ 218 ff. StGB strafrechtlich durch spezielle Vorschriften geschützt. § 168 StGB (Störung der Totenruhe) schützt nach dem Tod das Andenken des Verstorbenen. Der Unterschied zwischen Zivilrecht und Strafrecht bietet sich für die Prüfungskommission als Überleitung vom strafrechtlichen zum zivilrechtlichen Prüfungsteil (oder umgekehrt) an.

Schaden: Ein Schaden ist im Zivilrecht ein materieller oder immaterieller Nachteil, den   **89** jemand unfreiwillig erleidet. Freiwillig erlittene Nachteile werden als Aufwendung bezeichnet. Zahlreiche Vorschriften gewähren dem Geschädigten unter bestimmten Voraussetzungen einen Anspruch auf Schadensersatz. Die haftungsbegründenden Tatbestände unterscheiden sich stark voneinander, die für das erste Staatsexamen wichtigsten finden sich in den §§ 280 Abs. 1, 823 Abs. 1 BGB und in den §§ 7, 18 StVG. Demgegenüber gelten für den haftungsausfüllenden Tatbestand regelmäßig die §§ 249 ff. BGB (vorrangige Spezialregelungen finden sich etwa in den §§ 842 ff. BGB und in den §§ 9 ff. StVG). Der haftungsausfüllende Tatbestand nach den §§ 249 ff. BGB wird wie folgt geprüft:

- Berechnung des Schadens nach der Differenzhypothese (Vergleich des wirklichen Vermögens des Geschädigten mit dem hypothetischen Vermögen des Geschädigten, wie es ohne das schädigende Ereignis bestehen würde),

- Ersatzfähigkeit des Schadens nach den §§ 249 ff. BGB,

- haftungsausfüllende Kausalität (*conditio sine qua non*, modifiziert durch die Berücksichtigung von Reserveursachen),

- Anspruchskürzung wegen einer Verletzung der Schadensminderungsobliegenheit aus § 254 BGB.

Schwierigster Prüfungspunkt ist meistens die Ersatzfähigkeit des Schadens. Ausgangspunkt ist der Grundsatz der Naturalrestitution, der besagt, dass der Geschädigte so zu stellen ist, wie er ohne das schädigende Ereignis stünde (§ 249 Abs. 1 BGB). Wird eine Sache beschädigt, müsste danach die Sache wieder in ihren Ursprungszustand versetzt werden. Die §§ 249 ff. BGB enthalten jedoch zahlreiche Modifikationen dieses Grundsatzes. So kann der Gläubiger im Fall einer Verletzung der Person oder der Beschädigung einer Sache den zur Wiederherstellung erforderlichen Geldbetrag verlangen (§ 249 Abs. 2 BGB). § 252 BGB gewährt einen Anspruch auf entgangenen Gewinn. Ist eine Wiederherstellung nicht möglich oder zur Entschädigung des Gläubigers nicht genügend, kommt nur eine Entschädigung in Geld in Betracht (§ 251 Abs. 1 BGB). Für immaterielle Schäden kann nach § 253 Abs. 1 BGB eine Entschädigung in Geld nur in den durch das Gesetz bestimmten Fällen gefordert werden. Das ist nach § 253 Abs. 2 BGB bei einer Verletzung des Körpers, der Gesundheit, der Freiheit oder der sexuellen Selbstbestimmung der Fall, nach § 651f Abs. 2 BGB kann Ersatz für entgangene Urlaubsfreude verlangt werden und die Rspr. gewährt aus Art. 2 Abs. 1 GG i.V.m. Art. 1 Abs. 1 GG einen Anspruch auf Entschädigung in Geld bei einer Verletzung des allgemeinen Persönlichkeitsrechts.

Tipp: Die Differenzhypothese geht zurück auf das Werk „Die Lehre vom Interesse" von Theodor Mommsen aus dem Jahr 1855.

90 **Stellvertretung:** Stellvertretung ist die Abgabe einer eigenen Willenserklärung in fremdem Namen. Es lassen sich drei Formen der Stellvertretung unterscheiden (s. zur Vertiefung das AS-Skript BGB AT 1 [2018]):

- Die rechtsgeschäftliche Stellvertretung ist geregelt in den §§ 164 ff. BGB.

- Die gesetzliche Stellvertretung ist in verschiedenen Normen unterschiedlicher Gesetze geregelt. Der wohl wichtigste Fall ist die gesetzliche Vertretung des Kindes durch seine Eltern nach den §§ 1626, 1629 BGB.

- Die organschaftliche Stellvertretung ist die Vertretung einer juristischen Person (z.B. GmbH, AG) oder Gesamthandsgemeinschaft (z.B. GbR, OHG, KG) durch ihre Organe. Vgl. dazu Rn. 159.

- Eine Mischform bilden die rechtsgeschäftlichen Vollmachten mit gesetzlich definiertem Umfang. Bekanntestes Beispiel ist die Prokura (Rn. 149), die durch eine Vollmacht entsteht, deren Umfang aber durch die §§ 48 ff. HGB zwingend festgelegt wird.

Die für die mündliche Prüfung wichtigste Form der Stellvertretung ist die rechtsgeschäftliche Stellvertretung. Ihr liegt eine Vollmacht (§ 167 Abs. 1 BGB) zugrunde. Die Vollmacht wird durch eine einseitige, empfangsbedürftige Willenserklärung erteilt. Diese Willenserklärung ist grundsätzlich (anders z.B. § 48 Abs. 1 HGB, § 1945 Abs. 3 BGB) formfrei und bedarf insbesondere nicht der Form, welche für das Rechtsgeschäft bestimmt ist, auf das sich die Vollmacht bezieht (§ 167 Abs. 2 BGB). Die Vollmacht kann widerruflich oder unwiderruflich erteilt werden, ihr Umfang richtet sich nach dem Inhalt der Willenserklärung, durch die sie erteilt wird (§ 168 BGB). Im Verhältnis zu Dritten kann die Vollmacht aber aus Gründen des Verkehrsschutzes auch dann noch als wirksam anzusehen sein, wenn sie im Innenverhältnis bereits widerrufen wurde (vgl. §§ 170 ff. BGB).

Tipp: Ausnahmsweise ist die Vollmachtserteilung entgegen § 167 Abs. 2 BGB formbedürftig, wenn durch die Erteilung der Vollmacht eine Formvorschrift umgangen würde, die für das Rechtsgeschäft gilt, auf das sich die Vollmacht bezieht. So gilt z.B. die Formvorschrift des § 311b Abs. 1 S. 1 BGB auch für die Willenserklärung, durch die ein Vertreter unwiderruflich bevollmächtigt wird, namens des Vertretenen das Eigentum an einem Grundstück zu übertragen oder zu erwerben.

Da die Vollmacht durch eine Willenserklärung erteilt wird, stellt sich die Frage, welche Folgen es hat, wenn diese Willenserklärung angefochten (Rn. 79) wird. Da die Anfechtung *ex tunc* wirkt (§ 142 Abs. 1 BGB), ist grundsätzlich auch die Vollmacht für die Vergangenheit als unwirksam zu behandeln. Solange der Bevollmächtigte von der Vollmacht noch keinen Gebrauch gemacht hat, ist dies unproblematisch. Umstritten ist allerdings, ob zum Schutz des Bevollmächtigten und des Rechtsverkehrs die Anfechtung ausgeschlossen bzw. ihre Wirkung auf die Zukunft beschränkt werden muss, wenn der Bevollmächtigte bereits Gebrauch von der Vollmacht gemacht hat. Die überwiegende Ansicht lehnt dies ab, weil die Erteilung der Vollmacht und das durch den Bevollmächtigten vorgenommene Rechtsgeschäft unabhängig voneinander sind. Diese Ansicht hat zur Folge, dass der ehemals Bevollmächtigte fortan als Vertreter ohne Vertretungs-macht haftet (dazu unten). Nach überwiegender Ansicht muss die Anfechtung aber so-wohl gegenüber dem Bevollmächtigten als auch gegenüber dem Dritten erfolgen. Der Dritte erhält dadurch gegen den Geschäftsherrn einen Anspruch aus § 122 BGB. Die Rechte des ehemals Bevollmächtigten gegen den Geschäftsherrn richten sich nach dem zwischen ihnen bestehenden Innenverhältnis, in Betracht kommt etwa ein Anspruch aus § 280 Abs. 1 BGB.

Besondere Formen der Vollmacht sind die **Anscheinsvollmacht** und die **Duldungs-**　91
vollmacht. Beide sind nicht gesetzlich geregelt, sondern durch die Rspr. anerkannt wor-den:

- Eine Anscheinsvollmacht liegt vor, wenn jemand – ohne dazu bevollmächtigt zu sein – wie ein Stellvertreter auftritt und es Sache des Vertretenen wäre, diesen Anschein aus der Welt zu schaffen, unabhängig davon, ob er von dem Auftreten des Stellver-treters Kenntnis hat oder nicht. Zum Schutz des Rechtsverkehrs wird der Vertretene so behandelt, als habe er eine wirksame Vollmacht erteilt. Eine Anfechtung der An-scheinsvollmacht ist nach überwiegender Ansicht nicht möglich, weil sie nicht durch eine Willenserklärung entsteht.

- Die Duldungsvollmacht entsteht, wenn jemand mit Wissen des Vertretenen wie ein Stellvertreter auftritt, ohne dazu bevollmächtigt zu sein, und der Vertretene nichts dagegen unternimmt. Die Duldungsvollmacht ist ein Fall konkludenter Vollmachts-erteilung. Sie beruht auf einer Willenserklärung des Vertretenen und kann deshalb durch diesen grundsätzlich angefochten werden.

Die wichtigste Folge der Bevollmächtigung ist, dass die durch den Vertreter im Namen des Geschäftsherrn abgegebenen Willenserklärungen unmittelbar für und gegen den Geschäftsherrn gelten (§ 164 Abs. 1 S. 1 BGB). Entsprechendes gilt für den Empfang von Willenserklärungen durch einen Vertreter (§ 164 Abs. 3 BGB).

Tipp: Der Stellvertreter unterscheidet sich von einem Boten dadurch, dass der Stellvertreter eine eigene Willenserklärung abgibt, während der Bote nur eine fremde Willenserklärung übermittelt. Deshalb braucht der Bote auch nicht geschäftsfähig zu sein, während der Stell-vertreter nach § 165 BGB zumindest beschränkt geschäftsfähig (Rn. 85) sein muss.

Darüber hinaus wird dem Geschäftsherrn nach § 166 Abs. 1 BGB das Wissen seines Ver-treters zugerechnet, soweit es sich auf die rechtlichen Folgen einer Willenserklärung auswirkt.

Beispiel: Stellvertreter S soll für Geschäftsherrn G eine Palette Konservendosen erwerben. S verschreibt sich bei Abgabe der Bestellung und ordert eine Palette Einmachgläser. G kann das Geschäft wegen des Erklärungsirrtums des S anfechten.

Nach überwiegender Ansicht enthält § 166 Abs. 1 BGB eine grundsätzliche Regelung, die auch außerhalb der Stellvertretung als Grundlage für eine Wissenszurechnung ana-log herangezogen werden kann.

Die Regelung des § 166 Abs. 1 BGB eröffnet allerdings die Gefahr des Missbrauchs. Der Geschäftsherr könnte nämlich seinen Stellvertreter missbrauchen, wenn dieser keine Kenntnis von bestimmten, für den Geschäftsherrn nachteiligen Umständen hat, indem er den gutgläubigen Stellvertreter genau anweist, was er zu tun hat. Dem beugt § 166 Abs. 2 BGB vor, indem er bestimmt, dass es in diesen Konstellationen doch auf die Kenntnis bzw. das Kennenmüssen des Geschäftsherrn ankommt.

Beispiel: Der Dritte D bietet dem Geschäftsherrn G an, ihm ein Bild zu übereignen. G weiß, dass das Bild dem Kunsthändler K gehört und dass D darüber nicht verfügen darf, ist also bösgläubig i.S.d. § 932 Abs. 2 BGB. G schickt deshalb seinen gutgläubigen Stellvertreter S zu D, damit er im Namen des G das Eigentum erwerbe und instruiert ihn entsprechend. Nach § 166 Abs. 2 S. 1 BGB kann G weiterhin nicht gutgläubig das Eigentum erwerben, weil es auf seine eigene Bösgläubigkeit ankommt.

Tritt jemand als Vertreter auf, obwohl er nicht bevollmächtigt ist („Vertreter ohne Vertretungsmacht"), richten sich die Folgen nach den §§ 177 ff. BGB. Diese machen die Wirksamkeit des Vertragsschlusses von der Genehmigung des Geschäftsherrn abhängig und räumen dem Dritten bis zu einer solchen Genehmigung das Recht ein, seine eigene Willenserklärung zu widerrufen (§§ 177, 178 BGB). Verweigert der Geschäftsherr die Genehmigung, haftet der Vertreter dem Dritten nach Maßgabe des § 179 BGB. Der Dritte kann nach § 179 Abs. 1 BGB grundsätzlich wählen (nach h.M. handelt es sich um eine Wahlschuld, § 262 BGB, nach der Gegenansicht um einen Fall elektiver Konkurrenz), ob er den Vertreter ohne Vertretungsmacht auf Erfüllung oder auf Schadensersatz in Anspruch nimmt. Privilegierungen des Vertreters enthalten die Absätze 2 und 3 der Vorschrift.

Besonderheiten gelten nach §§ 174, 180 BGB bei der Vornahme einseitiger Rechtsgeschäfte: Nach § 174 S. 1 BGB ist ein einseitiges Rechtsgeschäft, das der Vertreter namens des Geschäftsherrn vornimmt, unwirksam, wenn er keine Vollmachtsurkunde vorlegt und der Dritte das Rechtsgeschäfts aus dem Grund unverzüglich zurückweist. Diese Regelung hat im Arbeitsrecht große Bedeutung, wenn eine Kündigung durch einen Vertreter des Arbeitgebers ausgesprochen wird. Nach § 180 S. 1 BGB ist eine Vertretung ohne Vertretungsmacht bei einseitigen Rechtsgeschäften grundsätzlich unzulässig.

Besonderheiten gelten nach § 181 BGB außerdem, wenn ein Vertreter mit sich selbst kontrahiert (Insichgeschäft) oder er im Rahmen eines Rechtsgeschäfts als Vertreter mehrerer Geschäftsherrn tätig wird (Mehrfachvertretung). In beiden Fällen ist dem Vertreter die Stellvertretung untersagt, es sei denn, das Insichgeschäft bzw. die Mehrfachvertretung sind ihm ausdrücklich gestattet oder das Rechtsgeschäft besteht ausschließlich in der Erfüllung einer Verbindlichkeit. Nach überwiegender Ansicht ist § 181 BGB außerdem teleologisch zu reduzieren, wenn das Rechtsgeschäft dem Vertretenen ausschließlich einen rechtlichen Vorteil bringt.

Neben § 181 BGB treten die ungeschriebenen Regeln über den Missbrauch der Vertretungsmacht. Wirken Vertreter und Dritter bewusst zum Schaden des Geschäftsherrn zusammen (Kollusion), so ist das Rechtsgeschäft sittenwidrig und nichtig (§ 138 BGB). Überschreitet der Vertreter die im Innenverhältnis zum Geschäftsherrn bestehenden Grenzen, ist sein Handeln im Außenverhältnis aber noch von der Vollmacht gedeckt, wird er gleichwohl wie ein Vertreter ohne Vertretungsmacht behandelt, wenn der Dritte bösgläubig ist. Insoweit ist streitig, ob nur eine positive Kenntnis des Dritten schadet oder auch schon dessen Kennenmüssen. Nach Ansicht des BGH muss sich die im Innenverhältnis bestehende Beschränkung dem Dritten geradezu „aufdrängen".[7]

---

7 BGHZ 94, 132.

Umdeutung: Die Umdeutung ist im Zivilrecht (für die Umdeutung eines Verwaltungs- **92** akts s. Rn. 261) in § 140 BGB geregelt. Ist ein Rechtsgeschäft nichtig, kann es nach dieser Vorschrift in ein anderes Rechtsgeschäft umgedeutet werden, wenn es dessen Voraussetzungen erfüllt und wenn anzunehmen ist, dass die betroffene(n) Partei(en) bei Kenntnis der Nichtigkeit des Rechtsgeschäfts stattdessen das Rechtsgeschäft abgeschlossen hätten, in das das nichtige Rechtsgeschäft umgedeutet werden soll.

Beispiel: Eine außerordentliche (fristlose) Kündigung setzt einen wichtigen Grund voraus (vgl. etwa §§ 626 Abs. 2, 543 Abs. 1 BGB). Fehlt es daran, ist sie unwirksam. Die außerordentliche Kündigung kann jedoch regelmäßig in eine ordentliche Kündigung (mit Beendigungsfrist) umgedeutet werden, weil der Kündigende in der Regel den Vertrag lieber mit einer Beendigungsfrist beenden wollen wird, als weiter daran gebunden zu sein.

Unternehmer: Der Unternehmer ist das Gegenstück zum Verbraucher (Rn. 94). Nach **93** der Legaldefinition des § 14 Abs. 1 BGB ist ein Unternehmer eine natürliche oder juristische Person oder eine rechtsfähige Personengesellschaft, die bei Abschluss eines Rechtsgeschäfts in Ausübung ihrer gewerblichen oder selbstständigen beruflichen Tätigkeit handelt.

Verbraucher: Verbraucher ist nach der Legaldefinition des § 13 BGB jede natürliche Per- **94** son, die ein Rechtsgeschäft zu Zwecken abschließt, die überwiegend weder ihrer gewerblichen noch ihrer selbstständigen beruflichen Tätigkeit zugerechnet werden können. Der deutsche Gesetzgeber setzt damit die Vorgaben mehrerer EU-Richtlinien (u.a. Art. 2 Abs. 1 Richtlinie 2011/83/EU) um. Der Verbraucherbegriff definiert den persönlichen Geltungsbereich des Verbraucherprivatrechts, das unter anderem in den §§ 305 ff., 312 ff., 474 ff. und 491 ff. BGB geregelt ist. Das Gegenstück zum Verbraucher ist der Unternehmer (§ 14 BGB). Umstritten ist, ob eine Gesellschaft bürgerlichen Rechts ein Verbraucher sein kann. Dagegen spricht der Wortlaut des § 13 BGB („natürliche Person"). Dafür spricht, dass sie eine Personengesellschaft ist (Rn. 153) und dass die Gesellschafter für die Verbindlichkeiten der Gesellschaft analog § 128 HGB persönlich haften. Zu betrachten ist für die Einstufung als Verbraucher jedes einzelne Rechtsgeschäft: Schließt eine natürliche Person zu privaten Zwecken einen Vertrag, kann sie insoweit Verbraucher sein, selbst wenn sie bei anderen Verträgen die Tatbestandsmerkmale des § 14 BGB erfüllt.

Beispiel: Wenn ein Rechtsanwalt juristische Fachliteratur erwirbt, handelt er als Unternehmer. Erwirbt er dagegen eine Lampe für sein Wohnzimmer, handelt er als Verbraucher.

Verjährung: Die Verjährung ist eine peremptorische Einrede, die dazu führt, dass ein **95** Anspruch (Rn. 80) nach Ablauf einer bestimmten Frist nicht mehr durchgesetzt werden kann (§ 214 Abs. 1 BGB). Der Anspruch kann nach § 214 Abs. 2 S. 1 BGB aber weiterhin erfüllt werden und bildet dann einen Erwerbsgrund, schließt also die Rückforderung nach den §§ 812 ff. BGB aus. Die regelmäßige Verjährungsfrist beträgt drei Jahre (§ 195 BGB). Abweichende Verjährungsfristen (bis zu dreißig Jahren) regeln §§ 196, 197 BGB sowie Vorschriften für bestimmte Vertragstypen, etwa §§ 438, 548, 634a BGB. Um die Verjährung feststellen zu können, ist es sehr wichtig, den Beginn der Verjährungsfrist richtig zu berechnen. Nach § 199 Abs. 1 BGB beginnt die regelmäßige Verjährungsfrist mit dem Schluss des Jahres (31.12., 24:00 Uhr), in dem der Anspruch entstanden ist und der Gläubiger von den Anspruch begründenden Umständen und der Person des

Schuldners Kenntnis erlangt oder ohne grobe Fahrlässigkeit erlangen müsste. Zu beachten ist, dass die Verjährung nach Maßgabe der §§ 203 ff. BGB gehemmt sein kann. Die Hemmung hat zur Folge, dass die während der Hemmung verstrichene Zeit nicht auf die Verjährungsfrist angerechnet wird (§ 209 BGB). Entfällt die Hemmung, läuft die Verjährungsfrist weiter, wie bei einer Stoppuhr. Anders verhält es sich bei einem Neubeginn der Verjährung (§ 212 BGB): Hier beginnt die Verjährungsfrist von vorn, die Uhr wird also wieder auf Null gestellt. In bestimmten Fällen sieht das Gesetz eine Ablaufhemmung vor, die zwar nicht den Lauf der Verjährung hemmt, bei der die Verjährung aber frühestens sechs Monate nach dem Wegfall eines die Anspruchsdurchsetzung hindernden Ereignisses eintreten kann (§§ 210, 211 BGB).

96   **Vertrag:** Ein Vertrag ist ein mehrseitiges Rechtsgeschäft, das durch Angebot (§ 145 BGB) und Annahme (§ 147 BGB) zustande kommt. Ein Angebot ist eine empfangsbedürftige Willenserklärung, die einem anderen in der Weise zugehen muss, dass ein Vertrag durch dessen bloße Zustimmung zustande kommen kann. Das Angebot muss also alle wesentlichen Vertragsbestandteile (*essentialia negotii*) enthalten. Die Annahme ist eine empfangsbedürftige Willenserklärung (Ausnahme: § 151 BGB, der den Zugang der Willenserklärung entbehrlich macht), durch die der Erklärende sein uneingeschränktes Einverständnis mit dem Angebot erklärt. Eine Annahme unter Abänderungen gilt als Ablehnung, verbunden mit einem neuen Angebot (§ 150 BGB). Kommt es nicht zu einer Einigung, spricht man von einem Dissens (vgl. §§ 154 f. BGB). Bei einer Versteigerung kommt ein Vertrag erst mit dem Zuschlag zustande (§ 156 S. 1 BGB). Eine „Versteigerung" bei eBay ist keine Versteigerung i.S.d. § 156 BGB, weil der Vertrag bei eBay allein durch Angebot und Annahme zustande kommt und nicht durch einen Zuschlag. Durch einen Verpflichtungsvertrag verpflichtet sich eine Partei gegenüber der anderen Partei zu einem Tun, Dulden oder Unterlassen. Der Inhalt eines Verpflichtungsvertrages kann im Rahmen der Vertragsfreiheit (Rn. 97) beliebig bestimmt werden. Die Verpflichtung (Rn. 77) kann mit Hilfe der Gerichte durchgesetzt werden. Warum ein Verpflichtungsvertrag in diesem Sinn verbindlich ist, ist seit Jahrtausenden umstritten. Heute herrscht die Auffassung vor, dass die Bindungswirkung aus dem übereinstimmenden, freien Willen der Parteien resultiert. Neben dem Verpflichtungsvertrag existieren Verfügungsverträge (z.B. die dingliche Einigung nach § 929 S. 1 BGB), durch die es zu einer Verfügung (Rn. 77) kommt. Hier ist die Vertragsfreiheit durch den numerus clausus der dinglichen Rechte (Rn. 127) stark eingeschränkt. Weitere Vertragsarten bilden etwa die ehe- und erbrechtlichen Verträge sowie die Organisationsverträge des Gesellschaftsrechts. Auch bei diesen Vertragsarten ist die Vertragsfreiheit durch zwingendes Recht vielfach eingeschränkt. Achtung: Diese Darstellung des Vertrags ist stark verkürzt, eine ausführlichere Behandlung findet sich im AS-Skript BGB AT 1 (2018).

Kein Angebot ist die bloße Aufforderung zur Abgabe eines Angebots (invitatio ad offerendum). Eine bloße Aufforderung ist in der Regel in der Auslage von Selbstbedienungsläden zu sehen, weil der Veräußerer nur in dem Umfang kontrahieren will, in dem er Ware vorrätig hat (es besteht auf Seiten des Veräußerers kein Rechtsbindungswille). Das Angebot kommt hier erst mit dem Vorzeigen der Ware an der Kasse zustande, die Annahme erfolgt dann meistens konkludent durch das Eingeben des Preises durch den Veräußerer oder durch die Entgegennahme des Geldes. Infolge der Entscheidung des

BGH im „Hamburger Parkplatzfall"[8] wurde die Frage praktisch relevant, ob es faktische Verträge gibt, die nicht durch korrespondierende Willenserklärungen zustande kommen, sondern durch ein faktisches „sozialtypisches" Verhalten. Der Beklagte hatte darin sein Fahrzeug auf einem Parkplatz abgestellt, auf dem Hinweisschilder mit dem Aufdruck „Parkgeldpflichtig und bewacht" angebracht waren. Er erklärte den anwesenden Ordnern jeweils, dass er die Bewachung des Fahrzeugs und die Kostenpflichtigkeit ablehne. Er weigerte sich, zu bezahlen. Der BGH gelangte zu dem Schluss, es sei allein durch das tatsächliche Verhalten des Beklagten ein „faktischer Vertrag" zustande gekommen. Heute wird dies allgemein abgelehnt. Stattdessen wird das Abstellen des Fahrzeugs als konkludente Annahme des Angebots (in Form der Schilder) gewertet, die Ablehnung des Beklagten als verspätet (§ 130 BGB) angesehen bzw. für selbstwidersprüchlich und damit nach § 242 BGB (protestatio facto contraria non valet) unbeachtlich erklärt.

Tipp: *Die Verbindlichkeit des Vertrages wird oft mit dem Satz „pacta sunt servanda" umschrieben. Entgegen verbreiteter Auffassung handelt es sich dabei nicht um eine Regel des römischen Rechts, im Gegenteil: Das römische Recht unterschied den formgebundenen Vertrag (contractus, insbesondere die stipulatio) und formlose Verträge (pacta). Pacta wurden ursprünglich als nicht klagbar und damit praktisch für unverbindlich gehalten. Erst im kanonischen Recht setzte sich Jahrhunderte später die Auffassung durch, dass auch formlose Verträge (pacta nuda) klagbar sein müssten. Daraus entstand der Satz pacta sunt servanda.*

Vertragsfreiheit: Die Vertragsfreiheit bildet einen Teil der Privatautonomie. Sie ist im BGB nicht ausdrücklich geregelt, wird aber aus den §§ 241 Abs. 1, 311 Abs. 1 BGB abgeleitet und ist durch Art. 2 Abs. 1 GG als Grundrecht garantiert.[9] Die Vertragsfreiheit berechtigt dazu, ohne Einhaltung einer bestimmten Form (Formfreiheit) darüber zu entscheiden, ob ein Vertrag geschlossen werden soll oder nicht (Abschlussfreiheit), mit wem (Partnerwahlfreiheit), welchen Inhalt dieser haben soll (Inhaltsfreiheit) und ob er wieder beendet werden soll (Beendigungsfreiheit). Diese Freiheiten werden durch zwingende Gesetze eingeschränkt, dagegen verstoßende Rechtsgeschäfte sind nichtig (§ 134 BGB). An einem Vertrag sind immer mindestens zwei Personen beteiligt. Dadurch stellt sich das Problem, dass diese zwar rechtlich gleichgestellt sind, dass faktisch aber häufig ein informationelles oder wirtschaftliches Ungleichgewicht zwischen ihnen besteht, das eine Partei ausnutzen kann, um die andere Partei zu benachteiligen. Zwingende Gesetze haben häufig die Funktion, solche Ungleichgewichte auszugleichen bzw. die unterlegene Partei vor nachteiligen Regelungen zu bewahren, z.B. erlaubt § 123 BGB die Anfechtung (Rn. 79) eines Vertrages, wenn eine Partei die andere Partei arglistig getäuscht hat, was ein Beispiel für ein informationelles Ungleichgewicht ist. Da solche Regelungen nicht alle Einzelfälle erfassen können, kommt dem Richter die Aufgabe zu, mit den Generalklauseln des Zivilrechts (z.B. §§ 138, 242, 307 Abs. 1 S. 1 BGB) im Einzelfall einen Vertrag oder einzelne Klauseln (s. dazu §§ 139, 306 Abs. 1 BGB) für unwirksam zu erklären, wenn die unterlegene Partei unangemessen benachteiligt ist. Was unangemessen ist, legt dabei die objektive Wertordnung der Verfassung fest. Insbesondere muss der Richter die Grundrechte bei der Auslegung der zivilrechtlichen Generalklau-

97

---

8 BGHZ 21, 319.

9 S. insbesondere BVerfG, Beschl. v. 19.10.1993 – 1 BvR 567, 1044/89, Rn. 53 – *Bürgschaftsverträge*.

seln berücksichtigen („mittelbare Drittwirkung der Grundrechte").[10] Andererseits ist es dem Richter verboten, nachträglich einer Partei „Vertragshilfe" zu leisten.

II. Schuldrecht

98 **Abtretung:** Durch die Abtretung (§§ 398 ff. BGB) wird ein Anspruch (Rn. 80) oder ein sonstiges Recht (§ 413 BGB) von seinem Inhaber (sog. Zedent – Eselsbrücke: Der Ze*d*ent gibt, *d* wie *dare*, lateinisch für „geben".) auf einen anderen (sog. Zessionar) übertragen. Die Abtretung erfolgt nach § 398 S. 1 BGB durch einen Vertrag zwischen dem alten und dem neuen Gläubiger. Sie ist ein Verfügungsgeschäft, in ihrer Wirksamkeit also nicht von dem zugrundeliegenden Kausalgeschäft abhängig. Die Abtretung ist ausgeschlossen, wenn sie gegen ein Abtretungsverbot verstoßen würde. Wichtige Abtretungsverbote finden sich in § 399 BGB (Inhaltsänderung, vertragliches Abtretungsverbot) sowie in § 400 BGB (Unpfändbarkeit, wichtig insoweit die §§ 850 ff. ZPO über die Pfändbarkeit des Anspruchs auf Arbeitslohn). Weil die Abtretung für den Schuldner bedeutet, dass er einen neuen Gläubiger erhält, regeln die §§ 404 ff. BGB, welche Einwendungen ihm erhalten bleiben und welche sonstigen Rechte (insbesondere Aufrechnung) er gegen den alten und den neuen Gläubiger hat. Zustimmen muss der Schuldner der Abtretung aber nicht. Geht ein Anspruch oder ein sonstiges Recht kraft Gesetzes auf einen anderen über (z.B. nach § 774 Abs. 1 BGB), spricht man von einer Legalzession (*cessio legis*). Die Vorschriften über die Abtretung kraft Gesetzes gelten dafür nach § 412 BGB entsprechend.

Tipp: Die richtige Anspruchsgrundlage infolge einer Abtretung ist die ursprüngliche Anspruchsgrundlage i.V.m. § 398 S. 2 BGB. Hatte der Zedent z.B. einen Schadensersatzanspruch aus § 823 Abs. 1 BGB, lautet die Anspruchsgrundlage für den Zessionar also: § 823 Abs. 1 BGB i.V.m. § 398 S. 2 BGB.

99 **Allgemeine Geschäftsbedingungen:** Der Begriff „Allgemeine Geschäftsbedingungen" (AGB) ist in § 305 Abs. 1 BGB definiert. AGB sind im Rechts- und Geschäftsverkehr heute sehr verbreitet. Da die in AGB enthaltenen vertraglichen Regelungen nicht ausgehandelt werden, besteht für den Vertragspartner des Verwenders die Gefahr, durch den Verwender übervorteilt zu werden. Deshalb erklären die §§ 307 bis 309 BGB bestimmte Klauseln in AGB für unzulässig. Außerdem werden AGB häufig nicht ausdrücklich in den Vertrag einbezogen, sondern nur durch Aushang oder auf ähnliche Weise kenntlich gemacht. Auch dafür enthalten die §§ 305 ff. BGB Vorkehrungen. Einzelheiten finden sich in dem AS-Skript BGB AT 2 (2017). Bei der Prüfung von AGB empfiehlt sich folgendes Vorgehen:

---

10 Grundlegend BVerfG, Urt. v. 15.01.1958 – 1 BvR 400/51 – *Lüth*; wesentlich vertiefend BVerfG, Beschl. v. 19.10.1993 – 1 BvR 567, 1044/89 – *Bürgschaftsverträge*.

Übersicht: Prüfungsreihenfolge von AGB-Klauseln

100

Schritt 1: Anwendungsbereich der §§ 305 ff. BGB eröffnet?

1. Ausschluss gemäß § 310 BGB?

2. Ausnahmsweise Anwendbarkeit gemäß § 306a BGB?

Schritt 2: AGB i.S.d. § 305 Abs. 1 BGB?

1. Vertragsbedingungen

2. Vorformuliert

3. Für eine Vielzahl von Verträgen (beachte § 310 Abs. 3 Nr. 2 BGB)

4. Stellen (beachte § 310 Abs. 3 Nr. 1 BGB)

5. Nicht individuell ausgehandelt

Schritt 3: Einbeziehungskontrolle

1. Einbeziehung nach §§ 305 Abs. 2 und 3, 305a BGB?

2. Vorrang der Individualabrede (§ 305b BGB)

3. Überraschende Klauseln (§ 305c Abs. 1 BGB)

Schritt 4: Inhaltskontrolle

1. Ausschluss der Kontrolle nach § 307 Abs. 3 BGB?

2. Verstoß gegen § 309 BGB?

3. Verstoß gegen § 308 BGB?

4. Verstoß gegen § 307 BGB?

Schritt 5: Rechtsfolge

1. Unwirksamkeit der einzelnen Klausel (§ 306 Abs. 1 BGB)

2. Wirksamkeit des Vertrags im Übrigen (§ 306 Abs. 3 BGB)

3. Schließung der Lücke (§ 306 Abs. 2 BGB)

    a) Dispositives Gesetzesrecht

    b) Ergänzende Vertragsauslegung

Bei den §§ 307 bis 309 BGB wird „von hinten nach vorn" geprüft, weil die Klauselverbote des § 309 BGB keine Wertungsmöglichkeit eröffnen, die des § 308 BGB dagegen schon. § 307 BGB schließlich enthält gar keine konkreten Klauselverbote, sondern nur Generalklauseln.

Auf der Rechtsfolgenseite ist zu beachten, dass eine geltungserhaltende Reduktion einer Klausel nach h.M. ausscheidet, weil der Verwender anderenfalls ohne Risiko unwirksame Klauseln verwenden könnte. Er würde schlimmstenfalls auf das gerade noch Zulässige zurückfallen. Allerdings ist es nach Teilen der Rspr. möglich, eine Klausel nur teilweise für unwirksam zu erklären, wenn sie sich sprachlich und inhaltlich teilen lässt (sog. „Blue-Pencil-Test"). Bei der ergänzenden Vertragsauslegung ist zu beachten, dass es nicht zu einer Vertragshilfe durch den Richter zugunsten einer Partei kommen darf.

Tipp: Der Begriff „Allgemeine Geschäftsbedingungen" wurde 1920 von Hans Carl Nipperdey (Rn. 317) in der Schrift „Kontrahierungszwang und diktierter Vertrag" geprägt. Die AGB-Kontrolle war bis 2002 im AGB-Gesetz geregelt und wurde erst durch die Schuldrechtsreform in die §§ 305 ff. BGB überführt.

101   **Aufrechnung:** Die Aufrechnung ist ein einseitiges Rechtsgeschäft, das in den §§ 387 ff. BGB geregelt ist. Sie bewirkt nach § 389 BGB, dass wechselseitige, gleichartige Forderungen in der Höhe mit Wirkung *ex tunc* erlöschen, in der sie einander gegenüberstehen. Voraussetzung für die Aufrechnung ist neben der Aufrechnungserklärung, dass der Anspruch, mit dem aufgerechnet wird (Gegenforderung) fällig und durchsetzbar ist und dass die Forderung erfüllbar ist, gegen die aufgerechnet wird (Hauptforderung). Außerdem darf kein Aufrechnungsverbot (z.B. nach §§ 390, 393 f. BGB) entgegenstehen. Der Aufrechnung ähnlich ist die Saldierung im Rahmen der Kondiktion (Rn. 112), die aber keine Aufrechnungserklärung zur Voraussetzung hat.

102   **Bereicherungsrecht (Überblick):** Das Bereicherungs- bzw. Kondiktionsrecht ist in den §§ 812 ff. BGB geregelt. Die daraus resultierenden Schuldverhältnisse sind gesetzliche Schuldverhältnisse. Die dogmatischen Grundlagen des Kondiktionsrechts sind sehr umstritten. Dies wirkt sich bei zahlreichen Einzelfragen aus, die hier nicht behandelt werden können (s. dazu das AS-Skript Schuldrecht BT 3 [2017]).

Grundlegend ist im Bereicherungsrecht nach herrschender Ansicht die Unterscheidung zwischen Leistungs- und Nichtleistungskondiktion. Die Leistungskondiktion hat nach herrschender Ansicht Vorrang vor der Nichtleistungskondiktion. Die Abgrenzung erfolgt nach herrschender Ansicht über den Begriff der Leistung, die definiert wird als das bewusste, zweckgerichtete Mehren fremden Vermögens (dabei ist der Empfängerhorizont maßgeblich). Die Unterscheidung zwischen Leistungs- und Nichtleistungskondiktion hat zum einen Bedeutung bei der Ermittlung der richtigen Anspruchsgrundlage (s. unten), zum anderen wirkt sie sich in Dreipersonenverhältnissen aus.

Beispiel: A zahlt an B einen Kaufpreis, wobei A und B nicht erkennen, dass der zugrundeliegende Kaufvertrag nichtig ist. B zahlt den empfangenen Kaufpreis danach an C als Werklohn, wobei B und C nicht erkennen, dass der zugrundeliegende Werkvertrag ebenfalls nichtig ist. Kann A nun direkt von C die Rückübereignung des als Kaufpreis/Werklohn übereigneten Geldes verlangen? Nach herrschender Auffassung nicht, die Kondiktion muss danach „über das Eck" erfolgen. A muss sich also an B halten und B an C, weil nur in diesen Verhältnissen eine Leistungsbeziehung besteht. Die Kondiktion „über das Eck" kann auch in der Weise erfolgen, dass A bei B nicht das Eigentum an Geld herausverlangt, sondern den Kondiktionsanspruch des B gegen C („Kondiktion der Kondiktion").

Begründet wird der Vorrang der Leistungskondiktion durch die herrschende Auffassung mit folgenden Argumenten:

- Verlagerung von Insolvenzrisiken: Bei einer Kondiktion „über das Eck" trägt A das Insolvenzrisiko von B und B das von C. Angenommen, B würde insolvent, könnte A durch eine direkte Geltendmachung von Ansprüchen gegen C die Insolvenz von B umgehen. Das aber wäre unbillig, weil A sich seinen Geschäftspartner B selber ausgesucht hat und A deshalb dessen Insolvenzrisiko tragen muss.

- Einwendungsverlust: Angenommen, C hat Ansprüche gegen B, mit denen er gegen einen Kondiktionsanspruch des B aufrechnen kann (bzw. mit denen eine Saldierung erfolgen kann, s. Rn. 112). Könnte A direkt bei C kondizieren, könnte C solche Ansprüche dem A mangels Gegenseitigkeit unter Umständen nicht entgegenhalten. Gegen eine Inanspruchnahme durch A könnte C sich also schlechter verteidigen als gegen eine Inanspruchnahme durch B. Auch dies wäre unbillig, da C mit B kontrahiert hat, nicht mit A, und C die Risiken einer Inanspruchnahme durch A deshalb nicht freiwillig eingegangen ist (zwar könnte B seine gegen C gerichteten Ansprüche dem A abtreten, dann könnte C aber seine Gegenrechte nach §§ 404, 406 BGB dem A entgegenhalten).

Die §§ 812 ff. BGB enthalten eine Vielzahl von Anspruchsgrundlagen mit jeweils eigenen Tatbestandsvoraussetzungen (s. dazu das AS-Skript Schuldrecht BT 3 [2017]). Allein § 812 BGB enthält vier verschiedene Anspruchsgrundlagen (s. sogleich). In der mündlichen Prüfung ist es deshalb wichtig, die Anspruchsgrundlagen durch präzise Zitierung der einschlägigen Norm nach Paragraph, Absatz, Satz und ggf. Alternative zweifelsfrei zu identifizieren.

In den §§ 812 ff. BGB sind folgende Fälle der Leistungskondiktion geregelt:

- *Allgemeine Leistungskondiktion (condictio indebiti), § 812 Abs. 1 S. 1 Alt. 1 BGB,*

- *Leistungskondiktion wegen Wegfalls des Rechtsgrundes (condictio ob causam finitam), § 812 Abs. 1 S. 2 Alt. 1 BGB,*

- *Leistungskondiktion wegen Nichterreichung des erstrebten Erfolges (condictio ob rem), § 812 Abs. 1 S. 2 Alt. 2 BGB,*

- Leistungskondiktion wegen entgegenstehender Einrede, § 813 Abs. 1 S. 1 BGB,

- *Leistungskondiktion wegen Gesetzes- oder Sittenwidrigkeit (condictio ob turpem vel iniustam causam), § 817 S. 1 BGB (s. aber auch S. 2!).*

In den §§ 812 ff. BGB sind folgende Fälle der Nichtleistungskondiktion geregelt:

- Allgemeine Nichtleistungskondiktion, § 812 Abs. 1 S. 1 Alt. 2 BGB,

- Entgeltliche Verfügung eines Nichtberechtigten, § 816 Abs. 1 S. 1 BGB,

- Unentgeltliche Verfügung eines Nichtberechtigten, § 816 Abs. 1 S. 2 BGB.

§ 822 BGB regelt darüber hinaus die sog. Durchgriffskondiktion. Danach muss ein Dritter, dem der ursprünglich Bereicherte den Gegenstand der Bereicherung unentgeltlich zuwendet, dem Gläubiger den Gegenstand der Bereicherung herausgeben, wie wenn er die Zuwendung von dem Gläubiger ohne rechtlichen Grund erhalten hätte, soweit die Verpflichtung des ursprünglich Bereicherten zur Herausgabe der Bereicherung (nach § 818 Abs. 3 BGB) ausgeschlossen ist. Es ist umstritten, ob § 822 BGB eine eigene Anspruchsgrundlage enthält oder ob er lediglich die Ansprüche des Gläubigers aus den §§ 812 ff. BGB gegen den ursprünglich Bereicherten auf den Dritten erstreckt, es sich also um einen Fall der gesetzlichen Schuldübernahme handelt. Die praktische Bedeutung des Streits besteht darin, dass nach der zweiten Ansicht (gesetzliche Schuldübernahme) der Dritte dem Gläubiger gemäß § 417 Abs. 1 S. 1 BGB die Einreden und Einwendungen entgegenhalten kann, die auch dem ursprünglich Bereicherten zustanden, mit Ausnahme der Einrede aus § 818 Abs. 3 BGB.

Rechtsfolge aller Ansprüche aus den §§ 812 ff. BGB ist, dass der Schuldner den Gegenstand der Bereicherung herausgeben muss. Besitz ist zu übergeben, Eigentum zurückzuübereignen usw. Die Pflicht zur Herausgabe erstreckt sich nach § 818 Abs. 1 BGB auch auf gezogene Nutzungen und Surrogate, die der Schuldner aufgrund eines erlangten Rechts oder als Ersatz für die Zerstörung, Beschädigung oder Entziehung des erlangten Gegenstands erwirbt. Ist der Schuldner wegen der Beschaffenheit des Erlangten (z.B. empfangene Dienste) oder aus einem anderen Grund zur Herausgabe außer Stande (gemeint ist damit der Fall der Unmöglichkeit, beachte die vorrangige Pflicht zur Herausgabe eines Surrogats nach § 818 Abs. 1 BGB), hat er nach § 818 Abs. 2 BGB Wertersatz zu leisten, ein Verschulden ist dazu nicht erforderlich. Nach herrschender Auffassung berechnet sich der nach § 818 Abs. 2 BGB zu erstattende Wert objektiv (dies entspricht dem Verkehrswert) und nicht nach dem Wert, den der Schuldner dem Gegenstand der Bereicherung subjektiv beimisst. Die Pflicht zur Herausgabe oder zum Wertersatz entfällt nach § 818 Abs. 3 BGB, soweit der Schuldner nicht mehr bereichert ist. § 818 Abs. 3 BGB dient nach herrschender Auffassung dem Schutz des gutgläubigen Schuldners. Dieser soll bis zum Eintritt der verschärften Haftung nach den §§ 818 Abs. 4, 819, 820 BGB (s. sogleich) nur in dem Umfang haften, in dem er tatsächlich noch bereichert ist. Soweit die Bereicherung weggefallen ist, schließt § 818 Abs. 3 BGB einen Anspruch aus Bereicherungsrecht deshalb aus (rechtsvernichtende Einwendung). Gleichzeitig soll der Schuldner aber auch nicht zulasten des Gläubigers einen Vorteil aus der Bereicherung erlangen. Deshalb sind im Rahmen des § 818 Abs. 3 BGB solche Vorteile zugunsten des Gläubigers zu berücksichtigen, die dem Schuldner infolge der Bereicherung zufließen. Ein Wegfall der Bereicherung liegt deshalb beispielsweise nicht vor, soweit der Schuldner den Gegenstand der Bereicherung dazu verwendet, eigene Verbindlichkeiten zu erfüllen (Beispiel: A überweist B rechtsgrundlos Geld, das B dazu verwendet, eine Verbindlichkeit gegenüber C zu tilgen. Hier ist B nicht i.S.d. § 818 Abs. 3 BGB entreichert, weil er von einer Verbindlichkeit befreit wurde.) oder soweit der Schuldner eigene Aufwendungen erspart (Beispiel: A übereignet B rechtsgrundlos ein Auto, B spart durch dessen Nutzung die Miete eines entsprechenden Fahrzeugs. B kann gegen eine Inanspruchnahme durch A in Höhe der ersparten Miete nicht einwenden, er sei entreichert. Achtung: Nach Ansicht der Rechtsprechung sind ersparte Aufwendungen schon im Tatbestandsmerkmal des „Erlangten" zu prüfen.).

Nach § 818 Abs. 4 BGB kann sich der Schuldner auf die Haftungsbeschränkungen nach § 818 Abs. 1 bis 3 BGB ab dem Eintritt der Rechtshängigkeit nicht mehr berufen, er haftet „nach den allgemeinen Vorschriften". Gemeint sind damit die §§ 291, 292 BGB. § 292 BGB verweist seinerseits weiter auf die §§ 987 ff. BGB, also die Vorschriften über das Eigentümer-Besitzer-Verhältnis (Rn. 126). Entsprechendes gilt in den Fällen der §§ 819, 820 BGB.

Tipp: Das Bereicherungsrecht ist „für sich" schon ein prüfungsträchtiges Rechtsgebiet. Es erlangt zusätzliche Bedeutung dadurch, dass Vorschriften aus anderen Bereichen auf das Bereicherungsrecht verweisen. Ist eine solche Verweisung zu prüfen, muss zuerst beantwortet werden, ob es sich um eine Rechtsgrund- oder eine Rechtsfolgenverweisung handelt. Bei einer Rechtsgrundverweisung müssen neben den Tatbestandsmerkmalen der verweisenden Norm auch die Tatbestandsmerkmale der Norm, auf die verwiesen wird (hier also die §§ 812 ff. BGB) erfüllt sein, sie sind also vollumfänglich zu prüfen. Bei einer Rechtsfolgenverweisung wird nur auf die Rechtsfolgen der betreffenden Norm Bezug genommen, hier also insbesondere auf § 818 BGB. Wichtige Beispiele solcher Verweisungen auf das Bereiche-

rungsrecht sind § 684 S. 1 BGB (Rechtsfolgenverweisung, str.), § 951 Abs. 1 S. 1 BGB (Rechts-grundverweisung, str.) und §§ 988, 993 Abs. 1 BGB (Rechtsfolgenverweisung).

Dienst- und Werkvertrag, Abgrenzung: Der Dienstvertrag ist in den §§ 611 ff. BGB geregelt, seine wichtigste Erscheinungsform ist der Arbeitsvertrag (seit 2017 in § 611a BGB gesetzlich geregelt). Der Werkvertrag ist in den §§ 631 ff. BGB geregelt. Dienst- und Werkvertrag unterscheiden sich in der geschuldeten Hauptleistung des Dienstverpflichteten bzw. Werkunternehmers. Der Dienstverpflichtete erfüllt seine Hauptleistungspflicht allein dadurch, dass er seine Dienste leistet. Ob diese für den Dienstberechtigten einen Nutzen haben oder zum gewünschten Ergebnis führen, ist grundsätzlich unerheblich. Der Werkunternehmer erfüllt seine Hauptleistungspflicht dagegen erst, wenn er ein mangelfreies Werk erstellt hat, also einen bestimmten Erfolg herbeigeführt hat. Dabei ist grundsätzlich unerheblich, welchen Aufwand er betreiben muss, um diesen Erfolg herbeizuführen. **103**

Drittschadensliquidation: Die Drittschadensliquidation ist eine Rechtsfigur, die es einer Person ermöglicht, einen Schadensersatzanspruch geltend zu machen, obwohl sie nicht alle anspruchsbegründenden Voraussetzungen selber erfüllt. Die Rspr. hat die Drittschadensliquidation anerkannt, um einem Geschädigten in bestimmten Fällen einen Anspruch zu gewähren, in denen es aus der Sicht der Gerichte ungerecht gewesen wäre, dies nicht zu tun. Weil dadurch die allgemeinen Haftungsregelungen erweitert bzw. umgangen werden, ist die Drittschadensliquidation nur unter engen Tatbestandsvoraussetzungen möglich: **104**

- Derjenige, der einen Schaden i.S.d. §§ 249 ff. BGB erleidet (der Dritte), darf dem Grunde nach keinen eigenen Schadensersatzanspruch gegen den Schädiger haben. Die Rspr. äußert sich allerdings nicht ganz eindeutig zu der Frage, ob auch ein deliktischer Schadensersatzanspruch die Drittschadensliquidation ausschließt.[11]

- Eine andere Person als der Dritte muss dem Grunde nach einen Schadensersatzanspruch gegen den Schädiger haben, doch darf ihr selber kein Schaden i.S.d. §§ 249 ff. BGB entstanden sein. In den Fällen der Drittschadensliquidation kommt es typischerweise zu einer Schadensverlagerung auf den Dritten.

- Diese Schadensverlagerung muss aus der Sicht des Schuldners zufällig sein. Das ist nur dann der Fall, wenn sie weder durch Vereinbarung mit dem Schädiger vertraglich herbeigeführt wurde (dann haben die Beteiligten sie herbeigeführt und eine Durchbrechung des Haftungsrechts ist nicht geboten, anders aber, wenn der Schaden aufgrund einer vertraglichen Abrede zwischen Drittem und demjenigen, der dem Grunde nach einen Schadensersatzanspruch hat, verlagert wurde – aus der Sicht des Schädigers ist diese Verlagerung zufällig[12]) noch auf einer bewussten Wertung des Gesetzgebers beruht. Ob eine zufällige Gefahrverlagerung in diesem Sinne vorliegt, lässt sich nicht allgemein entscheiden, sondern bedarf der Argumentation anhand des konkreten Sachverhalts. Hier lassen sich also Punkte sammeln!

Auf der Rechtsfolgenseite wird durch die Drittschadensliquidation der Schaden des Dritten zu dem Anspruch „gezogen" und der Anspruch so komplettiert. Der Dritte kann

---

11 Dazu BGH NJW 1985, 2411.
12 Dazu BGH RÜ 2016, 341.

anschließend verlangen, dass der komplettierte Anspruch an ihn abgetreten (Rn. 98) wird. Anspruchsgrundlage dafür ist in der Regel eine vertragliche Nebenpflicht des Anspruchsinhabers (§ 241 Abs. 2 BGB). Diese Reihenfolge ist notwendig, damit dem Schädiger keine Einwendungen abgeschnitten werden: Infolge der Abtretung kann er diese nach § 334 BGB auch dem Dritten entgegenhalten.

Tipp: Ein gesetzlich geregelter Fall der Drittschadensliquidation findet sich in § 421 Abs. 1 S. 2 HGB.

105 **Erfüllungsgehilfe:** Erfüllungsgehilfe ist, wer einem anderen (dem Geschäftsherrn) mit dessen Wissen und Wollen bei der Erfüllung seiner Verbindlichkeiten behilflich ist. Nach § 278 S. 1 Var. 2 BGB wird dem Geschäftsherrn das Verschulden seiner Erfüllungsgehilfen ohne Exkulpationsmöglichkeit zugerechnet. Der Geschäftsherr haftet also für *fremdes* Verschulden. Nach überwiegender Auffassung umfasst diese Zurechnung auch das tatsächliche Verhalten des Erfüllungsgehilfen. Abzugrenzen ist der Erfüllungsgehilfe vom Verrichtungsgehilfen (Rn. 118).

106 **Fixgeschäft:** Der Begriff Fixgeschäft bezeichnet eine Sachverhaltskonstellation, in der eine Leistung zu einem vereinbarten Zeitpunkt erfolgen soll. Man unterscheidet zwischen dem absoluten Fixgeschäft und dem relativen Fixgeschäft. Ein absolutes Fixgeschäft liegt vor, wenn die verspätete Leistung nach dem vereinbarten Zeitpunkt objektiv nicht mehr erbracht werden kann. Die Leitungserbringung ist dann unmöglich i.S.d. § 275 Abs. 1 BGB. Ein relatives Fixgeschäft liegt vor, wenn die Leistung zwar objektiv noch erbracht werden könnte, sie aber für den Gläubiger jeglichen Wert verloren hat. Die verspätete Leistung berechtigt in diesem Fall ohne Fristsetzung zum Rücktritt (§ 323 Abs. 2 Nr. 2 BGB) und ggf. zum Schadensersatz (§ 281 Abs. 2 Nr. 2 BGB).

Beispiele: Ein Beispiel für ein absolutes Fixgeschäft ist die Anfertigung einer Aufnahme von einer bestimmten totalen Sonnenfinsternis. Wenn die totale Sonnenfinsternis ohne die Aufnahme stattgefunden hat, kann sie nicht mehr aufgenommen werden. Selbst wenn es zu Lebzeiten der Parteien noch einmal eine totale Sonnenfinsternis geben sollte, wäre dies nicht mehr dasselbe Ereignis. Ein Beispiel für ein relatives Fixgeschäft ist die Lieferung von Schokonikoläusen zu Ostern statt zu Weihnachten. Objektiv ist diese zwar möglich, aber sie ist für den Gläubiger wertlos, weil er an Ostern nicht Schokonikoläuse, sondern Schokoosterhasen braucht.

107 **Gebrauchtwagen:** Der Kauf und die Übereignung von Gebrauchtwagen sind sehr häufig Prüfungsgegenstand. Auf schuldrechtlicher Ebene (Kaufvertrag) problematisch ist dabei die Frage, welche Aufklärungspflichten über Schäden, Unfälle etc. den Verkäufer treffen. Auf der dinglichen Ebene (Übereignung) stellt sich die Frage, welche Nachforschungsobliegenheiten hinsichtlich des Eigentums des Veräußerers den Erwerber treffen und wann er bösgläubig i.S.d. § 932 Abs. 2 BGB ist.

■ Nach der Rspr. ist der Verkäufer verpflichtet, den Käufer darüber aufzuklären, ob der Wagen einen Unfall hatte oder nicht. Der Grund dafür ist, dass ein Unfallfahrzeug selbst dann im Wert gemindert ist, wenn der Schaden vollständig repariert wurde („merkantiler Minderwert"). Wenn der Verkäufer selber nicht weiß, ob das Fahrzeug einen Unfallschaden hat, darf er nicht einfach behaupten, der Wagen sei unfallfrei. Eine solche Behauptung „ins Blaue hinein" begründet die Arglist des Verkäufers i.S.d. §§ 123 Abs. 1, 442 Abs. 1, 444 BGB. Allerdings ist der Verkäufer nicht verpflichtet, ohne besondere Anhaltspunkte eigene Ermittlungen dazu durchzuführen (z.B. Recherche in einer Herstellerdatenbank), ob das Fahrzeug schon einmal an einem Unfall beteiligt war. Vielmehr genügt in der Regel eine bloße Sichtprüfung des Fahrzeugs.[13]

■ Bei dem Erwerb des Eigentums an einem Gebrauchtwagen unterscheidet die Rspr., in welchem Zusammenhang das Fahrzeug erworben wird: Erwirbt ein Privater von einem Händler, darf er in der Regel auf dessen Berechtigung zur Veräußerung vertrauen. Ist der Händler im Fahrzeugbrief eingetragen, begründet dies den Anschein von Eigentum (§ 932 f. BGB). Wenn der Händler nicht im Fahrzeugbrief eingetragen ist, kann der Private nach § 366 Abs. 1 HGB, § 185 BGB ausnahmsweise (!) auf die Verfügungsbefugnis vertrauen, weil es nicht unüblich ist, dass Händler ein Fahrzeug nur in Kommission nehmen oder auf eine Eintragung verzichten, um die Zahl der Voreigentümer gering zu halten. Findet die Übereignung zwischen zwei Privaten statt, muss der Erwerber sich in der Regel den Fahrzeugbrief (nicht: Fahrzeugschein) zeigen lassen und prüfen, ob der darin eingetragene Eigentümer mit dem Veräußerer identisch ist, um seine Bösgläubigkeit i.S.d. § 932 Abs. 2 BGB auszuschließen. Bösgläubig ist der Erwerber auch dann, wenn die konkreten Umstände der Übereignung verdächtig erscheinen (marktunüblich geringer Preis, Veräußerung an unüblichem Ort oder zu unüblicher Uhrzeit) und er keine weiteren Nachforschungen anstellt. Das gilt auch bei einem Erwerb von einem Händler. Eine allgemeine Nachforschungsobliegenheit hat der Erwerber allerdings nicht.

Tipp: Gelegentlich wird danach gefragt, wie das Eigentum an einem Fahrzeugbrief erworben wird. Nach h.M. folgt dieses analog § 952 Abs. 2 BGB dem Eigentum an dem Fahrzeug.

Gefährdungshaftung: Die Gefährdungshaftung ist eine Haftung, die unabhängig von **108** einem Verschulden eintritt. Der Gesetzgeber ordnet sie an, wenn von einer Sache oder einem Verhalten eine besondere Gefahr ausgeht. Die wichtigsten Beispiele sind die Haftung des Kraftfahrzeughalters nach § 7 Abs. 1 StVG sowie die Haftung des Tierhalters nach § 833 S. 1 BGB.

Tipp: Anders als der Halter haftet der Führer des Kraftfahrzeugs nach § 18 Abs. 1 S. 2 StVG verschuldensabhängig, sein Verschulden wird allerdings vermutet. Die verschuldensunabhängige Tierhalterhaftung tritt dagegen nur ein, wenn sich die „besondere Tiergefahr" realisiert hat, die in der Unberechenbarkeit tierischen Verhaltens zu sehen ist. Ein Halter von Nutztieren wird zudem durch § 833 S. 2 BGB privilegiert: Er haftet nur verschuldensabhängig, insoweit allerdings auch für eine Verletzung seiner Aufsichtspflicht.

Geschäftsführung ohne Auftrag (Überblick): Die Geschäftsführung ohne Auftrag ist **109** in den §§ 677 ff. BGB geregelt. Die daraus resultierenden Schuldverhältnisse sind gesetzliche Schuldverhältnisse. Die Geschäftsführung ohne Auftrag wirft zahlreiche Einzelfragen auf, die hier nicht alle behandelt werden können (s. dazu das AS-Skript Schuldrecht BT 3 [2017]).

Die §§ 677 ff. BGB unterscheiden vier Arten der Geschäftsführung ohne Auftrag. Die wesentlichen Unterscheidungskriterien sind, ob der Geschäftsführer mit Fremdgeschäfts-

---

13 Zusammenfassend BGH, Urt. v. 19.06.2013 – VIII ZR 183/12.

führungswillen handelt (dann liegt eine echte Geschäftsführung ohne Auftrag vor, sonst eine unechte Geschäftsführung ohne Auftrag) und ob die Geschäftsführung dem tatsächlichen oder mutmaßlichen Willen des Geschäftsherrn entspricht (berechtigte Geschäftsführung ohne Auftrag) oder nicht (unberechtigte Geschäftsführung ohne Auftrag). Daraus ergibt sich folgendes Bild:

- Echte, berechtigte Geschäftsführung ohne Auftrag (§ 677, 683 BGB),

- echte, unberechtigte Geschäftsführung ohne Auftrag (§ 684 S. 1 BGB),

- irrtümliche Eigengeschäftsführung (§ 687 Abs. 1 BGB),

- angemaßte Eigengeschäftsführung (§ 687 Abs. 2 BGB).

Alle Arten der Geschäftsführung ohne Auftrag setzen folgende Tatbestandsmerkmale voraus:

- Geschäftsführung: Zur Geschäftsführung gehört jedes tatsächliche oder rechtliche Handeln, auf die wirtschaftliche Bedeutung kommt es nicht an.

- Fremdes Geschäft: Es muss sich um ein fremdes Geschäft handeln. Die Fremdheit wird im Ausgangspunkt objektiv bestimmt. Ein Geschäft ist objektiv fremd, wenn es bereits seinem Inhalt nach fremden Interessen dient oder einem fremden Rechtskreis zuzuordnen ist (z.B. Erfüllung der Verbindlichkeit eines Dritten). Ein Geschäft ist nach herrschender Auffassung auch dann objektiv fremd, wenn die Geschäftsführung sowohl fremden Interessen als auch eigenen Interessen des Geschäftsführers dient (sog. „Auch-fremdes Geschäft"). Lässt sich objektiv nicht feststellen, ob ein Geschäft fremd ist (neutrales Geschäft), bestimmt sich die Fremdheit nach dem Willen des Geschäftsführers, also danach, ob er das Geschäft als eigenes oder als fremdes Geschäft führen will.

- Ohne Auftrag oder sonstige Berechtigung: Die Tatbestände der §§ 677 ff. BGB sind nicht erfüllt, wenn der Geschäftsführer aufgrund einer anderweitigen rechtlichen Grundlage tätig wird. Als anderweitige rechtliche Grundlage kommen insbesondere Rechtsgeschäfte (z.B. ein Dienstvertrag) in Betracht, aber auch gesetzliche Ermächtigungen, beispielsweise aufgrund familienrechtlicher oder öffentlich-rechtlicher Vorschriften. Umstritten ist, ob bei einem Tätigwerden aufgrund eines unwirksamen Vertrages die §§ 677 ff. BGB erfüllt sein können. Die Rechtsprechung bejaht dies, Teile der Literatur verlangen, dass dem Geschäftsführer bewusst ist, dass der Vertrag unwirksam ist.

Die echte Geschäftsführung ohne Auftrag (egal ob berechtigt oder unberechtigt) setzt darüber hinaus den Fremdgeschäftsführungswillen des Geschäftsführers voraus. Dadurch unterscheidet sich die echte Geschäftsführung ohne Auftrag von der unechten Geschäftsführung ohne Auftrag/Eigengeschäftsführung. Der Fremdgeschäftsführungswille wird bei objektiv fremden Geschäften vermutet. Nach herrschender Ansicht wird er darüber hinaus auch bei einem „Auch-fremden Geschäft" vermutet. Bei einem objektiv neutralen Geschäft muss der Fremdgeschäftsführungswille nachgewiesen werden (er muss äußerlich erkennbar in Erscheinung treten), die Beweislast trägt der Geschäftsführer. Die Person des Geschäftsherrn muss dem Geschäftsführer nicht bekannt sein.

Die echte, berechtigte Geschäftsführung ohne Auftrag (Abgrenzung zur echten, unberechtigten Geschäftsführung ohne Auftrag) setzt darüber hinaus voraus, dass die Übernahme (nicht die Ausführung, s. dazu § 681 BGB) der Geschäftsführung dem Interesse und dem tatsächlichen Willen des Geschäftsherrn, hilfsweise seinem mutmaßlichen Willen entspricht (§§ 677, 683 S.1 BGB). In welchem Verhältnis das (objektive) Interesse des Geschäftsherrn und sein (subjektiver) Wille zueinander stehen, ist umstritten. Nach herrschender Auffassung kommt es in erster Linie auf das objektive Interesse an, in zweiter Linie auf den tatsächlichen Willen und erst danach auf den mutmaßlichen Willen. Der Wille des Geschäftsherrn ist in den Fällen des § 679 BGB unbeachtlich, das heißt, in den darin geregelten Fällen kommt es nur auf das objektive Interesse an und der Geschäftsführer wird wie bei der echten, berechtigten Geschäftsführung ohne Auftrag behandelt (§ 683 S. 2 BGB).

Die beiden Arten der Eigengeschäftsführung unterscheiden sich darin, ob der Geschäftsführer irrtümlich davon ausgeht, ein eigenes Geschäft zu führen (irrtümliche Eigengeschäftsführung) oder ob der Geschäftsführer ein fremdes Geschäft als sein eigenes behandelt, obwohl er weiß, dass er nicht dazu berechtigt ist (angemaßte Eigengeschäftsführung).

Die echte, berechtigte Geschäftsführung ohne Auftrag begründet zunächst ein Recht des Geschäftsführers, im Rechtskreis des Geschäftsherrn tätig zu werden. Beeinträchtigt er dabei Rechte oder Rechtsgüter des Geschäftsherrn, scheiden Ansprüche aus den §§ 823 ff. BGB insoweit aus. Ferner begründet die echte berechtigte Geschäftsführung ohne Auftrag einen Rechtsgrund i.S.d. §§ 812 ff. BGB und sie gibt ein Recht zum Besitz i.S.d. §§ 987 ff. BGB.

Im Übrigen ergeben sich auf der Rechtsfolgenseite folgende wesentlichen Unterschiede zwischen den oben genannten Arten der Geschäftsführung ohne Auftrag:

- Echte, berechtigte Geschäftsführung ohne Auftrag (§ 677, 683 BGB): Der Geschäftsherr kann von dem Geschäftsführer nach §§ 681 S. 2, 667 BGB die Herausgabe all dessen, was der Geschäftsführer zur Ausführung der Geschäftsführung erhält und was er aus der Geschäftsbesorgung erlangt, verlangen. Der Geschäftsführer kann nach § 683 S. 1 BGB wie ein Beauftragter Ersatz seiner Aufwendungen verlangen. Es handelt sich um eine Rechtsgrundverweisung auf § 670 BGB, der nicht nur den Ersatz von Aufwendungen, sondern auch bestimmter Schäden umfasst (Rn. 143). Dieser Anspruch steht dem Geschäftsführer nach § 685 BGB nicht zu, wenn er in Schenkungsabsicht handelte.

- Echte, unberechtigte Geschäftsführung ohne Auftrag (§ 684 S. 1 BGB): Der Geschäftsherr kann nach § 678 BGB Schadensersatz von dem Geschäftsführer verlangen, wenn die Übernahme der Geschäftsführung dem Willen (nicht: dem objektiven Interesse) des Geschäftsherrn widersprach. Ferner hat der Geschäftsherr alles, was er durch die Geschäftsführung erlangt, nach den Vorschriften über die ungerechtfertigte Bereicherung an den Geschäftsführer herauszugeben (§ 684 S. 1 BGB). Es handelt sich um eine Rechtsfolgenverweisung (str.) auf § 818 BGB (Rn. 102). Der Geschäftsherr hat allerdings die Möglichkeit, die Geschäftsführung zu genehmigen. Macht er davon Gebrauch, ist er gemäß § 684 S. 2 BGB dem Geschäftsführer nach §§ 683 S. 1, 670 BGB zum Aufwendungsersatz verpflichtet.

■ Irrtümliche Eigengeschäftsführung (§ 687 Abs. 1 BGB): Wer ein fremdes Geschäft irrtümlich als sein eigenes behandelt, unterfällt nach § 687 Abs. 1 BGB nicht dem Regime der §§ 677 ff. BGB. Auch eine Genehmigung durch den Geschäftsherrn nach § 684 S. 2 BGB ist nicht möglich. Stattdessen gelten die allgemeinen Vorschriften (§§ 812 ff., 823 ff., 987 ff. BGB).

■ Angemaßte Eigengeschäftsführung (§ 687 Abs. 2 BGB): Der Geschäftsherr kann nach § 687 Abs. 2 BGB die Rechte aus den §§ 681 S. 2, 667 BGB (Herausgabe des Erlangten nach Auftragsrecht) und § 678 BGB (Schadensersatz) geltend machen. Macht er sie geltend, ist er dem Geschäftsführer nach § 684 S. 1 BGB (Herausgabe des Erlangten nach Bereicherungsrecht) verpflichtet.

Außerdem enthält § 682 BGB eine Sonderregelung für den geschäftsunfähigen bzw. beschränkt geschäftsfähigen Geschäftsführer, die nach § 687 Abs. 2 BGB auch bei der angemaßten Eigengeschäftsführung gilt. Ist der Geschäftsführer geschäftsunfähig oder in der Geschäftsfähigkeit beschränkt, so ist er nur nach den Vorschriften über den Schadensersatz wegen unerlaubter Handlungen (§§ 823 ff. BGB) und über die Herausgabe einer ungerechtfertigten Bereicherung (§§ 812 ff. BGB) verantwortlich. Ob es sich dabei um eine Rechtsgrund- oder eine Rechtsfolgenverweisung handelt, ist streitig. Weil mit § 682 BGB eine Privilegierung des geschäftsunfähigen oder beschränkt geschäftsfähigen Geschäftsführers bezweckt wird, spricht für eine Rechtsgrundverweisung, dass nur über diese die §§ 827 ff. BGB anwendbar sind, welche die deliktische Haftung des Geschäftsunfähigen bzw. beschränkt Geschäftsfähigen beschränken.

110 **Haftung, Abgrenzung von vertraglicher und deliktischer:** Zivilrechtliche Sachverhalte werden in der Prüfung oft so gestellt, dass sowohl vertragliche als auch deliktische Schadensersatzansprüche in Betracht kommen. Einem Prüfer gibt das die Möglichkeit, das systematische Verständnis der Kandidaten zu prüfen, indem er nach den Unterschieden zwischen vertraglicher und deliktischer Haftung fragt. Die wichtigsten Unterschiede lassen sich wie folgt zusammenfassen:

■ Die vertragliche Haftung nach § 280 Abs. 1 BGB tritt grundsätzlich nur gegenüber dem Vertragspartner ein (Relativität der Schuldverhältnisse). Ausnahmen von der Relativität der Schuldverhältnisse sind die Drittschadensliquidation (Rn. 104), der Vertrag zugunsten Dritter (Rn. 120) und der Vertrag mit Schutzwirkung zugunsten Dritter (Rn. 119). Die deliktische Haftung kann dagegen grundsätzlich gegenüber jedermann eintreten.

■ Bei der vertraglichen Haftung kann nach § 280 Abs. 1 BGB jede Pflichtverletzung zu einem Schadensersatzanspruch führen. Bei der deliktischen Haftung müssen dagegen entweder bestimmte Rechtsgüter verletzt worden sein (z.B. § 823 Abs. 1 BGB) oder es muss eine spezielle Pflicht verletzt worden sein (z.B. § 823 Abs. 2 BGB) oder der Schaden muss durch eine gefährliche Sache verursacht worden sein (z.B. § 7 Abs. 1 StVG). Eine große deliktische Generalklausel, die solche Beschränkungen nicht enthält (Rn. 116), kennt das deutsche Recht nicht.

■ Beide Arten der Haftung setzen grundsätzlich ein Verschulden (Vorsatz oder Fahrlässigkeit) voraus. Dieses (und darüber hinaus das Vertretenmüssen) wird bei der vertraglichen Haftung nach § 280 Abs. 1 S. 2 BGB vermutet. Bei der deliktischen Haftung gibt es eine solche Vermutung grundsätzlich nicht. Allerdings gibt es im Deliktsrecht einige Ausnahmen: Eine geschriebene Verschuldensvermutung enthält § 18 Abs. 1 S. 2 StVG, eine ungeschriebene Verschuldensvermutung hat die Rspr. im Bereich der allgemeinen zivilrechtlichen Produzentenhaftung entwickelt. Beachte: Sowohl bei der vertraglichen (z.B. §§ 287, 300 Abs. 2 BGB) als auch bei der deliktischen Haftung (z.B. § 833 S. 1 BGB, § 7 Abs. 1 StVG) kann zudem das Verschuldenserfordernis entfallen.

- Bei der vertraglichen Haftung wird dem Geschäftsherrn das Verschulden seiner Erfüllungsgehilfen nach § 278 S. 1 Var. 2 BGB zugerechnet. Im deliktischen Bereich gilt § 278 S. 1 Var. 2 BGB nicht. An seine Stelle tritt die Haftung des Geschäftsherrn für seine Verrichtungsgehilfen nach § 831 Abs. 1 S. 1 BGB. Beachte: § 278 BGB S. 1 Var. 2 führt zu einer Haftung für fremdes Verschulden, die der Geschäftsherr nicht widerlegen kann.[14] § 831 Abs. 1 S. 1 BGB vermutet, dass der Geschäftsherr seine Verrichtungsgehilfen nicht ordnungsgemäß ausgewählt, angewiesen oder überwacht hat. Er vermutet also ein eigenes Verschulden des Geschäftsherrn. Vermutet wird durch § 831 Abs. 1 S. 2 BGB darüber hinaus die Kausalität der Pflichtverletzung des Geschäftsherrn für den Schaden. Diese Vermutungen kann der Geschäftsherr nach § 831 Abs. 1 S. 2 BGB widerlegen (Exkulpation).

Kauf- und Werkvertrag, Abgrenzung: Bei dem in den §§ 433 ff. BGB geregelten Kaufvertrag schuldet der Verkäufer die Übergabe und Übereignung einer mangelfreien Sache oder – beim Rechtskauf – die Verschaffung eines Rechts. Bei dem in den §§ 631 ff. BGB geregelten Werkvertrag schuldet der Werkunternehmer die Herstellung, Übergabe und Übereignung eines mangelfreien Werkes. Gegenstand des Werkvertrags kann auch die Herstellung einer beweglichen Sache sein. In diesem Fall ist die Abgrenzung von Kaufvertrag und Werkvertrag kaum möglich. Deshalb ordnet § 650 BGB an, dass auf einen Werkvertrag, der die Herstellung einer beweglichen Sache zum Gegenstand hat, die Vorschriften über den Kauf entsprechende Anwendung finden. **111**

Saldotheorie: Die Saldotheorie ist eine Rechtsfigur, die bei den §§ 812 ff. BGB zur Anwendung kommt. Stehen sich zwischen denselben Parteien gleichartige und fällige Ansprüche aus dem Kondiktionsrecht gegenüber, müssten die Parteien einander gleichartige Leistungen gewähren. Da es sich in der Regel um Geldleistungen handelt, käme es zu einem sinnlosen Hin- und Herzahlen von Beträgen. Um dies zu vermeiden, werden die Ansprüche miteinander saldiert und es bleibt nur ein Anspruch auf die Differenz erhalten. Die Saldotheorie wirkt also ähnlich wie eine Aufrechnung (Rn. 101), doch erfolgt die Saldierung von Amts wegen, sie setzt also keine Aufrechnungserklärung voraus. Die Saldotheorie kommt nicht zum Einsatz, wenn **112**

- der Vertrag wegen Minderjährigkeit einer Partei unwirksam ist (keine Saldierung zulasten Minderjähriger),

- der Vertrag nach § 123 BGB angefochten worden ist (keine Saldierung zulasten arglistig Getäuschter),

---

14 S. etwa BGHZ 116, 60.

- das Sachmangelgewährleistungsrecht umgangen würde oder

- § 818 Abs. 4 BGB (Eintritt der Rechtshängigkeit) eingreift.

113   **Schadensersatz statt und neben der Leistung:** Bei der vertraglichen Haftung (§§ 280 ff. BGB) unterscheidet das Gesetz zwischen dem Schadensersatz statt der Leistung (§§ 281, 282, 283, 311a Abs. 2 S. 1 BGB) und dem Schadensersatz neben der Leistung (§§ 280 Abs. 1 und 2, 286 BGB). Die Abgrenzung von Schadensersatz statt und neben der Leistung ist bedeutend:

- Erstens lässt der Schadensersatz statt der Leistung den Anspruch auf die Primärleistung erlöschen (§ 281 Abs. 4 BGB), während der Schadensersatz neben der Leistung zusätzlich dazu gefordert werden kann.

- Zweitens sind die Tatbestandsvoraussetzungen unterschiedlich: Schadensersatz statt der Leistung kann in der Regel nur nach einer Fristsetzung verlangt werden (§ 281 Abs. 1 und 2 BGB) bzw. im Fall der Unmöglichkeit (§§ 283, 311a Abs. 2 S. 1 BGB) oder wegen einer besonders schwerwiegenden Verletzung von Nebenpflichten (§ 282 BGB). Weitere Voraussetzungen sind im Schuldrecht BT geregelt, etwa das vorrangige Recht des Verkäufers zur Nacherfüllung (§§ 437 Nr. 1, 439 BGB). Der Schadensersatz neben der Leistung ist nicht an solche speziellen Voraussetzungen gebunden.

- Drittens können weitere unterschiedliche Rechtsfolgen eintreten: So kann anstelle des Schadensersatzes statt der Leistung der Ersatz vergeblicher Aufwendungen verlangt werden (§ 284 BGB). Auch ist der Gläubiger infolge des Schadensersatzes statt der Leistung zur Herausgabe dessen verpflichtet, was der Schuldner geleistet hat (§ 281 Abs. 5 BGB) bzw. zur Herausgabe eines stellvertretenden *commodum* (§ 285 BGB).

Wie die Abgrenzung von Schadensersatz statt und neben der Leistung zu erfolgen hat, ist umstritten:

- Eine Ansicht vertritt, es sei auf das beeinträchtigte Interesse abzustellen: Sei das Austauschinteresse (Äquivalenzinteresse) betroffen, also das Verhältnis von Leistung und Gegenleistung, sei Schadensersatz statt der Leistung geschuldet. Sei das Integritätsinteresse betroffen, handele es sich um Schadensersatz neben der Leistung. Welches Interesse betroffen sei, lasse sich danach abgrenzen, ob eine gedachte Nacherfüllung den Schaden entfallen lasse. Dagegen lässt sich einwenden, dass trotz dieser Testfrage nicht immer klar ist, welches Interesse betroffen ist.

- Eine andere Ansicht stellt auf die Art der Pflichtverletzung ab: Werde die Hauptleistungspflicht verletzt, sei Schadensersatz statt der Leistung geschuldet. Werde eine Nebenpflicht verletzt, sei Schadensersatz neben der Leistung geschuldet. Dagegen lässt sich einwenden, dass nach § 282 BGB auch die Verletzung von Nebenpflichten zu einem Anspruch auf Schadensersatz statt der Leistung führen kann. Außerdem ist der Anspruch auf Ersatz des Verzugsschadens ein Anspruch auf Schadensersatz neben der Leistung, der aber eine Verletzung der Hauptleistungspflicht voraussetzt, nämlich eine verspätete Leistung.

Tipp: In der mündlichen Prüfung sollten die verschiedenen Ansätze vorgetragen und miteinander kombiniert werden. Dabei können die Vor- und Nachteile jeder Ansicht erörtert werden. Kein taugliches Abgrenzungsmerkmal ist, ob eine Frist gesetzt wurde etc., denn die Fristsetzung etc. sind erst eine Folge davon, dass Schadensersatz statt der Leistung geschuldet ist, können aber nicht beantworten, ob dessen Voraussetzungen überhaupt vorliegen müssen (Zirkelschluss).

Schuldanerkenntnis: Das Schuldanerkenntnis begegnet in verschiedenen Formen, die nicht alle im Gesetz geregelt sind. **114**

■ In § 781 BGB geregelt ist das abstrakte Schuldanerkenntnis. Es ist ein Vertrag und bedarf der Schriftform (Ausnahme: § 350 HGB). Es begründet eine abstrakte Verbindlichkeit, die ggf. nach § 812 Abs. 2 BGB zurückgefordert werden kann.

■ Nicht ausdrücklich geregelt, aber durch die Vertragsfreiheit garantiert ist das deklaratorische Schuldanerkenntnis. Dieses dient dazu, eine Ungewissheit der Parteien über das Bestehen oder den Inhalt eines Anspruchs zu beseitigen, den die Parteien zumindest für möglich halten. Das deklaratorische Schuldanerkenntnis ist ebenfalls ein Vertrag, bedarf aber nicht der Schriftform.

■ Schließlich gibt es das sog. tatsächliche Anerkenntnis. Dieses ist kein Vertrag und auch keine Willenserklärung, sondern eine einseitige Wissenserklärung. Dem Schuldner fehlt es am Rechtsbindungswillen. Durch das tatsächliche Anerkenntnis teilt der Schuldner dem Gläubiger seine Erfüllungsbereitschaft mit. Damit kann er das Ziel verfolgen, den Gläubiger von Maßnahmen abzuhalten – etwa der Klageerhebung – oder ihm den Beweis zu erleichtern. Solche als „Zeugnis des Anerkennenden gegen sich selbst" zu wertenden Bestätigungserklärungen können im Prozess zu einer Umkehr der Beweislast führen und stellen nach der Rspr. ein Indiz dar, das der Richter bei seiner Beweiswürdigung verwerten kann.[15]

Schutzgesetz: Ein Schutzgesetz i.S.d. § 823 Abs. 2 BGB ist ein Gesetz, das zumindest **115** auch dem persönlichen Schutz eines anderen dient. Ob dies bei einer Norm der Fall ist, muss durch Auslegung (Rn. 291) ermittelt werden. Dabei kann in der Prüfung vor allem auf den Zweck der Norm abgestellt werden. Die historische Auslegung liefert häufig ebenfalls einen Hinweis darauf, ob eine Norm als Schutzgesetz anzusehen ist. Da die Gesetzgebungsmaterialien in der Prüfung nicht zur Verfügung stehen, sollte es hier ausreichen, auf die Materialien als Erkenntnisquelle hinzuweisen.

Beispiel: Als Schutzgesetze anerkannt sind die meisten Vorschriften nach dem StGB, soweit sie nicht nur Rechtsgüter der Allgemeinheit betreffen und der StVO, weil der Gesetzgeber mit ihnen nicht nur Interessen der Allgemeinheit verfolgt, sondern zumindest auch den Schutz des Einzelnen bezweckt.

Sonstiges Recht: Der Begriff „sonstiges Recht" kommt vor allem im Rahmen des § 823 **116** Abs. 1 BGB zur Anwendung. Nicht nur eine Verletzung der darin ausdrücklich genannten Rechte und Rechtsgüter (Eigentum etc.) kann nach der Vorschrift einen Schadensersatzanspruch begründen, sondern auch eine Verletzung „sonstiger Rechte". Als „sonstige Rechte" anerkannt sind beispielsweise der Besitz (ob jeder Besitz oder nur der berechtigte Besitz, ist umstritten), Anwartschaftsrechte und das allgemeine Persönlichkeitsrecht.

---

15 Vgl. BGH RÜ 2009, 84.

Tipp: Wenn danach gefragt ist, was „sonstige Rechte" sind, sammelt Punkte, wer diese nicht nur auswendig kennt, sondern auch begründen kann, warum diese Rechte dem § 823 Abs. 1 BGB unterfallen. Dazu muss man wissen, dass sich die Verfasser des BGB bewusst gegen eine „große deliktische Generalklausel" entschieden haben. Eine große deliktische Generalklausel ist eine Norm, die einen deliktischen Schadensersatzanspruch nicht an die Verletzung bestimmter Rechte oder Rechtsgüter knüpft, sondern die im Ausgangspunkt jegliche Verletzung der Rechte und Rechtsgüter Dritter mit einem Schadensersatzanspruch sanktioniert. In Frankreich beispielsweise existiert eine solche große deliktische Generalklausel in Form der Art. 1382, 1383 Code civil. Das Problem dabei ist, dass die Haftung sehr stark ausgeweitet wird und dass sie deshalb auf andere Weise (Verschulden, objektive Zurechnung etc.) wieder begrenzt werden muss. Aus diesem Hintergrund folgt, dass der Begriff „sonstiges Recht" nicht weit ausgelegt werden kann. Vielmehr muss er eine begrenzende Funktion besitzen. Deshalb besteht Einigkeit darüber, dass „sonstige Rechte" den in § 823 Abs. 1 BGB ausdrücklich genannten Rechten und Rechtsgütern vergleichbar sein müssen. So kommt etwa dem Besitz wegen der §§ 858 ff. BGB eine ähnliche Wirkung zu, wie es das in § 823 Abs. 1 BGB ausdrücklich genannte Eigentum nach § 903 BGB hat.

117 **Unmöglichkeit:** Unmöglichkeit ist das Unvermögen, die geschuldete Leistung zu erbringen. Sie ist in den §§ 275, 311a Abs. 1 BGB geregelt. Unterscheiden lassen sich die

- anfängliche Unmöglichkeit, die schon bei Vertragsschluss vorliegt und die nach § 311a Abs. 1 BGB die Wirksamkeit des Vertrags unberührt lässt sowie die nachträgliche Unmöglichkeit nach § 275 BGB,

- die rechtliche Unmöglichkeit (z.B. Belastung eines Baugrundstücks mit öffentlich-rechtlichen Lasten, die sich nicht beseitigen lassen) und die tatsächliche Unmöglichkeit (Abriss eines bereits abgerissenen Gebäudes),

- die objektive Unmöglichkeit (§ 275 Abs. 1 Alt. 2 BGB), bei der die Leistung jedermann unmöglich ist (z.B. Reise zum Planeten Melmac), sowie die subjektive Unmöglichkeit (§ 275 Abs. 1 Alt. 1 BGB), bei der die Leistung gerade dem Schuldner unmöglich ist (z.B. Fußballer mit Beinbruch),

- die vollständige und die teilweise Unmöglichkeit (vgl. § 326 Abs. 1 BGB) und

- die Unzumutbarkeit (§ 275 Abs. 2 und 3 BGB), bei der die Leistung objektiv möglich ist, sie aber dem Schuldner wegen Unverhältnismäßigkeit von Aufwand und Leistungsinteresse oder wegen persönlicher Hindernisse nicht zugemutet werden kann.

Die Rechte des Gläubigers infolge der Unmöglichkeit bestimmen sich gemäß § 275 Abs. 4 BGB nach den §§ 280, 283 bis 285, 311a und 326 BGB. Daraus ergeben sich vor allem zahlreiche Anspruchsgrundlagen für die Rückzahlung einer etwaigen Anzahlung durch den Gläubiger, nämlich:

- §§ 346 Abs. 1, 326 Abs. 5, 275 Abs. 4 BGB,

- §§ 346 Abs. 1, 326 Abs. 4 BGB und

- §§ 280 Abs. 1, 3, 283/311a Abs. 2 S. 1, 275 Abs. 4 BGB.

Verrichtungsgehilfe: Verrichtungsgehilfe ist, wer im Interesse eines anderen (des Geschäftsherrn) tätig wird und dessen Weisungen untersteht. Nach § 831 Abs. 1 S. 1 BGB haftet der Geschäftsherr für die sorgfältige Auswahl, Anleitung und Überwachung der Verrichtungsgehilfen. Wenn dem Geschäftsherrn insoweit kein Sorgfaltsverstoß vorzuwerfen ist oder dieser nicht kausal für den Schaden geworden ist (was § 831 Abs. 1 S. 2 BGB vermutet), kann er sich nach § 831 Abs. 1 S. 2 BGB exkulpieren und dadurch von der eigenen Haftung befreien. Eine mögliche Haftung des Verrichtungsgehilfen nach den §§ 823 ff. BGB bleibt davon unberührt. Anders als bei einem Erfüllungsgehilfen (Rn. 105) haftet der Geschäftsherr nach § 831 BGB also nur für *eigenes* Verschulden.

118

Vertrag mit Schutzwirkung zugunsten Dritter: Der Vertrag mit Schutzwirkung zugunsten Dritter ist eine Rechtsfigur, die in der Rspr. anerkannt wurde. Es handelt sich dabei nicht um einen eigenen Vertragstyp. Der Vertrag mit Schutzwirkung zugunsten Dritter ist außerdem streng zu unterscheiden vom Vertrag zugunsten Dritter (Rn. 120). Durch den Vertrag mit Schutzwirkung zugunsten Dritter erhält jemand (der Dritte), der nicht Partei eines zwischen anderen geschlossenen Vertrages ist, einen eigenen vertraglichen Schadensersatzanspruch gegen den Schuldner. Anspruchsgrundlage des Dritten sind die §§ 280 Abs. 1, 241 Abs. 2 BGB. Unter dem Prüfungspunkt „Schuldverhältnis" ist zu prüfen, ob der Dritte in den Schutzbereich des Vertrages einbezogen ist. Die Rspr. hat diese Rechtsfigur entwickelt, um gewisse Schwächen der deliktischen Haftung (Rn. 110) auszugleichen und so dem Dritten zu einem Anspruch zu verhelfen. Weil dadurch die Wertung des Gesetzgebers in den §§ 823 ff. BGB in Frage gestellt wird, ist ein Vertrag mit Schutzwirkung zugunsten Dritter nur unter folgenden Voraussetzungen gegeben:

119

■ Leistungsnähe des Dritten, die gegeben ist, wenn der Dritte von einer Schlechtleistung typischerweise ebenso betroffen ist wie der Gläubiger.

■ Einbeziehungsinteresse des Gläubigers, das ursprünglich nur anerkannt wurde, wenn „Wohl und Wehe" des Dritten vom Gläubiger abhingen, das aber inzwischen in sehr viel weiterem Umfang anerkannt wird (in bestimmten Sonderfällen [Haftung von Sachverständigen, Wirtschaftsprüfern, Steuerberatern etc.] bejaht der BGH sogar bei „gegenläufigen" Interessen von Vertragspartner und Drittem ein Einbeziehungsinteresse).

■ Erkennbarkeit des Einbeziehungsinteresses für den Schuldner, die von der Rspr. in der Regel bejaht wird.

■ Subsidiarität des Anspruchs gegenüber anderen Ansprüchen, wobei nach der Rspr. nicht ganz klar ist, ob auch deliktische Ansprüche den Vertrag mit Schutzwirkung zugunsten Dritter verdrängen.

Wenn dem Dritten ein Anspruch aus den §§ 280 Abs. 1, 241 Abs. 2 BGB i.V.m. dem Vertrag mit Schutzwirkung zugunsten des Dritten zusteht, kann der Schuldner ihm analog § 334 BGB die Einwendungen entgegenhalten, die er auch dem Gläubiger entgegenhalten könnte.

Tipp: In der Linoleumrollenentscheidung[16] und im Gemüseblattfall[17] hat die Rspr. diese Konstruktion auch auf die Phase vor dem Vertragsschluss ausgedehnt. Ein Dritter, der selber

16 RG, Urt. v. 07.12.1911 – VI 240/11.
17 BGH, Urt. v. 28.01.1976 – VII ZR 246/74.

keinen Vertrag abzuschließen beabsichtigt (typischerweise ein Kind, das seine Eltern in ein Geschäft begleitet und dabei einen Schaden erleidet), kann unter den genannten Voraussetzungen (unter dem ersten Punkt tritt an die Stelle der Schlechtleitung die Verletzung einer Schutzpflicht) in das vorvertragliche Schuldverhältnis (§ 311 Abs. 2 und 3 BGB) zwischen dem zukünftigen Gläubiger und dem zukünftigen Schuldner einbezogen sein.

120 **Vertrag zugunsten Dritter:** Der Vertrag zugunsten Dritter ist eine Durchbrechung des Grundsatzes der Relativität der Schuldverhältnisse. Unterschieden werden der echte und der unechte Vertrag zugunsten Dritter. Der echte Vertrag zugunsten Dritter ist in den §§ 328 ff. BGB geregelt und gewährt dem Dritten einen eigenen Anspruch auf die Erbringung der Leistung. Der unechte Vertrag zugunsten Dritter ist gesetzlich nicht geregelt. Er erlaubt es dem Schuldner, mit befreiender Wirkung an den Dritten zu leisten (§ 362 Abs. 2 BGB), gewährt dem Dritten aber keinen eigenen Anspruch. Der Vertrag zugunsten Dritter ist von dem Vertrag mit Schutzwirkung zugunsten Dritter (Rn. 119) streng zu unterscheiden.

121 **Vertrag zulasten Dritter:** Als Vertrag zulasten Dritter bezeichnet man einen Vertrag, durch den die Parteien einen Dritten verpflichten, der selber nicht Vertragspartei ist. Solch ein Vertrag ist nach allgemeiner Ansicht unwirksam.

Tipp: Ein Stellvertreter schließt keinen Vertrag zulasten des Vertretenen, weil der Vertretene nach § 164 Abs. 1 S. 1 BGB selber Vertragspartei wird. Nach § 179 BGB ist ein Vertrag, den ein Vertreter ohne Vertretungsmacht schließt, aber nur schwebend unwirksam. Er kann durch den Vertretenen genehmigt werden, der dadurch selber Vertragspartei wird.

III. Sachenrecht

122 **Anwartschaftsrecht:** Anwartschaftsrechte sind nur vereinzelt im Gesetz geregelt (z.B. Anwartschaftsrecht des Nacherben, §§ 2100 ff. BGB). Im Sachenrecht sind sie nicht ausdrücklich geregelt, § 449 Abs. 1 BGB setzt ihre Existenz aber voraus. Anwartschaftsrechte werden üblicherweise beschrieben als „wesensgleiches Minus zum Vollrecht". Damit ist gemeint, dass sie im Grundsatz denselben Regeln unterliegen wie das jeweilige Vollrecht (z.B. das Eigentum an einer beweglichen Sache), dass sie aber noch nicht ganz zum Vollrecht erstarkt sind. Anwartschaftsrechte entstehen (Ersterwerb), wenn bei einem mehraktigen Erwerbsvorgang der Erwerb des Vollrechts noch nicht eingetreten ist, aber niemand außer dem Erwerber die Möglichkeit hat, den Erwerb des Vollrechts noch zu verhindern. Gegen Zwischenverfügungen des Veräußerers schützt den Erwerber § 161 BGB. Anwartschaftsrechte können weiterübertragen werden (Zweiterwerb). Obwohl Anwartschaftsrechte akzessorisch sind zu den schuldrechtlichen Ansprüchen, auf denen sie beruhen, erfolgt der Zweiterwerb analog den für das Vollrecht geltenden Vorschriften (z.B. §§ 929 ff. BGB), nicht nach §§ 413, 401, 398 BGB durch Abtretung (Rn. 98) des jeweiligen Anspruchs.[18] Auch ein gutgläubiger Erwerb von Anwartschaftsrechten ist möglich, ein gutgläubiger Zweiterwerb jedoch nicht immer: So ist der gutgläubige Zweiterwerb eines nicht existenten Eigentumsanwartschaftsrechts nach h.M. nicht möglich.

---

18 BGHZ 28, 16.

Eigentumsvorbehalt: Der Eigentumsvorbehalt ist eine Übereignung, die in der Regel **123** aufschiebend bedingt ist durch das vollständige Bewirken der Gegenleistung. Für den Eigentumsvorbehalt beim Kauf vermutet § 449 Abs. 1 BGB als Bedingung für die Übereignung der Sache die vollständige Zahlung des Kaufpreises. Der Erwerber erhält bis zum Bedingungseintritt ein Anwartschaftsrecht (Rn. 122).

Grundschuld und Hypothek, Abgrenzung: Die Grundschuld (§§ 1191 ff. BGB) und die **124** Hypothek (§§ 1113 ff. BGB) sind dingliche Sicherungsmittel, mit denen ein Grundstück belastet werden kann. Ursprünglich unterschieden sie sich vor allem dadurch, dass die Grundschuld unabhängig war von einer besicherten Forderung, wohingegen die Hypothek akzessorisch zu dieser war (vgl. § 1192 Abs. 1 BGB). Der im Jahr 2008 eingefügte § 1192 Abs. 1a BGB bestimmt allerdings, dass bei einer Sicherungsgrundschuld die Einreden, die dem Eigentümer aufgrund des Sicherungsvertrags mit dem bisherigen Gläubiger gegen die Grundschuld zustehen oder die sich aus dem Sicherungsvertrag ergeben, auch jedem Erwerber der Grundschuld entgegengesetzt werden können. Das bedeutet, dass die Grundschuld zwar nicht streng akzessorisch zu dem besicherten Anspruch ist, dass aber eine Übertragung der Grundschuld nicht dazu führt, dass der neue Gläubiger ohne Rücksicht auf die Sicherungsabrede zwischen Schuldner und Altgläubiger aus der Grundschuld Rechte geltend machen kann. In der Sicherungsabrede wird eine Vollstreckung der Grundschuld immer dann ausgeschlossen sein, wenn der besicherte Anspruch erfüllt worden ist oder wenn er auf andere Weise erlischt oder nicht durchgesetzt werden kann. Durch § 1192 Abs. 1a BGB kommt es also mittelbar zu einer Akzessorietät der Sicherungsgrundschuld zu dem besicherten Anspruch. Dadurch verliert die Abgrenzung von Hypothek und (Sicherungs-)Grundschuld an Klarheit.

Sicherungsübereignung: Die Sicherungsübereignung ist ein dingliches Sicherungs- **125** mittel eigener Art. Durch sie überträgt ein Schuldner das Eigentum an einer Sache auf den Gläubiger, um dessen Ansprüche gegen eine Zahlungsunfähigkeit oder -unwilligkeit des Schuldners zu sichern. Der Schuldner behält die Sache aber in seinem Besitz, um mit ihr weiter wirtschaften zu können. Die wechselseitigen Rechte und Pflichten werden durch eine Sicherungsabrede festgelegt. Diese begründet ein Besitzmittlungsverhältnis i.S.d. § 868 BGB und ist Grundlage einer Übereignung nach §§ 929, 930 BGB.

Beispiel: Bauer Benno erhält ein Darlehen über 100.000 Euro von der B-Bank. Um den Rückzahlungsanspruch zu sichern, übereignet Benno seinen Traktor zur Sicherheit an die Bank. Weil die Bank mit dem Traktor selber nichts anfangen kann und Benno ihn braucht, um seine Felder zu bestellen und Geld zu verdienen, behält er den Traktor, um damit zu arbeiten.

Tipp: Die Sicherungsübereignung entstand im frühen 20. Jahrhundert. Der Grund dafür war, dass das Pfandrecht an beweglichen Sachen (§§ 1204 ff. BGB) wirtschaftlich unbefriedigend war, weil es voraussetzt, dass die verpfändete Sache dem Gläubiger übergeben wird (§ 1205 Abs. 1 BGB). Der Schuldner konnte nicht weiter mit der verpfändeten Sache wirtschaften und mit ihr folglich nicht das Geld verdienen, mit dem er seine Schulden begleichen konnte. Deshalb wird die Sicherungsübereignung auch als besitzloses Pfandrecht umschrieben. Zu Beginn des 20. Jahrhunderts war allerdings umstritten, ob dies zulässig ist. Manche Autoren sahen darin eine Umgehung der §§ 1204 ff. BGB und damit des numerus clausus des Sachenrechts. Durchgesetzt hat sich die Gegenauffassung; die Sicherungsübereignung ist heute unstreitig zulässig. Sie kann allerdings sittenwidrig (§ 138 Abs. 1 BGB) sein, wenn der Wert der übereigneten Sache von Beginn an oder im Laufe der Geschäftsbeziehung völlig außer Verhältnis zu der besicherten Forderung steht (Übersicherung), sie den Schuldner übermäßig belastet („knebelt") oder ihn dazu verleitet, dritte Gläubiger zu benachteiligen, indem er seine Vertragspflichten ihnen gegenüber verletzt. Tritt ein solches Missverhältnis im Laufe der Geschäftsbeziehung ein, steht dem Sicherungsgeber gegen den Sicherungsnehmer ein ermessensunabhängiger Anspruch auf Freigabe von Sicherheiten in dem Umfang zu, in dem die Freigabe erforderlich ist, um die Übersicherung zu beenden.

126   **„Sperrwirkung" des Eigentümer-Besitzer-Verhältnisses (EBV):** Die §§ 985 ff. BGB regeln das EBV, das dazu dient, den redlichen, unverklagten Eigenbesitzer zu privilegieren. Nach § 993 Abs. 1 a.E. BGB ist er dem Eigentümer weder zur Herausgabe von Nutzungen noch zum Schadensersatz verpflichtet, soweit die §§ 985 ff. BGB nichts anderes bestimmen. Nach allgemeiner Ansicht folgt daraus, dass Ansprüche aus anderen Anspruchsgrundlagen „gesperrt" sind. Die §§ 985 ff. BGB bilden insoweit eine abschließende Spezialregelung. Gleichwohl ist das Verhältnis des EBV zu sonstigen Anspruchsgrundlagen umstritten:

- Zu vertraglichen Ansprüchen steht der Herausgabeanspruch aus § 985 BGB nach h.M. in Konkurrenz, er entfaltet insoweit keine „Sperrwirkung" (a.A. die Lehre vom Vorrang des Vertragsverhältnisses [vertreten vor allem von *Ludwig Raiser*]). Solange ein Vertrag besteht, gewährt dieser aber in der Regel ein Recht zum Besitz, sodass gar kein EBV vorliegt und die §§ 985 ff. BGB nicht anzuwenden sind.

- Aus § 993 Abs. 1 a.E. BGB folgt, dass das EBV gegenüber den §§ 823 ff. BGB grundsätzlich abschließend ist. Abweichendes gilt im Fall des § 992 BGB. Darüber hinaus haftet nach h.M. auch der redliche, unverklagte Besitzer im Fremdbesitzerexzess (z.B. vertragswidriger Gebrauch der Mietsache) nach §§ 823 ff. BGB, weil sonst der Besitzer mit Recht zum Besitz (§§ 823 ff. BGB anwendbar) schlechter stünde als der Besitzer ohne Recht zum Besitz.

- Ein Herausgabeanspruch aus den §§ 812 ff. BGB bezüglich der Sache tritt nach h.M. neben den Anspruch aus § 985 BGB. Demgegenüber ist wegen §§ 993 Abs. 1, 996 Abs. 1 BGB das EBV für Nutzungen und Verwendungen grundsätzlich abschließend. Probleme ergeben sich bezüglich der gezogenen Nutzungen, wenn der Besitz rechtsgrundlos erworben wurde. Der BGH stellt dies dem unentgeltlichen Erwerb gleich und wendet § 988 BGB analog an.[19] Teile der Lit. wollen dagegen § 812 BGB (alle Varianten) anwenden, § 993 Abs. 1 BGB sei insoweit teleologisch zu reduzieren. Im Zweipersonenverhältnis führt dies zu denselben Ergebnissen. Im Dreipersonenverhältnis droht mit der Lösung des BGH aber ein Einwendungsabschnitt.

Die §§ 985 ff. BGB gelten direkt nur zwischen dem Eigentümer und dem Besitzer ohne Recht zum Besitz. Im BGB finden sich Vorschriften, die ihre entsprechende Anwendung anordnen, so etwa in § 1007 Abs. 3 BGB. Darüber hinaus wird vertreten, dass die §§ 985 ff. BGB analog anzuwenden seien zwischen dem wirklichen Inhaber eines im Grundbuch eingetragenen Rechts und dem Grundbuchberechtigten (vgl. § 894 BGB), zwischen dem Vormerkungsberechtigten und dem Zwischenerwerber eines dinglichen

---

19 St. Rspr., s. etwa BGH RÜ 2010, 288.

Rechts an einem Grundstück (vgl. § 888 BGB) sowie zwischen dem Berechtigten aus § 1004 BGB und dem Störer.

Tipp: Der Anspruch aus § 985 BGB wird auch Vindikationsanspruch genannt. Dieser Name stammt aus dem römischen Recht: Dort gab es mit der actio rei vindicatio eine Klageart, die dem heutigen § 985 BGB entsprach.

Verfügungsfreiheit: Die Verfügungsfreiheit ist eine der Erscheinungsformen der Privatautonomie (Rn. 74). Sie hat im Sachenrecht die wohl größte Bedeutung, ist hier aber auch stark eingeschränkt. Anders als auf der schuldrechtlichen Ebene, auf der die Vertragsfreiheit (Rn. 97) gilt, können die Parteien den Inhalt und die Form einer Verfügung nicht frei bestimmen. Stattdessen gilt der *numerus clausus* der dinglichen Rechte: Zum Schutz des Rechts- und Geschäftsverkehrs erkennt die Rechtsordnung nur solche dinglichen Rechte an, die im Gesetz festgelegt sind. Zudem können diese Rechte nur in der gesetzlich bestimmten Form übertragen werden.

127

Tipp: Allgemein anerkannte Aufweichungen des numerus clausus des Sachenrechts sind die Sicherungsübereignung (Rn. 125) und das Anwartschaftsrecht (Rn. 122).

C. Nebengebiete

I. Familienrecht

Ehe: Die Ehe ist ein Rechtsgeschäft zwischen zwei Menschen (die unterschiedlichen oder gleichen Geschlechts sein können, § 1353 Abs. 1 BGB). Sie wird durch persönliche Erklärung der künftigen Ehegatten bei gleichzeitiger Anwesenheit vor einem Standesbeamten geschlossen (§§ 1310 f. BGB). Bis zum Jahr 2017 konnte eine Ehe nur zwischen Mann und Frau geschlossen werden, gleichgeschlechtlichen Paaren stand die Möglichkeit offen, eine Lebenspartnerschaft einzugehen, die der Ehe rechtlich weitgehend angeglichen war. Seit dem Jahr 2017 tritt zudem die Ehemündigkeit, welche eine Voraussetzung für die Eheschließung ist, grundsätzlich erst mit der Vollendung des achtzehnten Lebensjahres ein (§ 1303 S. 1 BGB). Nach früherer Rechtslage konnte die Ehe bereits mit Vollendung des sechzehnten Lebensjahres geschlossen werden, wenn das Familiengericht dem auf Antrag stattgab. Durch die Anhebung des Mindestalters sollen Kinderehen bekämpft werden. § 1303 S. 2 BGB bestimmt, dass eine Ehe mit einer Person, die das sechzehnte Lebensjahr nicht vollendet hat, nicht wirksam eingegangen werden kann. Geht eine Person, die das sechzehnte, nicht aber das achtzehnte Lebensjahr vollendet hat, eine Ehe ein, ist diese wirksam, sie kann aber nach § 1314 Nr. 1 BGB mit Wirkung für die Zukunft auf Antrag eines Ehegatten oder der zuständigen Verwaltungsbehörde aufgehoben werden. Eine Antragsfrist gibt es nicht. Das Antragsrecht entfällt deshalb nicht schon dann, wenn der zunächst minderjährige Ehegatte volljährig wird. § 1315 Abs. 1 Nr. 1 lit. a) BGB bestimmt vielmehr, dass die Aufhebung erst dann ausgeschlossen ist, wenn der volljährig gewordene Ehegatte zu erkennen gegeben hat, dass er die Ehe fortsetzen will (Bestätigung). Die Folgen der Aufhebung entsprechen weitgehend den Folgender Scheidung (§ 1318 BGB).

128

Tipp: Die weltlichen Wirkungen (also die Wirkungen im Zivilrecht, Steuerrecht etc.) der Ehe treten allein durch den Eheschluss vor dem Standesbeamten ein, einer kirchlichen Trauung bedarf es dazu nicht. Die kirchliche Trauung hat heute nur noch religiöse und kirchenrechtliche Bedeutung. Dieser Grundsatz der Zivilehe setzte sich im 19. Jahrhundert im Zuge des Kulturkampfs durch.

Tipp: *Eine wesentliche Folge der Ehe, die gelegentlich Gegenstand von (sachen- oder vollstreckungsrechtlichen) Prüfungen ist, ist die Eigentumsvermutung nach § 1362 BGB. Weitere prüfungsrelevante Rechtsfolgen regeln § 1357 BGB (Schlüsselgewalt, Rn. 132) sowie die §§ 1365, 1369 BGB (Genehmigungsbedürftigkeit bestimmter Rechtsgeschäfte).*

129 **Eheschließungsfreiheit:** Die Eheschließungsfreiheit ist eine Form der Privatautonomie (Rn. 74). Während die Abschlussfreiheit uneingeschränkt ist und die Partnerwahlfreiheit in weitem Umfang gewährleistet ist (Ausnahmen gelten zwischen bestimmten Verwandten), sind die Inhaltsfreiheit (§§ 1353 ff. BGB), die Formfreiheit (§§ 1310 ff. BGB) und die Beendigungsfreiheit (§§ 1564 ff. BGB) durch die §§ 1303 ff. BGB stark eingeschränkt.

130 **Güterstand:** Als Güterstand werden die Regelungen bezeichnet, die festlegen, welche Wirkungen die Ehe auf das Vermögen der Ehegatten hat. Das Gesetz unterscheidet drei Güterstände:

- Die Zugewinngemeinschaft nach den §§ 1363 ff. BGB greift ein, wenn die Ehegatten keine abweichende Regelung (deshalb wird die Zugewinngemeinschaft auch als „gesetzlicher Güterstand" bezeichnet) treffen. Danach bleiben die Vermögen der Ehegatten getrennt, doch wird der während der Ehe erwirtschaftete Zugewinn im Fall der Trennung ausgeglichen (Zugewinnausgleich).

- Die Gütertrennung nach § 1414 BGB führt zu einer Trennung der Vermögen und schließt auch den Zugewinnausgleich aus. Sie muss von den Ehegatten vereinbart werden.

- Die Gütergemeinschaft nach den §§ 1415 ff. BGB führt zu einem gemeinsamen Vermögen der Ehegatten. Sie muss von den Ehegatten vereinbart werden.

131 **Scheidung:** Die Scheidung nach den §§ 1564 ff. BGB beendet die Ehe mit Wirkung für die Zukunft. Sie darf nicht verwechselt werden mit der Aufhebung der Ehe nach den §§ 1313 ff. BGB. Die Ehe wird durch eine Entscheidung des Familiengerichts geschieden (§ 1564 BGB). Voraussetzung dafür ist, dass die Ehe gescheitert ist (§ 1565 BGB). Dies wird unwiderleglich vermutet, wenn die Ehegatten mindestens ein Jahr getrennt leben (§ 1567 BGB) und beide Ehegatten die Scheidung beantragen oder der Antragsgegner der Scheidung zustimmt (§ 1566 Abs. 1 BGB) oder wenn die Ehegatten seit drei Jahren getrennt leben (§ 1566 Abs. 2 BGB). Was unter „Getrenntleben" zu verstehen ist, regelt § 1567 BGB.

132 **Schlüsselgewalt:** Als Schlüsselgewalt wird das Recht eines Ehegatten bezeichnet, den anderen Ehegatten bei Geschäften des täglichen Lebens zu vertreten (§ 1357 BGB).

133 **Sorgerecht:** Mit dem Sorgerecht wird üblicherweise die elterliche Sorge für das Kind bezeichnet. Sie ist in den §§ 1626 ff. BGB geregelt und umfasst die Personensorge sowie die Vermögenssorge. Die elterliche Sorge umfasst nach § 1629 BGB insbesondere die Vertretung des Kindes.

Verlöbnis: Das Verlöbnis ist in den §§ 1297 ff. BGB geregelt. Es ist das formlose Versprechen, die Ehe eingehen zu wollen. Das Versprechen kann nach § 1297 Abs. 1 BGB jedoch nicht eingeklagt, der Eheschluss also nicht erzwungen werden. **134**

Verwandtschaft: Verwandtschaft liegt nach § 1589 BGB vor, wenn Personen gemeinsame Vorfahren haben. Personen sind in gerader Linie verwandt, wenn die eine von der anderen abstammt (z.B. Kind und Eltern). Personen sind in der Seitenlinie verwandt, wenn sie von derselben dritten Person abstammen (z.B. Geschwister). **135**

II. Erbrecht

Erbfähigkeit: Die Erbfähigkeit bezeichnet die Fähigkeit eines Rechtssubjekts (Rn. 75), Erbe kraft Verfügung von Todes wegen oder kraft gesetzlicher Erbfolge zu sein. Nach § 1923 Abs. 1 BGB kann Erbe nur werden, wer zur Zeit des Erbfalls lebt. Das „lebt" schließt es nicht aus, dass auch „künstliche" Rechtssubjekte wie z.B. juristische Personen zu Erben bestimmt werden. Nach § 1923 Abs. 2 BGB ist außerdem erbfähig, wer zur Zeit des Erbfalls noch nicht lebte, aber bereits gezeugt war (sog. *nasciturus*), denn er gilt dann als vor dem Erbfall geboren. Die Erbfähigkeit setzt durch diese gesetzliche Fiktion früher ein als die allgemeine Rechtsfähigkeit nach § 1 BGB (Rn. 88). **136**

Gesamtrechtsnachfolge: Der Tod einer Person hat nach § 1922 Abs. 1 BGB zur Folge, dass deren Vermögen als Ganzes auf eine oder mehrere andere Personen übergeht. Den Verstorbenen nennt man Erblasser, der Tod einer Person ist der Erbfall, das Vermögen ist die Erbschaft und die Empfänger des Vermögens sind die Erben. Der als Gesamtrechtsnachfolge bezeichnete Vorgang umfasst nicht nur die Aktiva, sondern auch die Passiva, also die Verbindlichkeiten. Sollten die Verbindlichkeiten die Aktiva übersteigen, haben die Erben nach §§ 1942 ff. BGB die Möglichkeit, die Erbschaft auszuschlagen. Die Ausschlagung bezieht sich auf die Erbschaft als Ganzes, nicht nur auf die Verbindlichkeiten. Dadurch soll verhindert werden, dass den Gläubigern des Erblassers Haftungsmasse entzogen wird. Der Besitz des Erblassers geht nach § 857 BGB auf die Erben über. **137**

Gesetzliche Erbfolge: Die gesetzliche Erbfolge nach den §§ 1924 ff. BGB tritt ein, wenn ein Erblasser nicht durch eine Verfügung von Todes wegen eine anderweitige Erbfolge bestimmt hat. Die gesetzliche Erbfolge ist also grundsätzlich dispositiv. Jedoch kann der Erblasser seinen gesetzlichen Erben auch durch eine Verfügung von Todes wegen nicht den Pflichtteil nach den §§ 2303 ff. BGB entziehen. **138**

Testierfreiheit: Die Testierfreiheit ist ein Teil der Privatautonomie (Rn. 74). Sie gibt einem Erblasser das Recht, selber durch eine Verfügung von Todes wegen zu bestimmen, wer nach seinem Ableben sein Vermögen oder Teile davon erhalten soll. Die Testierfreiheit wird durch die §§ 1922 ff. BGB eingeschränkt: Verfügungen von Todes wegen bedürfen einer bestimmten Form (§§ 2231, 2276 BGB). Auch kann der Erblasser bestimmte Angehörige grundsätzlich nicht von der Erbfolge ausschließen (§§ 2303 ff. BGB). Schließlich wird der mögliche Inhalt einer Verfügung von Todes wegen durch zahlreiche Vorschriften des fünften Buches beschränkt. **139**

Testament: Das Testament ist in den §§ 2064 ff. BGB geregelt, es ist die wichtigste Verfügung von Todes wegen. Abweichend von den allgemeinen Regeln (Rn. 85) beginnt **140**

die Testierfähigkeit bereits mit der Vollendung des sechzehnten Lebensjahrs (§ 2229 Abs. 1 BGB). Das Testament kann nur durch den Erblasser persönlich errichtet werden (§ 2064 BGB), eine Stellvertretung (Rn. 90) ist ausgeschlossen. Das Testament bedarf einer besonderen Form: Entweder errichtet der Erblasser das Testament durch eine eigenhändig geschriebene und unterschriebene Erklärung (§ 2247 Abs. 1 BGB) oder er errichtet es vor einem Notar (§ 2232 BGB). Die §§ 2249 bis 2251 BGB erlauben in Ausnahmesituationen die Errichtung eines sog. Nottestaments in anderer Form. Das Testament ist eine nicht empfangsbedürftige Willenserklärung, sie wird mit der Errichtung wirksam.

Tipp: *Bekannt ist das sog. „Berliner Testament". Dabei handelt es sich um ein gemeinschaftliches Testament (§§ 2265 ff. BGB), in dem sich die Ehegatten wechselseitig zu Alleinerben einsetzen und sie gleichzeitig bestimmen, dass nach dem Tod des zuletzt Verstorbenen das Vermögen an einen Dritten fallen soll (z.B. ein gemeinsames Kind). Nach § 2271 Abs. 2 BGB hat der Tod des ersten Ehegatten zur Folge, dass der überlebende Ehegatte an das Testament gebunden ist, er dieses also grundsätzlich nicht mehr widerrufen kann.*

III. Arbeitsrecht

141 **Arbeitnehmer:** Der Arbeitnehmerbegriff legt bei den meisten arbeitsrechtlichen Gesetzen den persönlichen Geltungsbereich fest. In der mündlichen Prüfung im Staatsexamen – also außerhalb des arbeitsrechtlichen Schwerpunkts – genügt es in der Regel, den Arbeitnehmerbegriff zu kennen, der sich seit dem Jahr 2017 aus § 611a BGB ergibt (nach der Regierungsbegründung soll die Norm lediglich die zuvor von der Rechtsprechung entwickelten Grundsätze[20] kodifizieren). Arbeitnehmer ist danach, wer sich

- auf der Grundlage eines privatrechtlichen Vertrages (Abgrenzung zu Beamten, Richtern und Soldaten)

- zur weisungsgebundenen/fremdbestimmten (Abgrenzung zum Selbstständigen)

- Leistung von Arbeit/Diensten (Abgrenzung zum Werkvertrag/Geschäftsbesorgungsvertrag)

- in persönlicher Abhängigkeit (Abgrenzung zum Selbständigen und zu sonstigen Beschäftigungsformen)

- gegen Entgelt (Abgrenzung zum Auftrag)

verpflichtet hat. Diese Definition geht zurück auf eine Definition, die von *Alfred Hueck* geprägt wurde.[21]

Neben diese Definition tritt der primärrechtliche Arbeitnehmerbegriff des EU-Rechts, den der EuGH in der Rs. Lawrie-Blum (Urt. v. 03.07.1986 – Rs. 66/85 Rn. 16 ff.) geprägt hat. Danach können unter anderem auch Beamte, Richter und Soldaten als Arbeitnehmer anzusehen sein. Der primärrechtliche Arbeitnehmerbegriff gilt bei der Arbeitnehmerfreizügigkeit (Art. 45 AEUV) und auch in manchen Richtlinien. Werden diese nach Art. 288 Abs. 3 AEUV umgesetzt, kommt er auch in den Rechtsordnungen der Mitgliedstaaten zur Anwendung, so etwa im AGG.

---

20 Zusammenfassend etwa BAG NZA 2010, 964.
21 In: Hueck/Nipperdey, Lehrbuch des Arbeitsrechts, 1. Aufl. 1928, Bd. I, S. 33.

Tipp: Seit einigen Jahren erweitert der Gesetzgeber den persönlichen Geltungsbereich arbeitsrechtlicher Gesetze, indem er statt auf den „Arbeitnehmer" auf den „Beschäftigten" abstellt. Ein Beispiel für diese Art von Regelung ist § 6 AGG.

Arbeitnehmerhaftung, beschränkte: Die Rspr. schränkt die Haftung des Arbeitnehmers für Schäden ein, die er in Ausübung seiner geschuldeten Tätigkeit dem Arbeitgeber zufügt. Der Grund dafür ist, dass das Entgelt des Arbeitnehmers nicht annähernd ausreicht, die potentiellen Haftungsrisiken abzudecken. Außerdem erhält der Arbeitgeber die Vorteile einer riskanten Tätigkeit (z.B. Betrieb eines Atomkraftwerks), sodass er auch die damit verbundenen Lasten tragen soll. Nach der Rspr. gilt, dass

- ein Arbeitnehmer nicht haftet, wenn ihm nur leichte Fahrlässigkeit anzulasten ist,

- eine Schadensteilung erfolgt, wenn ihm einfache Fahrlässigkeit anzulasten ist,

- er in der Regel voll haftet, wenn er den Schaden grob fahrlässig verursacht und

- er voll haftet, wenn ihm Vorsatz zur Last fällt.

142

Damit es zu einer Haftung kommt, muss – anders als nach den allgemeinen Regeln – der Schaden selbst vom Verschulden mit umfasst sein. Außerdem ist – auch insoweit abweichend von den allgemeinen Regeln – auf die subjektiven Kenntnisse und Fähigkeiten des Arbeitnehmers abzustellen, um ein Verschulden festzustellen. Rechtsfolge dieser Rspr. ist eine Kürzung bzw. ein Ausschluss des Anspruchs des Arbeitgebers analog § 254 BGB.[22]

Tipp: Die Haftungsbeschränkung gilt nur im Innenverhältnis zwischen Arbeitgeber und Arbeitnehmer. Geschädigte Dritte können den Arbeitnehmer in voller Höhe in Anspruch nehmen, doch hat er dann ggf. einen Freistellungsanspruch gegen den Arbeitgeber aus § 670 BGB analog (Rn. 143).

Aufwendungsersatz: Wenn ein Arbeitnehmer in Ausübung seiner geschuldeten Tätigkeit freiwillige Vermögensopfer (Aufwendungen) erbringt, kann er von dem Arbeitgeber analog § 670 BGB Ersatz dafür verlangen. Nach der Rspr. kann er darüber hinaus auf derselben Grundlage zudem Ersatz für unfreiwillige Vermögensopfer (Schäden) verlangen, wenn diese typisch für die ausgeübte Tätigkeit sind, sie aber nicht als mit dem Entgelt abgegolten angesehen werden können. Der Sache nach handelt es sich dabei um eine verschuldensunabhängige Schadensersatzpflicht des Arbeitgebers. Solche Ansprüche können nach der Rspr. analog § 254 BGB gekürzt werden, wenn der Arbeitnehmer durch eine Obliegenheitsverletzung daran mitgewirkt hat, dass der Schaden entstanden ist.

143

Betriebliche Übung: Die betriebliche Übung ist eine Rechtsfigur, nach der ein regelmäßiges Verhalten des Arbeitgebers zu einem Anspruch des Arbeitnehmers in der Zukunft führen kann. Wichtigstes Beispiel sind freiwillige Zahlungen des Arbeitgebers, beispielsweise zu Weihnachten. Wenn der Arbeitgeber solche Zahlungen dreimal hintereinander leistet, ohne darauf hinzuweisen, dass sie freiwillig sind, entsteht nach der Rspr. ein Anspruch der begünstigten Arbeitnehmer auf solche Zahlungen auch für die Zukunft.

144

---

22 Zusammenfassend BAG RÜ 2011, 289.

Bei anderen Leistungen gilt die Dreijahresregel nicht, hier kommt es auf den Einzelfall an. Nach h.M. führt die betriebliche Übung zu einem vertraglichen Anspruch. Ein Teil der Lit. sieht in ihr hingegen eine Form der Vertrauenshaftung bzw. einen richterrechtlichen Anspruch.

145 **Gleichbehandlungsgrundsatz, allgemeiner arbeitsrechtlicher:** Das Arbeitsrecht kennt zahlreiche ausdrückliche Gleichbehandlungsgebote und Diskriminierungsverbote, insbesondere in den §§ 1, 7 AGG. Soweit keine ausdrücklichen Gleichbehandlungsgebote bestehen, greift subsidiär der allgemeine arbeitsrechtliche Gleichbehandlungsgrundsatz ein. Er wurde von der Rspr. entwickelt und besagt, dass ein Arbeitgeber einen Arbeitnehmer nicht ohne sachlichen Grund von einer Vergünstigung ausnehmen darf, die er einer vergleichbaren Gruppe von Arbeitnehmern gewährt. Der willkürlich nicht begünstigte Arbeitnehmer kann verlangen, ebenso behandelt zu werden wie die anderen Arbeitnehmer. Problematisch ist das Verhältnis des allgemeinen arbeitsrechtlichen Gleichbehandlungsgrundsatzes zur Vertragsfreiheit, denn dem Arbeitgeber ist es aufgrund der Vertragsfreiheit grundsätzlich gestattet, einzelne Arbeitnehmer besser zu behandeln.

146 **Tarifvertrag und Betriebsvereinbarung:** Das Arbeitsrecht unterscheidet sich von anderen Rechtsgebieten unter anderem dadurch, dass es Rechtsquellen kennt, die in anderen Rechtsgebieten unbekannt sind. Dazu zählen insbesondere der Tarifvertrag und die Betriebsvereinbarung. Detailkenntnisse sollten in der mündlichen Prüfung eher nicht erforderlich sein (Kommissionszusammensetzung beachten!), doch sollten zumindest die Grundzüge dieser Rechtsquellen bekannt sein:

- Der Tarifvertrag hat seine Grundlage in Art. 9 Abs. 3 GG (Tarifautonomie) und im TVG. Er ist ein Vertrag, der zwischen einer Gewerkschaft und einem Arbeitgeber oder einem Arbeitgeberverband geschlossen wird. Nach § 4 Abs. 1 TVG wirkt er gegenüber den Mitgliedern der Gewerkschaft (Arbeitnehmern) und den Mitgliedern des Arbeitgeberverbands (Arbeitgebern) normativ, also gesetzesgleich. Nichtmitglieder (sog. Außenseiter) sind grundsätzlich nicht von dieser normativen Wirkung erfasst (eine Ausnahme enthält § 3 Abs. 2 TVG). Sie können die Geltung aber arbeitsvertraglich vereinbaren (sog. Bezugnahmeklausel). Der Tarifvertrag wirkt dann aber nicht normativ, sondern nur schuldrechtlich.

- Die Betriebsvereinbarung ist in § 77 BetrVG geregelt. Sie ist ein Vertrag, der zwischen einem Betriebsrat und einem Arbeitgeber geschlossen wird. Nach § 77 Abs. 4 BetrVG hat die Betriebsvereinbarung ebenfalls normative Wirkung. Diese gilt für alle Angehörigen des Betriebs. Eine betriebsübergreifende Geltung ist möglich, wenn ein Gesamt- oder Konzernbetriebsrat die Betriebsvereinbarung schließt.

IV. Handelsrecht

147 **Firma:** Die Firma ist nach § 17 Abs. 1 HGB der Name des Kaufmanns (Rn. 150), unter dem er seine Geschäfte betreibt und die Unterschrift abgibt. Nach § 17 Abs. 2 HGB kann der Kaufmann unter seiner Firma klagen und verklagt werden. Die Firma muss bestimmten Mindestanforderungen genügen, die in den §§ 18 ff. HGB niedergelegt sind.

Beispiel: Eine Firma darf nicht den Zusatz „mit beschränkter Haftung" führen, wenn dies nicht den tatsächlichen Gegebenheiten entspricht. Umgekehrt darf sie nicht den Anschein unbeschränkter Haftung erwecken, wenn tatsächlich nur eine auf das Gesellschaftsvermögen beschränkte Haftung besteht.

Gewerbe (Handelsrecht): Der Begriff des Gewerbes legt den sachlichen Geltungsbereich des Handelsrechts fest (zum gewerberechtlichen Gewerbebegriff Rn. 267). Kaufmann kann nur sein, wer ein (Handels-)Gewerbe betreibt. Das HGB definiert den Begriff des Gewerbes selber nicht. Nach h.M. ist ein Gewerbe   **148**

■ jede generell erlaubte Tätigkeit (Abgrenzung zu generell verbotenem Verhalten wie etwa Auftragsmord, str.),

■ die nach außen gerichtet ist (Abgrenzung zum Halten und Verwalten eigenen Vermögens),

■ auf Gewinnerzielung gerichtet ist (Abgrenzung zu karitativen Tätigkeiten, str.),

■ planmäßig verrichtet wird und von gewisser Dauer ist,

■ die selbständig verrichtet wird (Abgrenzung zu Arbeitnehmern [Rn. 141]),

■ mit Ausnahme der freien Berufe.

Tipp: Die freien Berufe sind aus historischen Gründen ausgenommen. Was ein freier Beruf ist, wird gesetzlich nicht abschließend definiert. § 1 Abs. 2 S. 2 PartGG enthält jedoch eine Aufzählung von Berufen, die aus der Sicht des Gesetzgebers freie Berufe sind. Diese Aufzählung gilt unmittelbar nur für das PartGG, hat aber Indizwirkung für andere Gesetze.

Handelsrechtliche Vollmachten: Das HGB enthält drei besondere Formen der Vollmacht (Rn. 90 f.):   **149**

■ Die Prokura (§§ 48 ff. HGB), die nur durch den Inhaber des Handelsgewerbes oder seinen gesetzlichen Vertreter erteilt werden kann und die den Prokuristen nach § 49 Abs. 1 HGB berechtigt, jegliche Geschäfte zu tätigen, die irgendein Handelsgewerbe mit sich bringt. Die Prokura wird zwar durch Rechtsgeschäft erteilt, hat aber einen gesetzlich definierten Umfang. Ihre Erteilung und ihr Erlöschen sind in das Handelsregister einzutragen (§ 53 HGB). Die Eintragung wirkt aber nur deklaratorisch, ist also keine Wirksamkeitsvoraussetzung.[23] Die Eintragung dient dem Schutz des Rechtsverkehrs, der über § 15 HGB Vertrauensschutz genießt.

■ Die Handlungsvollmacht (§ 54 HGB), die den Handlungsbevollmächtigten dazu berechtigt, jegliche Geschäfte zu tätigen, die der Betrieb eines derartigen Handelsgewerbes mit sich bringt, wie es der Vertretene betreibt, mit Ausnahme der Veräußerung oder Belastung von Grundstücken (der Erwerb ist zulässig), der Aufnahme von Darlehen und der Prozessführung.

■ Die (Anscheins-)Vollmacht des Ladenangestellten (§ 56 HGB), die ihn zu „Verkäufen und Empfangnahmen" ermächtigt, die in einem solchen Ladengeschäft gewöhnlich vor sich gehen.

---

23 BGH NJW 2013, 297 Rn. 13.

Tipp: Die Vollmacht des Ladenangestellten ist eine gesetzliche Fiktion und eine Sonderform der Anscheinsvollmacht. Obwohl § 56 HGB nur von „Verkäufen" spricht, ist auch die Übereignung von Waren von der Vollmacht umfasst. Der Wortlaut hat seine Ursache darin, dass das HGB älter ist als das BGB (Rn. 342) und damit auch als das Trennungs- und Abstraktionsprinzip (Rn. 77).

150 **Kaufmann:** Der Kaufmannsbegriff legt im Wesentlichen den persönlichen Geltungsbereich des HGB fest. Nach § 1 Abs. 1 HGB ist Kaufmann, wer ein Handelsgewerbe betreibt. Ein Handelsgewerbe ist nach § 1 Abs. 2 HGB jeder Gewerbebetrieb (Rn. 148), es sei denn (Vermutung), dass das Unternehmen nach Art oder Umfang einen in kaufmännischer Weise eingerichteten Geschäftsbetrieb nicht erfordert. Dies ist Frage des Einzelfalls und beispielsweise anhand von Kriterien wie Höhe des Umsatzes, Zahl der getätigten Geschäfte, Kunden und Angestellten, Art der Buchführung usw. festzustellen. Wer ein Handelsgewerbe betreibt, ist nach § 1 Abs. 1 HGB Kaufmann, ohne dass es auf eine Eintragung (§ 2 HGB) ankommt, sog. Istkaufmann. Daneben treten folgende Formen des Kaufmanns:

■ Kaufmann kraft Eintragung (Kannkaufmann): Nach § 2 S. 1 HGB kann die Firma eines Gewerbebetriebs in das Handelsregister eingetragen werden mit der Folge, dass das Gewerbe als Handelsgewerbe gilt, selbst wenn es kein Handelsgewerbe i.S.d. § 1 Abs. 2 HGB ist. Entsprechendes gilt nach § 3 HGB für land- und forstwirtschaftliche Betriebe.

■ Fiktivkaufmann: Nach § 5 HGB kann infolge der Eintragung die Kaufmannseigenschaft nicht mit dem Argument verneint werden, es handele sich bei dem Gewerbe nicht um ein Handelsgewerbe. § 5 HGB bezieht sich zum einen auf die Fälle des Kannkaufmanns, doch gilt er auch dann, wenn die Eintragung nicht mit dem Ziel herbeigeführt wurde, die Kaufmannseigenschaft zu erlangen. Beispielsweise wird ein eingetragener Gewerbetreibender auch dann noch als Kaufmann behandelt, wenn er sein Gewerbe verkleinert hat und infolgedessen kein Handelsgewerbe mehr betreibt.

■ Kaufmann kraft Rechtsform (Formkaufmann): Bestimmte „künstliche" Rechtssubjekte (Rn. 75) sind aufgrund ihrer Rechtsform zwingend Kaufleute, etwa die OHG und die KG, die jeweils ein Handelsgewerbe zum Gegenstand haben (§ 6 Abs. 1 HGB i.V.m. §§ 105 Abs. 1, 161 Abs. 2 HGB) oder die GmbH (§ 6 Abs. 1 HGB i.V.m. § 13 Abs. 3 GmbHG) und die AG (§ 3 Abs. 1 HGB), bei denen dies aufgrund der Rechtsform gesetzlich fingiert wird.

■ Scheinkaufmann: Als Kaufmann behandelt die h.M. schließlich denjenigen, der sich im Rechts- und Geschäftsverkehr wie ein Kaufmann aufführt, ohne Kaufmann zu sein. Grundlage dafür sind § 242 BGB, § 5 HGB analog.

151 **Kaufmännisches Bestätigungsschreiben:** Das kaufmännische Bestätigungsschreiben ist eine Rechtsfigur, die den Vertragsschluss im Rechtsverkehr zwischen Kaufleuten erleichtert. Voraussetzungen eines kaufmännischen Bestätigungsschreibens sind:

■ Geschäft zwischen Kaufleuten und Gleichgestellten (nach Ansicht des BGH müssen beide Seiten Kaufleute/Gleichgestellte sein),

■ vorangegangene Vertragsverhandlungen,

- objektiv kein Vertragsschluss, subjektiv aber schon, das kaufmännische Bestätigungsschreiben gibt den Inhalt der Vertragsverhandlungen wieder,

- Zugang kurz nach Abschluss der Verhandlungen,

- kein Ausschluss (wesentliche Abweichung vom Verhandelten, bewusstes Abweichen vom Verhandelten, sich kreuzende kaufmännische Bestätigungsschreiben, erbetene Gegenbestätigung),

- kein unverzüglicher Widerspruch,

- Redlichkeit des Absenders.

Tipp: Das kaufmännische Bestätigungsschreiben ist von der Auftragsbestätigung abzugrenzen. Die Auftragsbestätigung (sofern sie nicht rein deklaratorisch und damit ohne Rechtsbindungswillen erfolgt) ist rechtlich als Annahme eines zuvor unterbreiteten Angebots anzusehen. Bei dem kaufmännischen Bestätigungsschreiben fehlt es an einem solchen Angebot, aber der Absender geht subjektiv bereits von einem Vertragsschluss aus. Zur Abgrenzung ist deshalb darauf abzustellen, ob auf ein Angebot Bezug genommen wird (Auftragsbestätigung) oder auf einen (vermeintlich) bereits geschlossenen Vertrag (kaufmännisches Bestätigungsschreiben).

Prüf- und Rügeobliegenheit: Nach § 377 HGB treffen den Käufer bei einem beidseitigen Handelsgeschäft besondere Prüf- und Rügeobliegenheiten. Will er nicht seine Mangelgewährleistungsrechte verlieren, muss der Käufer die Ware nach Absatz 1 der Vorschrift unverzüglich nach der Ablieferung durch den Verkäufer untersuchen und, wenn sich ein Mangel zeigt, dem Verkäufer unverzüglich Anzeige machen. Nach Absatz 2 gilt dies nicht, wenn der Mangel nicht erkennbar war. Jedoch trifft den Käufer nach h.M. eine Obliegenheit, Stichproben einer Lieferung zu untersuchen. Zeigt sich ein Mangel erst später, muss der Käufer dem Verkäufer diesen nach Absatz 3 unverzüglich anzeigen. Verschweigt der Verkäufer einen Mangel arglistig, treten diese Folgen allerdings nicht ein, § 377 Abs. 5 HGB. **152**

V. Gesellschaftsrecht

Gesellschaft bürgerlichen Rechts (GbR): Die GbR ist in den §§ 705 ff. BGB geregelt. Sie entsteht, wenn sich mindestens zwei Personen durch einen Vertrag verpflichten, einen gemeinsamen Zweck zu verfolgen und gemeinsam dazu beizutragen, dass dieser Zweck verwirklicht wird. Die GbR ist eine Personengesellschaft und eine Gesamthandsgemeinschaft. Lange Zeit war umstritten, ob die GbR als solche rechtsfähig ist, ob sie also ein Rechtssubjekt (Rn. 75) ist, oder ob nur ihre Gesellschafter Träger von Rechten und Pflichten sein können. Der BGH hat 2001 in der Entscheidung „ARGE Weißes Roß" geurteilt, dass jedenfalls eine GbR Rechtsfähigkeit besitzt, die im Rechtsverkehr als GbR auftritt („Außen-GbR").[24] Der Gesetzgeber hat dies inzwischen in § 899a BGB gebilligt: Danach kann eine GbR selbst als Rechtsinhaberin im Grundbuch eingetragen werden. **153**

Tipp: In der genannten Entscheidung urteilte der BGH außerdem, dass die Gesellschafter einer GbR für die Verbindlichkeiten der Gesellschaft entsprechend § 128 HGB persönlich haften, also mit ihrem Privatvermögen.

---

24 BGH RÜ 2001, 160.

154 **Offene Handelsgesellschaft (OHG), Abgrenzung zur Gesellschaft bürgerlichen Rechts:** Die OHG ist nach § 105 Abs. 1 HGB eine Gesellschaft, deren Zweck auf den Betrieb eines Handelsgewerbes (Rn. 148) gerichtet ist. Darin unterscheidet sich die OHG von der GbR, die zu irgendeinem (erlaubten) Zweck gegründet werden kann. Wenn der Betrieb einer GbR den Umfang eines Handelsgewerbes erreicht, wird sie automatisch zur OHG, ohne dass es noch einer Eintragung einer Firma in das Handelsregister bedarf. Das folgt aus § 105 Abs. 2 HGB. Danach kann eine Gesellschaft, die kein Handelsgewerbe betreibt, durch Eintragung den Status einer OHG erhalten. Im Umkehrschluss hat eine Gesellschaft, die ein Handelsgewerbe betreibt, auch ohne diese Eintragung den Status einer OHG. Auf die OHG finden nach § 105 Abs. 3 HGB die Vorschriften über die GbR Anwendung, soweit in den §§ 105 ff. HGB nichts anderes bestimmt ist.

155 **Kommanditgesellschaft (KG):** Die KG ist nach § 161 Abs. 1 HGB – wie die OHG eine Gesellschaft, deren Zweck auf den Betrieb eines Handelsgewerbes gerichtet ist. Von der OHG unterscheidet die KG sich aber dadurch, dass bei einem oder bei einigen von den Gesellschaftern (den Kommanditisten) die Haftung gegenüber den Gesellschaftsgläubigern auf den Betrag einer bestimmten Vermögenseinlage beschränkt ist, während bei dem anderen Teil der Gesellschafter eine Beschränkung der Haftung nicht stattfindet (die persönlich haftenden Gesellschafter oder Komplementäre). Nach § 161 Abs. 2 HGB finden auf die KG die Vorschriften über die OHG (und über § 105 Abs. 3 HGB auch die Vorschriften über die GbR) Anwendung, soweit in den §§ 161 ff. HGB nichts anderes bestimmt ist.

156 **Trennungsprinzip:** Das gesellschaftsrechtliche Trennungsprinzip (zum Trennungs- und Abstraktionsprinzip s. Rn. 77) besagt, dass bei juristischen Personen das Vermögen der Gesellschaft und das Vermögen der Gesellschafter getrennt sind. Die Gläubiger der Gesellschaft können grundsätzlich nur auf das Vermögen der Gesellschaft zugreifen. Es ist beispielsweise in § 13 Abs. 2 GmbHG geregelt.

Tipp: Bei Gesamthandsgemeinschaften gilt das gesellschaftsrechtliche Trennungsprinzip nicht, vgl. § 128 HGB i.V.m. § 161 Abs. 2 HGB. Zur Gesellschaft bürgerlichen Rechts vgl. Rn. 153.

157 **Vereinigungsfreiheit:** Die Vereinigungsfreiheit ist durch Art. 9 Abs. 1 GG, Art. 11 Abs. 1 EMRK und Art. 12 EU-GRCh als Grundrecht gewährleistet. Sie ist zugleich ein Teil der Privatautonomie (Rn. 74). Die Vereinigungsfreiheit erlaubt es natürlichen Personen, sich zu zivilrechtlichen Verbänden zusammenzuschließen. Eingeschränkt wird die Vereinigungsfreiheit durch die zwingenden Vorschriften des Gesellschaftsrechts. Diese enthalten einen abschließenden Bestand von Rechtsformen (*numerus clausus*): Zivilrechtliche Verbände können nur eine der gesetzlich geregelten Rechtsformen annehmen.

Tipp: Der numerus clausus des Gesellschaftsrechts wird durch verschiedene Rechtsfiguren aufgeweicht. So ist die GmbH & Co. KG eine Kommanditgesellschaft, deren Komplementär nur mit ihrem Stammkapital haftet. Das weicht von der ursprünglichen Konzeption der KG durch die §§ 161 ff. HGB ab. Auch erkennt die h.M. sog. Vorgesellschaften (z.B. Vor-GmbH) an. Das sind Gesellschaften, die noch nicht alle Voraussetzungen zu ihrer Gründung erfüllt haben, die aber zum Teil trotzdem schon den Regeln unterliegen, die für die "fertige" Gesellschaft gelten.

Übersicht: Gemeinsamkeiten und Unterschiede zwischen Gesamthandsgemeinschaften und juristischen Personen	
Gesamthandsgemeinschaft	Juristische Person
Grundsatz der Selbstorganschaft (nur Gesellschafter können Organwalter sein)	Grundsatz der Fremdorganschaft (auch Nichtgesellschafter können Organwalter sein)
Grundsatz der persönlichen Haftung (Gesellschafter haften mit dem Privatvermögen, eingeschränkt in der KG)	Trennungsprinzip (Haftung begrenzt auf das Gesellschaftsvermögen)
Grundsatz der Personenmehrheit (keine Gesellschaft mit weniger als zwei Gesellschaftern)	Einpersonengesellschaft zulässig

158

Im Gesellschaftsrecht lassen sich alle Rechtsformen einer von zwei Kategorien zuweisen. Die eine Kategorie ist die der Gesamthandsgemeinschaft (insbesondere GbR, OHG, KG), die andere die der juristischen Person (insbesondere e.V., GmbH, AG). Die wichtigsten Unterschiede sind:

159

Übersicht: Gesetzliche Vertretungsregelungen (wichtigste Rechtsformen)	
Rechtsform	Organ
GbR	Die GbR wird durch die Geschäftsführer vertreten, § 714 BGB. Geschäftsführer kann nur ein Gesellschafter sein (Eigengeschäftsführung). Da grundsätzlich alle Gesellschafter gemeinschaftlich die Geschäfte führen, § 709 BGB, gilt der Grundsatz der Gesamtvertretung. In der Praxis wird aber regelmäßig Einzelvertretung vereinbart. Die Vertretungsmacht kann nach (noch?) h.M. zulasten Dritter wirksam beschränkt werden, eine Analogie zu § 126 HGB wird überwiegend abgelehnt.
OHG	Die OHG wird durch ihre Geschäftsführer vertreten, § 125 Abs. 1 HGB. Geschäftsführer kann nur ein Gesellschafter sein (Eigengeschäftsführung). Grundsätzlich gilt Einzelvertretungsmacht, nach § 125 Abs. 2 HGB kann der Gesellschaftsvertrag jedoch etwas anderes bestimmen. Nach § 126 HGB ist die Vertretungsmacht unbeschränkt und unbeschränkbar.
KG	Die KG wird durch die Geschäftsführer vertreten, §§ 161 Abs. 2, 125 Abs. 1 HGB. Geschäftsführer kann nur ein Komplementär sein (Eigengeschäftsführung), die Kommanditisten sind von der Vertretung kraft Gesetzes ausgeschlossen, § 170 HGB. Nach §§ 161 Abs. 2, 126 HGB ist die Vertretungsmacht unbeschränkt und unbeschränkbar.

Übersicht: Gesetzliche Vertretungsregelungen (wichtigste Rechtsformen)	
Rechtsform	Organ
GmbH	Die Gesellschaft wird durch den oder die Geschäftsführer vertreten, § 35 Abs. 1 S. 1 GmbHG. Geschäftsführer kann auch ein Nichtgesellschafter sein (Fremdgeschäftsführung). Nach § 35 Abs. 2 GmbHG gilt der Grundsatz der Gesamtvertretung (abdingbar). Die Vertretungsmacht ist unbeschränkt und unbeschränkbar, § 37 Abs. 2 GmbHG.
AG	Die Gesellschaft wird durch den Vorstand vertreten, § 78 Abs. 1 S. 1 AktG. Vorstand kann auch ein Nichtgesellschafter sein (Fremdgeschäftsführung). Nach § 78 Abs. 2 AktG gilt der Grundsatz der Gesamtvertretung (abdingbar). Die Vertretungsmacht ist unbeschränkt und unbeschränkbar, §§ 78 Abs. 1 S. 1, 82 AktG.

Die Übersicht gibt an, welches Organ die jeweilige Rechtsform im Normalfall vertritt. Abweichungen können hier nicht behandelt werden, etwa die Vertretung der AG durch den Aufsichtsrat gegenüber dem Vorstand (vgl. § 112 AktG).

D. Internationales Privatrecht

160 Das internationale Privatrecht (IPR) regelt bei Sachverhalten, die eine Berührung zu der Rechtsordnung mehrerer Staaten aufweisen, welches materielle Recht zur Anwendung kommt. Das IPR enthält selber keine Regeln zum materiellen Recht, sondern dient nur dazu, die anzuwendende Rechtsordnung zu ermitteln. Es wird deshalb auch Kollisionsrecht genannt. Früher war das IPR zum größten Teil im EGBGB geregelt. Diese Regelungen wurden zu einem großen Teil durch EU-Verordnungen ersetzt:

■ Die Rom-I-Verordnung (Verordnung [EG] Nr. 593/2008) regelt, welches materielle Recht auf vertragliche Schuldverhältnisse anzuwenden ist.

■ Die Rom-II-Verordnung (Verordnung [EG] Nr. 864/2007) regelt, welches materielle Recht auf gesetzliche Schuldverhältnisse anzuwenden ist.

■ Die Rom-III-Verordnung (Verordnung [EU] Nr. 1259/2010) regelt, welches materielle Recht auf die Ehescheidung anzuwenden ist.

■ Die EUErbVO (Verordnung [EU] Nr. 650/2012) regelt, welches materielle Recht in Erbfällen anzuwenden ist.

Noch nicht geregelt ist das IPR des Gesellschaftsrechts. Hier stehen sich zwei Theorien gegenüber: Die Sitztheorie, nach der sich das materielle Gesellschaftsrecht nach dem Recht des Staates bestimmt, in dem die Gesellschaft ihren tatsächlichen Sitz hat (das ist in der Regel der Sitz der Hauptverwaltung) sowie die Gründungstheorie, nach der sich das materielle Gesellschaftsrecht nach dem Recht des Staates bestimmt, in dem die Gesellschaft ihren Satzungssitz hat. Zwischen den Mitgliedstaaten der EU gilt nach der

Rspr. des EuGH die Gründungstheorie.[25] Grund dafür ist die Niederlassungsfreiheit (Art. 49, 54 AEUV).

Tipp: Das IPR wird ergänzt durch das internationale Prozessrecht. Dieses bestimmt, die Gerichte welchen Staates in Sachverhalten zuständig sind, die eine Berührung zu mehreren Staaten aufweisen. Es legt dagegen nicht fest, welches konkrete Gericht sachlich, örtlich und funktional zuständig ist. Die sachliche, örtliche und funktionale Zuständigkeit bestimmt das Recht des Staates, dessen Gerichte durch das internationale Prozessrecht für zuständig erklärt wurden. Das internationale Prozessrecht ist heute in der EuGVVO (Verordnung [EU] Nr. 1215/2012) geregelt.

E. Prozessuales

Beweis: Wenn im Zivilprozess die entscheidungserheblichen Tatsachen zwischen den Parteien streitig sind, muss das Gericht Beweis darüber erheben, was sich tatsächlich zugetragen hat. Dabei unterscheidet man den Freibeweis und den Strengbeweis. Als Strengbeweis bezeichnet man die fünf in der ZPO näher geregelten Beweisarten. Das sind   **161**

- die Augenscheinnahme (§§ 371 ff. ZPO),

- der Zeugenbeweis (§§ 373 ff. ZPO),

- der Sachverständigenbeweis (§§ 402 ff. ZPO),

- der Urkundenbeweis (§§ 415 ff. ZPO) und

- die Parteivernehmung (§§ 445 ff. ZPO).

Der Begriff Freibeweis ist § 286 Abs. 1 ZPO entnommen. Danach hat das Gericht unter Berücksichtigung des gesamten Inhalts der Verhandlungen und des Ergebnisses einer etwaigen Beweisaufnahme nach freier Überzeugung zu entscheiden, ob eine tatsächliche Behauptung für wahr oder für nicht wahr zu erachten sei. § 286 Abs.1 ZPO meint damit aber die Würdigung der vorgenannten fünf Beweismittel des Strengbeweises durch das Gericht.

Im Rahmen des Freibeweises ist das Gericht an die fünf Beweismittel des Strengbeweises nicht gebunden. Deshalb kann im Rahmen des Freibeweises z.B. eine eidesstattliche Versicherung als Beweismittel herangezogen werden (nach § 294 Abs. 1 ZPO kann sie sonst nur zur Glaubhaftmachung dienen).[26] Der Freibeweis hat jedoch nur einen eingeschränkten Anwendungsbereich. Er gilt insbesondere im Rahmen der Feststellung von Sachurteilsvoraussetzungen sowie nach § 30 FamFG im Verfahren der freiwilligen Gerichtsbarkeit.

Notfrist: Eine Notfrist ist nach § 224 Abs. 1 ZPO eine Frist, die weder durch die Parteien noch durch das Gericht abgekürzt oder verlängert werden kann.   **162**

---

25 S. vor allem EuGH RÜ 1999, 221 (Centros); EuGH, Urt. v. 05.11.2002 0û Rs. C-208/00, (Überseering); EuGH, Urt. v. 30.09.2003 – Rs. C-167/01 (Inspire Art).

26 BGH NJW 1992, 627.

163 **Parteifähigkeit:** Die Parteifähigkeit ist die Fähigkeit, Partei eines Zivilprozesses (Kläger oder Beklagter) sein zu können. Sie ist nach § 50 Abs. 1 ZPO gegeben, wenn die Rechtsfähigkeit (Rn. 88) besteht.

164 **Postulationsfähigkeit:** Die Postulationsfähigkeit bezeichnet die Fähigkeit, vor bestimmten Gerichten wirksam Prozesshandlungen vornehmen zu können. Nach § 78 Abs. 1 ZPO ist jeder, der prozessfähig (Rn. 165) ist, vor den Amtsgerichten auch postulationsfähig. Bei einem Landgericht oder einem Oberlandesgericht ist insbesondere ein Rechtsanwalt postulationsfähig, unabhängig davon, wo er zugelassen ist. Bei dem BGH ist in Zivilsachen nach § 78 Abs. 1 S. 3 ZPO nur ein Rechtsanwalt postulationsfähig, der beim BGH zugelassen ist.

Tipp: Da nur wenige Rechtsanwälte beim BGH zugelassen werden, schränkt § 78 Abs. 1 S. 3 ZPO die Berufsausübung der Rechtsanwälte erheblich ein. Der Gesetzgeber rechtfertigt dies mit dem Erfordernis, eine ordnungsgemäße Rechtspflege zu gewährleisten. Das ist ein schwaches Argument, da vergleichbare Beschränkungen weder in BGH-Strafsachen, noch in einer der anderen Gerichtsbarkeiten und noch nicht einmal vor dem EuGH, dem EGMR oder dem BVerfG bestehen. Gleichwohl hält das BVerfG die Regelung bislang für mit Art. 12 Abs. 1 GG vereinbar.

165 **Prozessfähigkeit:** Die Prozessfähigkeit ist nach § 51 Abs. 1 ZPO die Fähigkeit, „vor Gericht zu stehen". Gemeint ist damit die Fähigkeit, selber wirksam Prozesshandlungen vornehmen zu können. Nach § 51 Abs. 1 ZPO bestimmt sich die Prozessfähigkeit nach bürgerlichem Recht. Daraus folgt, dass prozessfähig ist, wer geschäftsfähig ist. Nicht prozessfähige Personen (z.B. Minderjährige) müssen sich dementsprechend vertreten lassen.

166 **Prozessmaximen:** Prozessmaximen sind die Grundregeln, nach denen ein gerichtliches Verfahren geführt wird. Sie sind in den Verfahrensordnungen angedeutet und unterscheiden sich in den verschiedenen Gerichtsbarkeiten. Übergreifende Prozessmaximen sind der Anspruch auf rechtliches Gehör (Art. 47 GRCh, Art. 6 EMRK, Art. 103 Abs. 1 GG, s. auch § 356a StPO, § 152a VwGO, § 321a ZPO), und der Anspruch auf ein faires Verfahren (Art. 47 GRCh, Art. 6 EMRK, Art. 20 Abs. 3 GG). Im Zivilverfahren gibt es folgende weitere Prozessmaximen:

- Parteiverfahren (Dispositionsmaxime): Das Verfahren beginnt nur auf Antrag der Parteien (§§ 253 ff. ZPO), die auch über den Umfang (§ 308 ZPO) und die Beendigung des Verfahrens entscheiden können.

- Beibringungsgrundsatz: Die Parteien müssen die entscheidungserheblichen Tatsachen selber vortragen und gegebenenfalls beweisen (§ 138 ZPO). Sie sind dabei zur Wahrheit verpflichtet. Das Gegenstück ist der Amtsermittlungsgrundsatz, der beispielsweise im Straf- und Verwaltungsprozess gilt.

- Mündlichkeitsgrundsatz: Nach § 128 Abs. 1 ZPO verhandeln die Parteien über den Rechtsstreit vor dem erkennenden Gericht mündlich. Nur ausnahmsweise kann eine Entscheidung nach einem schriftlichen Verfahren ergehen, § 128 Abs. 2 ZPO.

- Unmittelbarkeitsgrundsatz: Das erkennende Gericht soll sich selber unmittelbar einen Eindruck von den Parteien, Beweisen und dem Streitgegenstand machen und auf dieser Grundlage entscheiden. Deshalb muss etwa die Beweisaufnahme grundsätzlich vor dem erkennenden Gericht erfolgen (§ 355 Abs. 1 S. 1 ZPO, Ausnahmen: §§ 361 ff. ZPO).

- Beschleunigungsgebot: Die Zivilgerichte wollen darauf hinwirken, dass der Prozess möglichst schnell beendet wird. Das zeigt sich etwa an der Möglichkeit, Fristen zu verkürzen (§ 224 Abs. 1 ZPO) oder auch an dem Versäumnisurteil (§§ 330 ff. ZPO). Dies dient nicht nur der Entlastung der Justiz, sondern soll die Parteien auch vor übermäßig langen Verfahren schützen.

Rechtskraft: Damit es nicht zu mehreren Verfahren über denselben Streitgegenstand (Rn. 168) kommt, erwachsen Urteile, die nicht mehr mit einem Rechtsbehelf oder einem Rechtsmittel angefochten werden können, in Rechtskraft (§§ 322, 705 ZPO). Die Rechtskraft führt dazu, dass ein neues Verfahren über denselben Streitgegenstand unzulässig ist. Urteile bleiben grundsätzlich auch dann rechtskräftig, wenn sie sich im Nachhinein als falsch herausstellen. Eine Durchbrechung der Rechtskraft kann nur im Wege der Restitutions- oder Nichtigkeitsklage nach den §§ 578 ff. ZPO herbeigeführt werden.   **167**

Streitgegenstand: Der Streitgegenstand ist das, worüber das erkennende Gericht entscheidet. Der Streitgegenstand bestimmt, in welchem Umfang die Rechtskraft (Rn. 167) eintritt. Nach dem heute herrschenden, dualistischen Streitgegenstandbegriff bestimmt sich der Streitgegenstand nach den Anträgen der Parteien (§ 308 ZPO) und dem tatsächlichen Lebenssachverhalt, auf den sie sich beziehen.   **168**

Versäumnisurteil: Das Versäumnisurteil ist in den §§ 330 ff. ZPO geregelt. Es handelt sich um einen Sonderfall des Urteils, das gegen eine säumige Partei ergeht. Ein Versäumnisurteil kann nach § 330 ZPO auf Antrag des Beklagten gegen den Kläger erlassen werden, wenn der Kläger nicht zur mündlichen Verhandlung erscheint; die Klage wird dann abgewiesen. Dem Nichterscheinen einer Partei in der mündlichen Verhandlung steht es nach § 333 ZPO gleich, wenn eine Partei zwar erscheint, aber nicht verhandelt. Erscheint der Beklagte nicht zur mündlichen Verhandlung, kann auf Antrag des Klägers nach § 331 Abs. 1 und 2 ZPO ein der Klage stattgebendes Versäumnisurteil erlassen werden. Ausreichend ist dafür aber nicht allein die Säumnis des Beklagten. Vielmehr hat dessen Säumnis nach § 331 Abs. 1 ZPO lediglich zur Folge, dass das tatsächliche mündliche Vorbringen des Klägers als zugestanden anzunehmen ist (mit Ausnahme bestimmter Zuständigkeiten des Gerichts, S. 2). Zu prüfen ist deshalb bei einem Versäumnisurteil, das gegen den Beklagten ergehen soll, ob   **169**

- die Sachurteilsvoraussetzungen vorliegen und

- die Klage schlüssig ist, der (nach § 331 Abs. 1 ZPO als zugestanden geltende) Tatsachenvortrag des Klägers den Klageantrag also rechtfertigt – soweit dies nicht der Fall ist, ist die Klage nach § 331 Abs. 2 ZPO abzuweisen.

Der Erlass eines Versäumnisurteils ist unzulässig, wenn ein Ausschlussgrund nach § 335 ZPO vorliegt oder die Entscheidung über den Erlass eines Versäumnisurteils nach § 337 ZPO von Amts wegen zu vertagen ist.

Ergeht ein Versäumnisurteil, steht der säumigen Partei als Rechtsbehelf der Einspruch nach § 338 ZPO zur Verfügung. Der Einspruch ist grundsätzlich binnen zwei Wochen

(Notfrist) ab dem Zeitpunkt der Zustellung des Versäumnisurteils zu erklären (§ 339 Abs. 1 ZPO). Der Einspruch muss durch eine Einspruchsschrift erklärt werden, die den Anforderungen des § 340 ZPO genügt. Ist der Einspruch zulässig (was das Gericht nach § 341 ZPO zu prüfen hat), wird der Prozess, soweit der Einspruch reicht, in die Lage zurückversetzt, in der er sich vor Eintritt der Versäumnis befand (§ 342 ZPO). Ist die Partei, die den Einspruch einlegt, auch in der daraufhin stattfindenden mündlichen Verhandlung säumig, ergeht ein zweites Versäumnisurteil, gegen das kein Einspruch mehr statthaft ist (§ 345 ZPO). Die durch die Säumnis verursachten Kosten sind der säumigen Partei nach § 344 ZPO auch dann aufzuerlegen, wenn das Versäumnisurteil infolge des Einspruchs geändert wird, die säumige Partei also (teilweise) obsiegt.

Tipp: *Hat der Beklagte entgegen § 276 Abs. 1 und 2 ZPO nicht rechtzeitig angezeigt, dass er sich gegen die Klage verteidigen wolle, kann ein Versäumnisurteil nach § 331 Abs. 3 ZPO auch ohne mündliche Verhandlung ergehen.*

Übersicht: Instanzenzug im zivilgerichtlichen Verfahren

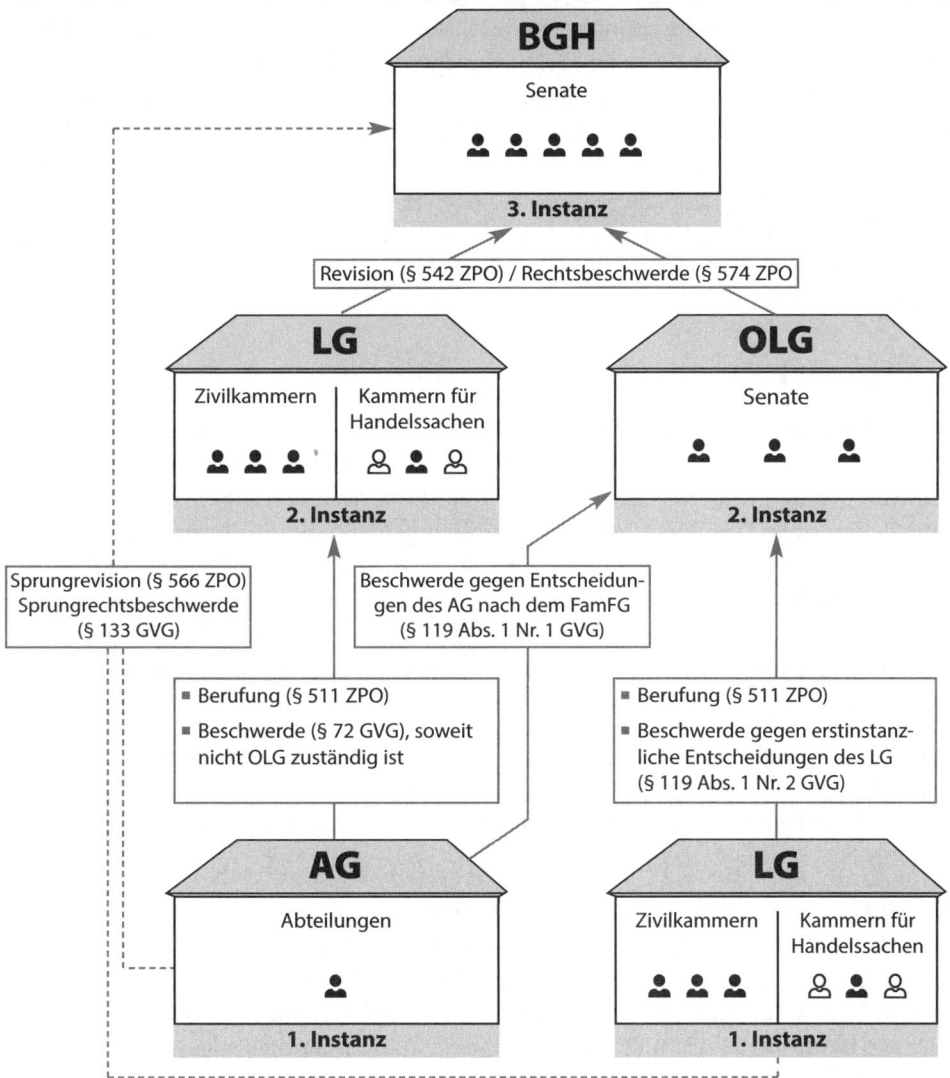

Legende: 👤 steht für Berufsrichter, 👥 steht für Handelsrichter.

- Grundsätzlich gibt es in bürgerlich-rechtlichen Streitigkeiten drei Instanzen. Über die Berufung ist eine erneute Tatsachenprüfung möglich.
- Erstinstanzlich sind grundsätzlich die Landgerichte zuständig (§ 72 GVG), soweit keine Sonderzuständigkeiten bestehen oder die Amtsgerichte zuständig sind. Eine erstinstanzliche Zuständigkeit der Amtsgerichte besteht bis zu einem Streitwert von 5.000 € sowie in bestimmten Sonderfällen (insbesondere Streitigkeiten aus einer Wohnraummiete), § 23 GVG.
- In Berlin heißt das OLG nicht Oberlandesgericht, sondern „Kammergericht". Das Hamburger OLG heißt offiziell „Hanseatisches Oberlandesgericht".
- In Bayern tritt neben die Oberlandesgerichte das Bayerische Oberste Landesgericht, das für die Revision in Rechtsstreitigkeiten zuständig ist, in denen im Wesentlichen bayerische Landesnormen entscheidungserheblich sind.

3. Teil: Wesentliches Prüfungswissen aus dem Strafrecht

171 Meistens beginnt auch die mündliche Prüfung im Strafrecht mit einem kleinen Sachverhalt, in dessen Rahmen die Grundlagen des Strafrechts sowie seine Bezüge zur Gesamtrechtsordnung abgefragt werden. Erfahrungsgemäß ist der allgemeine Teil des StGB dabei häufiger Prüfungsgegenstand als der besondere Teil des StGB mit seinen zahlreichen Spezialproblemen. Dementsprechend liegt auch der Schwerpunkt dieses Skripts auf dem Allgemeinen Teil, aus dem Besonderen Teil werden nur wenige „Klassiker" behandelt. Im Übrigen geben die Prüfungsprotokolle darüber Aufschluss, ob ein Prüfer ein „Lieblingsdelikt" hat, das dann natürlich in der Vorbereitung noch einmal vertieft werden sollte. Grundkenntnisse im Strafprozessrecht werden auch schon im ersten Staatsexamen erwartet.

A. Allgemeines

172 **Doppelbestrafungsverbot (*ne bis in idem*):** Das Doppelbestrafungsverbot besagt, dass niemand zweimal für dieselbe Tat angeklagt und/oder verurteilt werden darf. Nach der Rspr. des BVerfG gilt es auch schon für das Ermittlungsverfahren, sodass niemand wegen derselben Tat mehrfach Strafverfolgungsmaßnahmen ausgesetzt sein darf. Führt eine Anklage zu einem Freispruch, spricht man von „Strafklageverbrauch", weil eine erneute Anklage wegen derselben Tat nicht mehr möglich ist. Eine Wiederaufnahme des durch rechtskräftiges Urteil abgeschlossenen Verfahrens und damit eine Durchbrechung des Doppelbestrafungsverbots ist nur in den in §§ 359 ff. StPO geregelten Fällen möglich.

Tipp: *Das Doppelbestrafungsverbot war schon in der Antike bekannt und ist heute in Art. 103 Abs. 3 GG geregelt, folgt aber auch aus dem Rechtsstaatsprinzip (Art. 20 Abs. 3, 28 Abs. 1 S. 1 GG). Ferner findet es sich in Art. 50 EU-GRCh sowie im 7. Zusatzprotokoll zur EMRK.*

173 **Keine Strafe ohne Gesetz (*nulla poena sine lege*):** Das Gesetzlichkeitsprinzip besagt, dass das Verhalten eines Menschen nur als Straftat geahndet werden darf, wenn dies gesetzlich angeordnet ist. Das Gesetzlichkeitsprinzip verlangt, dass Strafen nur auf der Grundlage eines Gesetzes verhängt werden dürfen, das im Zeitpunkt der Begehung der Tat bereits in Kraft war (Rückwirkungsverbot) und welches das strafbare Verhalten hinreichend bestimmt bezeichnet. Außerdem folgt aus dem Gesetzlichkeitsprinzip das Verbot einer analogen Anwendung von Normen des materiellen Strafrechts, also von Straftatbeständen, soweit die Analogie die Strafbarkeit begründen oder das Strafmaß verschärfen würde. Für den Allgemeinen Teil des Strafrechts sowie Verfahrensvorschriften gilt das Analogieverbot nicht. Das Gesetzlichkeitsprinzip ist Teil des Rechtsstaatsprinzips (Art. 20 Abs. 3, 28 Abs. 1 S. 1 GG) und zudem in Art. 103 Abs. 2 GG und § 1 StGB ausdrücklich geregelt. Ferner findet es sich in Art. 49 Abs. 1 EU-GRCh und in Art. 7 EMRK.

Tipp: *Das Gesetzlichkeitsprinzip ist viel älter als die modernen Regelungen. Im deutschsprachigen Raum gilt Paul Johann Anselm von Feuerbach (Rn. 300) als erster Vertreter des Gesetzlichkeitsprinzips, der es in einem Lehrbuch von 1801 formulierte. Im Bayerischen Strafgesetzbuch von 1813 wurde es im deutschsprachigen Raum erstmals ausdrücklich geregelt.*

Das Gesetzlichkeitsprinzip wurde im nationalsozialistischen Deutschland massiv verletzt. Menschen wurden aufgrund der analogen Anwendung von Strafgesetzen oder aufgrund rückwirkender Gesetze verurteilt. Andererseits wurden führende Nationalsozialisten in den Nürnberger Prozessen für Kriegsverbrechen verurteilt, die zum Zeitpunkt ihrer Begehung so noch nicht gesetzlich verboten waren. Manche sehen auch darin einen Verstoß gegen das Gesetzlichkeitsprinzip („Siegerjustiz"), während andere darauf hinweisen, dass die Taten der Verurteilten offensichtlich gegen grundlegende Prinzipien des Völkerrechts verstießen. Art. 49 Abs. 2 EU-GRCh trägt dieser Diskussion ausdrücklich Rechnung.

Unschuldsvermutung (*in dubio pro reo*): Die Unschuldsvermutung besagt, dass derjenige, der verdächtigt wird, eine Straftat begangen zu haben, solange als unschuldig gilt, bis das Gegenteil bewiesen ist. Dies wirkt sich vor allem auf die Beweislastverteilung im Strafprozess aus: Nicht der Angeklagte muss beweisen, dass er unschuldig ist, sondern der Staat muss beweisen, dass der Angeklagte die Tat begangen hat. Im Zweifel ist der Angeklagte also freizusprechen. In Deutschland wird die Unschuldsvermutung heute aus dem Rechtsstaatsprinzip (Art. 20 Abs. 3, 28 Abs. 1 S. 1 GG) abgeleitet. Auf der Ebene der EU ist sie ausdrücklich in Art. 48 Abs. 1 EU-GRCh geregelt. Ferner findet sie sich in Art. 6 Abs. 2 EMRK.

174

Zweck von Strafe: Strafen können eine Tat nicht ungeschehen machen, sodass sich die Frage stellt, worin ihr Zweck besteht. Dies ist seit Jahrhunderten Gegenstand von Diskussionen. Die wichtigsten der daraus hervorgegangenen Strafzwecktheorien sind:

175

■ Vergeltungstheorie: Vertreter dieser Auffassung (u.a. *Immanuel Kant*) argumentieren, die Strafe sei Vergeltung für das verursachte Unrecht. Eine Variante dieser Strafzwecktheorie ist das Talionsprinzip, wonach sich das begangene Unrecht in der Form der Strafe wiederspiegeln muss („Auge um Auge, Zahn um Zahn").

■ Sühnetheorie: Vertreter dieser Auffassung argumentieren, durch die Strafe büße der Täter für das begangene Unrecht, erkenne dieses als Unrecht an und versöhne sich auf diese Weise wieder mit der Rechtsordnung.

■ Präventionstheorien: Anders als die Vertreter der Vergeltungs- und der Sühnetheorie stellen die Vertreter dieser Auffassung die gesellschaftliche Funktion von Strafe in den Mittelpunkt ihrer Überlegungen. Innerhalb dieser Auffassung wird weiter unterschieden zwischen Generalprävention und Spezialprävention. Diejenigen, die den Zweck von Strafe in der Generalprävention sehen (u.a. *Paul Johann Anselm von Feuerbach*, Rn. 300), argumentieren, durch Strafen werde das Vertrauen der Mitglieder einer Gesellschaft in die Rechtsordnung gestärkt (positive Prävention) und von Strafen gehe eine abschreckende Wirkung aus, die künftige Straftaten zu verhindern helfe (negative Prävention). Diejenigen, die den Zweck von Strafe in der Spezialprävention sehen (u.a. *Franz von Liszt*, Rn. 313), argumentieren, gerade der Täter werde durch die abschreckende Wirkung der Strafe von weiteren Straftaten abgehalten (negative Prävention), während er durch Resozialisierungsmaßnahmen wieder in die Gesellschaft und die Rechtsordnung integriert werden könne (positive Prävention).

Das BVerfG hat sich keiner bestimmten Strafzwecktheorie angeschlossen, sondern zieht die verschiedenen Sichtweisen gemeinsam als Grund für die Strafe und damit auch für ihre Rechtfertigung heran (manchmal als „Vereinigungstheorie" bezeichnet).[27]

---

27 BVerfGE 45, 187.

B. Allgemeiner Teil des StGB

176 **Actio libera in causa:** S. Schuld (Rn. 193).

177 **Anstiftung:** S. Täterschaft und Teilnahme (Rn. 195).

178 **Beihilfe:** S. Täterschaft und Teilnahme (Rn. 195).

179 **Deliktsarten:** Die in den Straftatbeständen unter Strafe gestellten Taten lassen sich nach der Art ihrer Begehung kategorisieren, wobei Kombinationen möglich sind. Unterschieden werden:

■ Erfolgsdelikt: Der Tatbestand eines Erfolgsdelikts setzt eine bestimmte Folge, einen „Erfolg" voraus, die bzw. den der Täter herbeiführt, z.B. die Tötung eines Menschen (§ 212 StGB). Eine Sonderform ist das erfolgsqualifizierte Delikt, das an eine besondere Folge der Tat ein höheres Strafmaß knüpft (z.B. § 227 StGB). Eine Besonderheit ist hier, dass der Täter bzgl. der besonderen Folge nur fahrlässig handeln muss (§ 18 StGB).

■ Tätigkeitsdelikt: Der Tatbestand eines Tätigkeitsdelikts stellt schon die bloße Handlung unter Strafe, auch wenn noch kein Erfolg eingetreten ist. Ein Beispiel ist die Trunkenheit im Verkehr (§ 316 StGB).

■ Unterlassungsdelikt: Der Tatbestand eines Unterlassungsdelikts knüpft die Strafbarkeit an die Nichtvornahme einer Handlung. Unterschieden werden echte und unechte Unterlassungsdelikte. Ein unechtes Unterlassungsdelikt ist jedes Delikt, das nach § 13 StGB auch durch Unterlassen verwirklicht werden kann. Echte Unterlassungsdelikte können dagegen nur durch Unterlassen verwirklicht werden. Ein typisches Beispiel ist die unterlassene Hilfeleistung (§ 323 StGB).

■ Unternehmensdelikt: Auch hier wird zwischen echten und unechten Unternehmensdelikten unterschieden. Bei den echten Unternehmensdelikten führt schon die Versuchshandlung zu einer Strafbarkeit wegen Vollendung. Ein Beispiel für ein echtes Unternehmensdelikt ist das Verschaffen falscher Ausweise (§ 275 Abs. 1 Nr. 1 StGB). Unechte Unternehmensdelikte sind Straftatbestände, bei denen die Tathandlung einer typischen Versuchshandlung entspricht, ohne dass dies aus dem Tatbestand ausdrücklich hervorgeht. Ein Beispiel ist die Begünstigung in Form des „Hilfe leisten" (§ 257 Abs. 1 StGB).

■ Dauerdelikte: Dauerdelikte zeichnen sich dadurch aus, dass der Tatbestand nicht nur das Herbeiführen eines Erfolgs, sondern auch das Aufrechterhalten eines rechtswidrigen Zustands umfasst. Ein Beispiel ist die Freiheitsberaubung (§ 239 StGB).

■ Sonderdelikt: Ein Sonderdelikt ist gegeben, wenn ein Straftatbestand nur von einem Täter verwirklicht werden kann, der über besondere persönliche Merkmale oder Eigenschaften verfügt. Wichtigstes Beispiel sind die Amtsdelikte nach den §§ 331 ff. StGB, die nur ein Amtsträger verwirklichen kann. Wenn sich besondere persönliche Merkmale oder Eigenschaften strafschärfend auswirken, spricht man von einem unechten Sonderdelikt (z.B. Strafvereitelung im Amt, § 258a StGB). Sind neben dem Täter weitere Personen an einem Sonderdelikt beteiligt, ist § 28 StGB zu beachten.

■ Eigenhändiges Delikt: Bei eigenhändigen Delikten kann der Straftatbestand nur durch den Täter selbst verwirklicht werden, Mittäterschaft und mittelbare Täterschaft sind nicht möglich, wohl aber eine Anstiftung oder eine Beihilfe. Beispiele für eigenhändige Delikte sind der Meineid (§ 154 StGB) oder der Vollrausch (§ 323a StGB).

Dreistufiger Deliktsaufbau: Im heutigen deutschen Strafrecht setzen die Straftatbestände voraus, dass der (objektive und subjektive) Tatbestand erfüllt ist, dass der Täter rechtswidrig und schuldhaft handelt. Dieser dreistufige Deliktsaufbau wird vorausgesetzt durch § 11 Abs. 1 Nr. 5 StGB, der zwischen Tatbestand und Rechtswidrigkeit unterscheidet, sowie durch §§ 17, 19, 29 StGB, welche die Schuld als eigenständige Voraussetzung der Strafbarkeit hervorheben. Gleichwohl gibt es Auffassungen im Schrifttum, die für einen zweistufigen Deliktsaufbau plädieren (so insbesondere die „Lehre von den negativen Tatbestandsmerkmalen"). **180**

Erlaubnisirrtum: S. Irrtumslehre (Rn. 184). **181**

Erlaubnistatbestandsirrtum: S. Irrtumslehre (Rn. 184). **182**

Fahrlässigkeit: Ein Straftatbestand kann nur dann fahrlässig verwirklicht werden, wenn dies im Gesetz ausdrücklich angeordnet ist (§ 15 StGB). Eine fahrlässige Anstiftung oder Beihilfe ist nicht möglich, umstritten ist dagegen, ob es eine fahrlässige Mittäterschaft geben kann. Das StGB definiert den Begriff der Fahrlässigkeit nicht. Allgemein wird darunter aber das Außerachtlassen der im Verkehr gebotenen Sorgfalt verstanden. Anders als der vorsätzlich handelnde Täter will der fahrlässig handelnde Täter nicht, dass der Taterfolg eintritt. Problematisch ist dabei die Abgrenzung der bewussten Fahrlässigkeit vom Eventualvorsatz (Rn. 200). Die Fahrlässigkeit bringt Änderungen im Prüfungsaufbau mit sich: Im Rahmen des objektiven Tatbestands tritt an die Stelle des subjektiven Tatbestands die Frage, ob das Verhalten des Täters objektiv sorgfaltswidrig war und ob das Eintreten des Taterfolgs objektiv vorhersehbar war. Im Rahmen der Schuld ist danach zu fragen, ob das Verhalten des Täters auch subjektiv sorgfaltswidrig und der Taterfolg subjektiv vorhersehbar waren. **183**

Irrtumslehre: Die strafrechtliche Irrtumslehre befasst sich mit den Fehlvorstellungen (Irrtümern), denen ein Täter während der Tatbegehung unterliegen kann und beschreibt die sich daraus ergebenden Rechtsfolgen. Manche Irrtümer sind ausdrücklich gesetzlich geregelt, andere durch Rspr. und Lit. entwickelt worden. Die wichtigsten Irrtümer und ihre Rechtsfolgen sind (s. zur Vertiefung das AS-Skript Strafrecht AT 2 [2018]): **184**

■ Tatbestandsirrtum: Der Tatbestandsirrtum ist in § 16 StGB geregelt. Der Täter irrt über tatsächliche Voraussetzungen und erkennt deshalb nicht, dass er einen Straftatbestand verwirklicht (Abs. 1) bzw. glaubt, einen milderen als den verwirklichten Tatbestand zu verwirklichen (Abs. 2). Beispiel: Jäger J glaubt, auf ein Wildschwein zu schießen, schießt aber tatsächlich auf Wanderer W. Der Tatbestandsirrtum hat zur Folge, dass der Täter nicht wegen vorsätzlicher Begehung des Tatbestands bestraft werden kann, sondern allenfalls wegen fahrlässiger Begehung.

■ Verbotsirrtum: Der Verbotsirrtum ist in § 17 StGB geregelt. Der Täter glaubt, sein Verhalten sei nicht verboten. Der Verbotsirrtum ist regelmäßig unbeachtlich, weil von jedermann erwartet werden muss, die wesentlichen Regeln der Rechtsordnung laienmäßig zu erfassen. Nur wenn der Verbotsirrtum ausnahmsweise unvermeidbar war, führt er zum Ausschluss der Schuld. An die Vermeidbarkeit stellt die Rspr. hohe Anforderungen, gegebenenfalls muss der Täter qualifizierten Rechtsrat einholen (dies wird im Bereich der Wirtschaftskriminalität praktisch relevant). War der Irrtum vermeidbar, kann die Strafe aber nach § 49 Abs. 1 StGB gemildert werden.

■ Erlaubnisirrtum: Der Erlaubnisirrtum ist nicht ausdrücklich im Gesetz geregelt, wird aber dem § 17 StGB subsumiert. Der Täter stellt sich hier einen Rechtfertigungsgrund vor, der überhaupt nicht existiert oder verkennt die Grenzen eines tatsächlich existierenden Rechtfertigungsgrunds. Beispiel: Täter T verspürt großen Hunger und stiehlt deshalb Obst aus der Auslage des Obsthändlers O, in der irrigen Annahme, dies sei als „Mundraub" erlaubt.

■ Erlaubnistatbestandsirrtum: Der Erlaubnistatbestandsirrtum ist gesetzlich nicht geregelt, seine Rechtsfolgen sind umstritten. Der Täter irrt hier über Tatsachen, die, wenn die Vorstellung des Täters richtig wäre, dazu führen würden, dass dem Täter ein Rechtfertigungsgrund zur Seite steht, der sein Verhalten rechtfertigen würde. Beispiel: Im Fußballstadion nähert sich der betrunkene Fan F dem ihm unbekannten Täter T, um ihn aus Freude über den Sieg der Mannschaft, die F und T unterstützen, zu umarmen. T glaubt jedoch, F wolle ihn angreifen und streckt ihn mit der Faust nieder. Wäre die Vorstellung des T richtig, wäre sein Verhalten nach § 32 StGB gerechtfertigt. Welche Rechtsfolgen der Erlaubnistatbestandsirrtum hat, ist umstritten. Eine Ansicht („strenge Schuldtheorie") will ihn dem § 17 StGB subsumieren. Dagegen spricht, dass eine Fehlvorstellung über Tatsachen eher dem Tatbestandsirrtum nach § 16 StGB ähnelt als dem Verbotsirrtum. Andere Ansichten subsumieren den Erlaubnistatbestandsirrtum dem § 16 StGB („Lehre von den negativen Tatbestandsmerkmalen") bzw. wenden diesen analog an („Vorsatzunrecht-verneinende, eingeschränkte Schuldtheorie"). Dagegen spricht, dass der Täter weiß, dass er einen Straftatbestand verwirklicht und dass er sich lediglich über die Rechtswidrigkeit seines Verhaltens irrt. Zudem hat eine Anwendung des § 16 StGB zur Folge, dass der Vorsatz entfällt und eine Teilnahme (Anstiftung oder Beihilfe) nicht mehr möglich ist. Die wohl überwiegende Ansicht („Rechtsfolgenverweisende, vorsatzschuld-verneinende, eingeschränkte Schuldtheorie") lässt deshalb nur den Vorsatzschuldvorwurf entfallen: Der Täter handelt vorsätzlich und rechtswidrig, aber ohne Schuld. Dadurch bleibt die Möglichkeit der Teilnahme erhalten.

Tipp: Stellt der Täter sich Tatsachen vor, die, wenn die Vorstellung des Täters zutreffen würde, zu einer Strafbarkeit führen würden („umgekehrter Tatbestandsirrtum"), kommt eine Strafbarkeit wegen eines untauglichen Versuchs in Betracht (Beispiel: Jäger J schießt auf ein Wildschwein, glaubt aber, den ihm verhassten Tierfreund T vor der Flinte zu haben.). Geht der Täter irrig davon aus, sein Verhalten sei strafbar (Beispiel: Ehemann E glaubt irrig, er mache sich strafbar, wenn er seine Frau betrügt.), handelt es sich um ein strafloses Wahndelikt.

185 **Kausalität:** Damit bei einem Erfolgsdelikt (Rn. 179) der eingetretene Erfolg dem Täter zugerechnet werden kann, muss zwischen seiner Handlung und dem Erfolg ein Kausalzusammenhang bestehen. Eine Handlung ist kausal für den eingetretenen Erfolg, wenn die Handlung nicht hinweggedacht werden kann, ohne dass der Erfolg in seiner konkre-

ten Gestalt entfiele (sog. Conditio-sine-qua-non-Formel). Diese Definition muss in Fällen modifiziert werden, in denen mehrere Verursachungsbeiträge alternativ zum Erfolg führen, weil jeder von ihnen für sich hinweggedacht werden kann, ohne dass der Erfolg entfiele (der jeweils andere Verursachungsbeitrag würde weiterhin zum Erfolg führen), sodass keiner von ihnen kausal wäre. In diesen Fällen ist eine Handlung deshalb kausal für den Erfolg in seiner konkreten Gestalt, wenn die Verursachungsbeiträge zwar alternativ, nicht aber kumulativ hinweggedacht werden können, ohne dass der Erfolg entfiele.

Tipp: Die Conditio-sine-qua-non-Formel führt zu einer sehr weiten Zurechnung, weil z.B. der Großvater des Mörders kausal für den Tod des Opfers sein kann, indem er den Vater oder die Mutter des Mörders zeugte. Die Zurechnung nach der Conditio-sine-qua-non-Formel wird deshalb durch die Lehre von der objektiven Zurechnung (Rn. 189) eingeschränkt.

Konkurrenzen: Im Strafrecht bestimmen die Regeln über die Konkurrenzen, wie sich mehrere, durch denselben Täter verwirklichte Delikte im Rahmen der Strafzumessung zueinander verhalten. Die Konkurrenzregeln finden sich in den §§ 52 ff. StGB. Grundlegend ist die Unterscheidung zwischen Tateinheit (§ 52 StGB, auch Idealkonkurrenz genannt) und Tatmehrheit (§ 53 StGB, auch Realkonkurrenz genannt). Tateinheit liegt vor, wenn dieselbe Handlung mehrere Straftatbestände oder denselben Straftatbestand mehrmals verwirklicht. Tatmehrheit liegt vor, wenn der Täter durch mehrere Handlungen mehrere Straftatbestände verwirklicht. Für den Täter ist die Tateinheit in der Regel günstiger, weil sich die Strafe nach dem Strafmaß des schwersten verwirklichten Straftatbestands bestimmt (§ 52 Abs. 2 StGB). Bei der Tatmehrheit wird dagegen eine Gesamtstrafe gebildet, die in der Regel durch Erhöhung des Strafmaßes des schwersten verwirklichten Straftatbestands gebildet wird (§ 53 Abs. 1 S. 2 StGB). **186**

Tipp: Die Konkurrenzen sind eine beliebte Prüfungsmaterie und sollten deshalb in der Vorbereitung auf die mündliche Prüfung unbedingt vertieft behandelt werden, zumal sie in der Vorbereitung auf die Klausuren meistens eher stiefmütterlich behandelt werden. Zur Vorbereitung bietet sich das AS-Skript Strafrecht AT 2 (2018) an.

Beispiel (Tateinheit): Täter T sticht mit Körperverletzungsvorsatz mit einem Messer auf Opfer O ein, verletzt dieses schwer und beschädigt dabei dessen Kleidung. Hier läge wegen der Identität der Ausführungshandlung Tateinheit vor, doch würde die Sachbeschädigung (§ 303 StGB) durch die gefährliche Körperverletzung (§§ 223, 224 Abs. 1 Nr. 2 StGB) „konsumiert".

Beispiel (Tatmehrheit): Täter T schlägt Opfer O nieder, entreißt ihm die Handtasche und flieht. Einige Stunden später stiehlt T ein parkendes Auto. Hier liegt ein Fall von Tatmehrheit vor. Die Gesamtstrafe wird durch Erhöhung des Strafmaßes des Raubes als sog. Einsatzstrafe (§ 249 StGB) gebildet.

Mittäterschaft: S. Täterschaft und Teilnahme (Rn. 195). **187**

Mittelbare Täterschaft: S. Täterschaft und Teilnahme (Rn. 195). **188**

Objektive Zurechnung: Im objektiven Tatbestand tritt neben die Kausalität (Rn. 185) nach überwiegender Ansicht in der Lit. (streitig) die Lehre von der objektiven Zurechnung. Die Rspr. hat die Lehre von der objektiven Zurechnung nicht übernommen, wendet aber ähnliche Regeln an. Die Lehre von der objektiven Zurechnung hat den Zweck, die sehr weite Zurechnung nach der Conditio-sine-qua-non-Formel (Rn. 185) einzuschränken. Ein Erfolg wird dem Täter danach in bestimmten Fällen nicht zugerechnet, obwohl sein Verhalten kausal für den Eintritt des Erfolges in seiner konkreten Gestalt **189**

war. In der Lit. anerkannte Fallgruppen einer solchen Einschränkung sind (s. zur Vertiefung das AS-Skript Strafrecht AT 1 [2018]):

- **Risikoverminderung:** Reduziert der Täter die Gefahr für das Opfer, ist ihm der Erfolg nicht zuzurechnen. Beispiel: Täter T weiß, dass ein Dritter das Opfer O erschießen wird, wenn es das Haus verlässt. Deshalb fesselt T den O, um ihn am Verlassen des Hauses zu hindern.

- **Sozialadäquates Verhalten/erlaubtes Risiko:** Dem Täter wird ein Erfolg nicht zugerechnet, wenn sein Verhalten sozialadäquat war, das mit ihm verbundene Risiko also erlaubt war. Überredet Enkel E beispielsweise seine Großmutter G zu einer Flugreise, auf der das Flugzeug infolge eines technischen Defekts abstürzt, wird E dies nicht zugerechnet, weil er keine „unerlaubte" Gefahr gesetzt hat – selbst dann nicht, wenn E auf einen Absturz gehofft hatte.

- **Eigenverantwortliche Selbstgefährdung:** Bringt das Opfer sich in Kenntnis aller maßgeblichen Umstände in Gefahr und realisiert sich diese, wird dies dem Täter nicht zugerechnet, auch wenn er mitursächlich für die Gefahr war. Bei Kindern, dementen Personen oder Menschen, die unter Drogeneinfluss stehen, kann es an der notwendigen Einsichtsfähigkeit fehlen.

- **Schutzzweck der Norm:** Dem Täter wird ein Erfolg nicht zugerechnet, wenn sein Verhalten zwar sorgfalts- bzw. rechtswidrig war, der Erfolg in seiner konkreten Gestalt aber nicht vom Schutzzweck der verletzten Norm umfasst ist. Beispiel: Täter T überfährt eine rote Ampel. Eine halbe Stunde später fährt er den unachtsamen Rentner R an, obwohl T zu diesem Zeitpunkt sämtliche Verkehrsregeln beachtet. Hätte T an der roten Ampel gehalten, wäre er nicht mit R zusammengetroffen. Der Erfolg wird T jedenfalls nicht wegen seines früheren Rechtsverstoßes (Überfahren der roten Ampel) zugerechnet, weil das Verbot, rote Ampeln zu überfahren, nicht verhindern soll, dass erheblich später an anderer Stelle niemand überfahren wird.

- **Rechtmäßiges Alternativverhalten** (gilt nur bei der Fahrlässigkeitstat als Zurechnungsausschluss): Dem Täter wird ein Erfolg auch dann nicht zugerechnet, wenn der Erfolg selbst dann eingetreten wäre, wenn er sich nicht rechts- bzw. sorgfaltswidrig verhalten hätte. Beispiel: Täter T fährt Rentner R an, weil er zu schnell unterwegs ist. Hätte T sich an die Geschwindigkeitsbegrenzung gehalten, hätte er R aber ebenfalls angefahren.

- **Atypischer Kausalverlauf:** Dem Täter wird auch ein Erfolg nicht zugerechnet, der durch einen ganz atypischen, nicht vorhersehbaren Kausalverlauf verursacht wurde. Beispiel: Täter T schlägt Opfer O im Wald nieder, O ist bewusstlos, aber nur leicht verletzt. Anschließend zieht ein Sturm auf und ein Blitz schlägt in einen Baum ein. Der Baum stürzt um, wodurch eine Herde Wildschweine aufgescheucht wird, die in Richtung des noch immer bewusstlosen O flieht und diesen lebensgefährlich verletzt. O erliegt diesen Verletzungen im Krankenhaus. Das Verhalten des T war hier zwar kausal für den Tod des O, aber der weitere Kausalverlauf war so ungewöhnlich, dass er T nicht zugerechnet werden kann.

- **Eigenverantwortliches Dazwischentreten eines Dritten:** Schließlich wird dem Täter auch ein Erfolg nicht zugerechnet, der auf das eigenverantwortliche Verhalten eines

Dritten zurückzuführen ist, selbst wenn das Verhalten des Täters dafür mitursächlich war. Beispiel: A, B und C bilden eine Räuberbande. Eines Tages schlägt A den B im Streit nieder, B ist bewusstlos, aber nur leicht verletzt. A geht in eine Kneipe. C hegt schon lange einen Groll gegen den viel stärkeren B und sieht seine Chance gekommen: Er erschlägt den noch immer bewusstlosen B. Obwohl A hier kausal für den Tod des B ist (C hätte diesen nicht alleine töten können), setzt C eigenverantwortlich einen neuen Kausalverlauf, sodass A der Tod des B nicht zugerechnet wird.

Qualifikation: Eine Qualifikation ist ein eigener Straftatbestand (anders als ein Regelbeispiel, Rn. 192), der an die Verwirklichung eines Grundtatbestands anknüpft, aber im Vergleich zu diesem zusätzliche Tatbestandsmerkmale enthält. Qualifikationen führen in der Regel zu einem erhöhten Strafrahmen. Ein Beispiel für eine Qualifikation ist die gefährliche Körperverletzung (§ 224 StGB), deren Grundtatbestand die einfache Körperverletzung (§ 223 StGB) ist.   **190**

Tipp: Gerade in einer mündlichen Prüfung bietet es sich in der Regel an, erst den Grundtatbestand zu prüfen und für die Prüfung der Qualifikation anschließend neu anzusetzen. Im Rahmen der Prüfung der Qualifikation kann dann auf die Prüfung des Grundtatbestands verwiesen werden. Manche Prüfer bevorzugen es allerdings, wenn Grundtatbestand und Qualifikation „in einem Rutsch" geprüft werden. Darüber sollten die Prüfungsprotokolle vorher Aufschluss geben.

Rechtswidrigkeit: Die Rechtswidrigkeit ist ein Element des dreistufigen Deliktsaufbaus (Rn. 180) und Voraussetzung der Strafbarkeit. Die Rechtswidrigkeit ist gegeben, wenn das Verhalten des Täters im Widerspruch zu der Rechtsordnung steht; die Tatbestandsverwirklichung indiziert die Rechtswidrigkeit. Ein tatbestandsmäßiges Verhalten ist aber nicht rechtswidrig, wenn dem Täter ein Rechtfertigungsgrund zur Seite steht. Rechtfertigungsgründe finden sich im StGB, können aber auch aus anderen Normen der Gesamtrechtsordnung stammen. Wichtige Rechtfertigungsgründe sind (s. zur Vertiefung das AS-Skript Strafrecht AT 1 [2018]):   **191**

- Einwilligung (Wirksamkeit problematisch bei Kindern, dementen Personen etc.), ein Einverständnis ist dagegen kein Rechtfertigungsgrund, sondern schließt schon die Tatbestandsmäßigkeit aus.

- Notwehr (§ 32 StGB und § 227 BGB),

- rechtfertigender Notstand (§ 34 StGB),

- Defensivnotstand (§ 227 StGB),

- Aggressivnotstand (§ 904 BGB),

- rechtfertigende Pflichtenkollision (bei Unterlassungsdelikten),

Tipp: Von manchen Autoren wird die Auffassung vertreten, die rechtfertigende Wirkung entfalle, wenn der Täter den Rechtfertigungsgrund gezielt herbeiführe, etwa die Notwehrlage provoziere. Mit der Rechtsfigur der actio illicita in causa soll die rechtfertigende Wirkung verwehrt werden. Die herrschende Lehre lehnt dies ab, auch der BGH folgt dieser Ansicht nicht.[28]

---

28 BGH RÜ 2001, 78. Der BGH hält allerdings eine Strafbarkeit wegen fahrlässiger Tatbegehung für möglich.

192 **Regelbeispiel:** Regelbeispiele wirken sich auf die Strafzumessung aus, sind aber keine eigenen Tatbestände, im Gegensatz zu Qualifikationen (Rn. 190). Ist ein Regelbeispiel verwirklicht, muss der Richter besonders begründen, weshalb er unterhalb des angeordneten Strafrahmens bleiben will. Ist es nicht verwirklicht, muss der Richter besonders begründen, weshalb er in den Strafrahmen des Regelbeispiels „aufsteigen" möchte. Zusätzlich gibt es unbenannte schwere Fälle, wie ein Regelbeispiel zu bestrafen sind. Regelbeispiele finden sich etwa in § 243 Abs. 1 S. 2 StGB (besonders schwerer Fall des Diebstahls).

Tipp: Da Regelbeispiele keine eigenen Straftatbestände sind, werden sie im Rahmen der Prüfung des einschlägigen Delikts und dort am besten nach der Schuld geprüft.

193 **Schuld:** Die Schuld ist ein Element des dreistufigen Deliktsaufbaus (Rn. 180) und Voraussetzung der Strafbarkeit. Die Schuld ist gegeben, wenn dem Täter sein rechtswidriges Verhalten persönlich zum Vorwurf gemacht werden kann, weil er das Unrecht der Tat einsehen konnte (vgl. § 21 StGB). Das ist der Fall, wenn der Täter schuldfähig ist und wenn ihm zudem keine Entschuldigungsgründe zur Seite stehen. An der Schuldfähigkeit fehlt es bei Kindern vor Vollendung des vierzehnten Lebensjahrs (§ 19 StGB) sowie bei Personen, die an bestimmten Krankheiten oder „seelischen Störungen" (z.B. Vollrausch, s. aber § 323a StGB) leiden (§ 20 StGB). Die Schuldunfähigkeit kann aus denselben Gründen vermindert sein, was eine Reduzierung des Strafmaßes zur Folge hat (§ 21 StGB). Ist der Täter schuldfähig, handelt er dennoch ohne Schuld, wenn ihm ein Entschuldigungsgrund zur Seite steht. Wichtige Entschuldigungsgründe sind (s. zur Vertiefung das AS-Skript Strafrecht AT 1 [2018]):

■ Unvermeidbarer Verbotsirrtum (§ 17 StGB),

■ Erlaubnistatbestandsirrtum (str., lässt nach h.M. den Vorsatzschuldvorwurf entfallen),

■ Notwehrüberschreitung (§ 33 StGB),

■ entschuldigender Notstand (§ 35 StGB),

■ entschuldigende Pflichtenkollision.

Im Zusammenhang mit der Schuld stellt sich die Frage, wie Situationen zu lösen sind, in denen sich der Täter (meistens durch Alkohol oder andere Drogen) selber in einen Zustand der Schuldunfähigkeit (§ 20 StGB) versetzt und in diesem Zustand eine Straftat begeht. Nach überwiegender Ansicht greift jedenfalls dann, wenn der Täter sich vorsätzlich in den Zustand der Schuldunfähigkeit versetzt und er schon in diesem Zeitpunkt den Vorsatz hat, die später begangene Straftat auszuführen, die sog. *actio libera in causa* (sehr str. bei bloßer Fahrlässigkeit hinsichtlich eines dieser Bezugspunkte). Nach dieser Rechtsfigur kann der Täter trotz seiner Schuldunfähigkeit bestraft werden. Die Begründungen variieren: Zum Teil wird dies mit einer Ausnahme von dem Koinzidenzprinzip (§ 8 StGB, s. auch Rn. 200) begründet, zum Teil wird das „Sich-Berauschen" als Teil des Tatbestands angesehen. Die letztgenannte Ansicht sieht in dem „Sich-Berauschen" bereits das unmittelbare Ansetzen (Rn. 199) zur Tat. Dagegen spricht, dass das „Sich-Berauschen" nichts mit z.B. dem späteren Totschlag zu tun hat. Eine weitere Auffassung sieht in der *actio libera in causa* einen Fall der mittelbaren Täterschaft (Rn. 195). Der berauschte Täter ist danach das Werkzeug seines nicht berauschten *alter ego*. Gegen diese

Auffassung wird eingewandt, dass sie den Wortlaut des § 25 Abs. 1 Alt. 2 StGB missachte ("durch einen anderen"). Ein Teil des Schrifttums hält die *actio libera in causa* schließlich generell für unvereinbar mit dem Gesetzlichkeitsprinzip, es bleibe nur eine Strafbarkeit nach § 323a StGB (Vollrausch). Die Rspr. erkennt die *actio libera in causa* grundsätzlich an, lässt die Begründung dafür aber dahinstehen. Abgelehnt hat der BGH die *actio libera in causa* allerdings bei eigenhändigen und nicht verhaltensgebundenen Delikten (Rn. 179).[29]

Strafmündigkeit: Strafmündigkeit ist die Fähigkeit eines Menschen, strafrechtlich zur Verantwortung gezogen zu werden. Nach § 19 StGB tritt die Strafmündigkeit mit der Vollendung des vierzehnten Lebensjahres ein, zuvor gilt das Kind als nicht schuldfähig. Nach § 10 StGB sind auf Straftaten, die von Jugendlichen und Heranwachsenden begangen werden, die Vorschriften des Jugendgerichtsgesetzes aber vorrangig anzuwenden. Heranwachsende sind nach § 1 Abs. 2 JGG auch noch die 18- bis 20-jährigen, also Personen, die zivilrechtlich bereits volljährig sind. **194**

Täterschaft und Teilnahme: Täterschaft und Teilnahme sind die beiden grundlegenden Formen der Beteiligung an einer Straftat (s. zur Vertiefung das AS-Skript Strafrecht AT 2 [2018]). Beteiligen mehrere sich an einer Straftat, wird jeder von ihnen nach § 29 StGB nur nach seiner Schuld bestraft. § 28 StGB regelt, wie sich besondere persönliche Merkmale auf die Strafbarkeit der Beteiligten auswirken. **195**

Die Täterschaft ist in den Formen der Alleintäterschaft (§ 25 Abs. 1 Alt. 1 StGB), der mittelbaren Täterschaft (§ 25 Abs. 1 Alt. 2 StGB) und der Mittäterschaft (§ 25 Abs. 2 StGB) möglich:

- Der Alleintäter führt die Tat selber aus und handelt dabei allein. Wenn zwei Täter unabhängig voneinander dasselbe Rechtsgut angreifen, spricht man von Nebentäterschaft. Beide Nebentäter sind dann Alleintäter (Beispiel: A und B schießen unabhängig voneinander auf C.).

- Der mittelbare Täter führt die Tat "durch einen anderen" aus. Der Gesetzgeber hat dabei den Fall vor Augen, dass der Täter sich eines Dritten als "Werkzeug" bzw. "Tatmittler" bedient, der die Tat unmittelbar ausführt. Normalerweise würde dies dazu führen, dass nur (bei Alleintäterschaft) oder zumindest auch (bei Mittäterschaft) der unmittelbar Handelnde sich als Täter strafbar machen würde. In den Fällen der mittelbaren Täterschaft fehlt es aber in der Regel an der Strafbarkeit des Dritten, weil dieser z.B. nicht vorsätzlich handelt oder weil seine Tat gerechtfertigt ist oder er nicht schuldfähig ist. Beispiel: Jäger J sagt zu seinem Jagdfreund D, hinter dem Busch befinde sich ein Wildschein, obwohl er weiß, dass dort in Wahrheit sein verhasster Konkurrent K auf Beute lauert. Gutgläubig erschießt D den K. D handelt nicht vorsätzlich und kann nach § 16 StGB allenfalls wegen fahrlässiger Tötung belangt werden. J macht sich hingegen nach §§ 212, 25 Abs. 1 Alt. 2 StGB wegen Totschlags (ggf. auch Mordes) in mittelbarer Täterschaft schuldig. In zwei Fallgruppen hat die Rspr. eine mittelbare Täterschaft ausnahmsweise auch dann bejaht, wenn der Dritte (das Werkzeug) selber voll verantwortlich für die Tat war (Figur des "Täters hinter dem Täter").

---

29 BGHSt 42, 235.

Die erste Fallgruppe betrifft organisierte Machstrukturen, wie sie beispielsweise in mafiösen Organisationen oder in staatlichen Unrechtsregimen (Nationalsozialismus, DDR) vorkommen.[30] Die zweite Fallgruppe betrifft den Tatmittler, der sich in einem vermeidbaren Verbotsirrtum (§ 17 StGB) befindet.[31]

■ **Mittäterschaft** liegt vor, wenn die Täter die Tat „gemeinschaftlich" begehen. Dazu muss jeder Täter einen Tatbeitrag leisten und es muss ein gemeinsamer Tatplan existieren. Umstritten ist, wie die Mittäterschaft von der Teilnahme – insbesondere der Beihilfe – abzugrenzen ist. Nach Teilen der Lit. ist für die Mittäterschaft erforderlich, dass der Täter über (objektive) „Tatherrschaft" verfügt, also das Ob und Wie der Tat steuern kann. Die Rspr. stellt dagegen auf den (subjektiven) „Täterwillen" ab. Da der Täterwille nach der Rspr. die Tatherrschaft indiziert, stimmen beide Ansichten im Ergebnis meistens überein, zudem nähert sich die jüngere Rspr. inhaltlich immer mehr der Tatherrschaftslehre an.[32]

Die **Teilnahme** begegnet in den Formen der Anstiftung (§ 26 StGB) und der Beihilfe (§ 27 StGB). Beide Formen der Teilnahme setzen eine vorsätzliche, rechtswidrige Haupttat voraus. Außerdem können beide Formen der Teilnahme nur vorsätzlich begangen werden, es gibt weder eine fahrlässige Anstiftung noch ein fahrlässige Beihilfe. Da auch die Teilnahme an einer Straftat eine vorsätzliche, rechtswidrige Haupttat ist, ist eine vorsätzliche Teilnahme an einer Teilnahme (Anstiftung oder Beihilfe zur Anstiftung oder Beihilfe) möglich, sie wird als Teilnahme an der Haupttat bestraft. Die versuchte Anstiftung kann nach § 30 Abs. 1 StGB strafbar sein (zum Rücktritt vgl. § 31 StGB), die versuchte Beihilfe ist nicht strafbar. Dagegen ist die Teilnahme an einem Versuch (Rn. 199) eines anderen strafbar. Die Teilnahme wird am besten geprüft, nachdem sämtliche in Betracht kommenden Straftaten des Täters geprüft worden sind. Im Rahmen des subjektiven Tatbestands ist neben dem Vorsatz bezüglich der Haupttat auch der Vorsatz bezüglich der Teilnahme festzustellen („doppelter Teilnehmervorsatz").

Bei der Anstiftung ist umstritten, was der Anstifter konkret unternehmen muss, um den Täter zu seiner Tat zu „bestimmen". Nach überwiegender Ansicht genügt es, dass der Anstifter den Täter irgendwie zu der Tat motiviert, also seinen Tatentschluss hervorgerufen hat. Das ist nicht mehr möglich, wenn der Täter bereits zu der Tat entschlossen ist (*omnimodo facturus*). Möglich ist aber eine Anstiftung in Form der Aufstiftung (Anstiftung zur Begehung einer schwereren Straftat). Eine Abstiftung (Anstiftung zur Begehung einer weniger schweren Straftat) kann dagegen als Risikoverringerung straffrei sein (Rn. 189). Schließlich ist fraglich, ob ein (z.B. polizeilicher) Lockspitzel (*agent provocateur*) wegen Anstiftung bestraft werden kann, wenn er den Täter nur zu einer Tat überredet, um dadurch dessen Verurteilung zu ermöglichen. Richtigerweise fehlt es dem *agent provocateur* am doppelten Teilnehmervorsatz, wenn er nicht will, dass die Tat vollendet wird, sondern er lediglich wünscht, dass der Täter einen Versuch unternimmt. Schwerwiegende rechtsstaatswidrige Tatprovokationen können ausnahmsweise sogar zur Straflosigkeit des Angestifteten führen.

---

30 S. etwa BGH RÜ 2015, 305.
31 BGH RÜ 2000, 153 – Mitglieder des DDR-Politbüros.
32 BGHSt 35, 347 – Katzenkönig.

Nach § 30 Abs. 2 StGB macht sich strafbar, wer sich bereit erklärt, wer das Erbieten eines anderen annimmt oder wer mit einem anderen verabredet, ein Verbrechen zu begehen oder zu ihm anzustiften.

Tipp: § 30 Abs. 2 StGB wird Duchesne-Paragraph genannt. Duchesne-Poncelet war ein belgischer Staatsbürger, der 1874 vergeblich versuchte, den damaligen Erzbischof von Paris dazu anzustiften, eine Belohnung für die Ermordung Otto von Bismarcks auszusetzen.

Unterlassen: Ein Erfolgsdelikt kann nach § 13 StGB unter bestimmten Voraussetzungen auch durch Unterlassen begangen werden, man spricht dann von einem unechten Unterlassungsdelikt (Rn. 179). Voraussetzung dafür ist erstens, dass der Täter rechtlich dafür einzustehen hat („Garant" ist), dass der Erfolg nicht eintritt, und dass zweitens das Unterlassen der Verwirklichung des gesetzlichen Tatbestandes durch ein Tun entspricht (s. zur Vertiefung das AS-Skript Strafrecht AT 2 [2018]). 196

Eine Garantenstellung kann sich aus einer ausdrücklichen Regelung (z.B. in einem Gesetz), freiwilliger Übernahme (z.B. in einem Vertrag) oder aus einem vorangegangenen, sorgfaltswidrigen Verhalten ergeben („Ingerenz"). Eine enge persönliche oder familiäre Nähebeziehung führt natürlich auch zu einer Garantenstellung. Nach der Art der Garantenpflicht lässt sich unterscheiden zwischen Beschützergaranten (die ein bestimmtes Rechtsgut vor Gefahren schützen müssen) und Überwachergaranten (die eine bestimmte Gefahrenquelle überwachen müssen, z.B. ihren gefährlichen Hund). Unechte Unterlassungsdelikte unterscheiden sich im Prüfungsaufbau deutlich von Erfolgsdelikten, die durch aktives Handeln verwirklicht werden. Im objektiven Tatbestand müssen die Garantenstellung und die Möglichkeit der Erfolgsabwendung zusätzlich geprüft werden. Ferner wird die Kausalitätsprüfung durch eine Prüfung der hypothetischen Kausalität ersetzt, bei der zu fragen ist, ob der Erfolg mit an Sicherheit grenzender Wahrscheinlichkeit entfallen wäre, wenn der Täter die ihm mögliche Rettungshandlung vorgenommen hätte. Im Rahmen der Schuld ist zusätzlich zu prüfen, ob dem Täter die Rettungshandlung auch individuell zumutbar war. Das kann vor allem bei Pflichtenkollisionen auszuschließen sein. Beispiel: Der Täter kann nur eines von zwei Opfern retten.

Tipp: Begibt der Täter, der Garant ist, sich vorsätzlich in eine Situation, in der es ihm unmöglich ist, die rettende Handlung vorzunehmen, wollen manche den Täter gleichwohl mittels der Rechtsfigur der omissio libera in causa bestrafen, die in Anlehnung an die actio libera in causa entwickelt wurde (str.).

Verbotsirrtum: S. Irrtumslehre (Rn. 184). 197

Verbrechen und Vergehen: Verbrechen sind rechtswidrige Taten, die im Mindestmaß mit Freiheitsstrafe von einem Jahr oder darüber bedroht sind. Vergehen sind rechtswidrige Taten, die im Mindestmaß mit einer geringeren Freiheitsstrafe oder die mit Geldstrafe bedroht sind, § 12 Abs. 1 und 2 StGB. 198

Versuch: Der Versuch, einen Straftatbestand zu verwirklichen, ist nach § 23 Abs. 1 StGB bei einem Verbrechen (Rn. 198) stets strafbar, ansonsten nur dann, wenn das Gesetz es ausdrücklich bestimmt (s. zur Vertiefung das AS-Skript Strafrecht AT 2 [2018]). Ein wichtiger Unterschied zum vollendeten Delikt besteht darin, dass der Täter nach § 24 StGB durch einen Rücktritt Straffreiheit erlangen kann. Die Strafbarkeit des Versuchs begrün- 199 det die überwiegende Ansicht damit, dass der Täter schon durch den Versuch seine rechtsfeindliche Gesinnung zum Ausdruck bringe und dadurch die Rechtsordnung „erschüttert". Die Voraussetzungen eines Versuchs sind:

■ Tatentschluss: Da der Täter den Tatbestand einer Strafnorm nicht (voll) verwirklicht, tritt an seine Stelle bei der Prüfung der Versuchsstrafbarkeit die Frage, ob der Täter den Tatentschluss hatte, den Tatbestand zu verwirklichen. Der Tatentschluss muss die objektiven Tatumstände vollständig umfassen, zudem müssen alle Elemente des subjektiven Tatbestands vorliegen.

■ Versuchsbeginn: Nach § 22 StGB beginnt der Versuch zudem erst dann, wenn der Täter nach seiner Vorstellung von der Tat zur Verwirklichung des Tatbestandes unmittelbar ansetzt. Nach allgemeiner Ansicht ausreichend ist es, wenn der Täter schon einen Teil des objektiven Tatbestands verwirklicht hat. Ist dies nicht der Fall, reicht es aus, wenn der Täter nach seiner subjektiven Vorstellung zur Tatausführung schreitet („Jetzt geht's los") und wenn bei ungestörtem Geschehensablauf ohne wesentliche weitere Handlungen des Täters der tatbestandliche Erfolg eintreten wird.

Solange das Delikt nicht vollendet ist, kann der Täter nach § 24 StGB von dem Versuch zurücktreten und dadurch Straffreiheit erlangen. Die Voraussetzungen des Rücktritts sind:

■ Kein Fehlschlag: Ein Rücktritt scheidet aus, wenn der Versuch fehlgeschlagen ist, weil der Täter das Geschehen dann nicht mehr in der Hand hat. Der Versuch ist fehlgeschlagen, wenn der Täter mit den ihm zur Verfügung stehenden Mitteln den Erfolg nicht mehr ohne zeitliche Zäsur herbeiführen kann. Stehen dem Täter mehrere Mittel zur Verfügung, ist nach überwiegender Ansicht eine Gesamtbetrachtung anzustellen, ein Fehlschlag also erst gegeben, wenn alle zur Verfügung stehenden Mittel erschöpft sind.

■ Beendeter oder unbeendeter Versuch: Ist der noch nicht fehlgeschlagene Versuch unbeendet, muss der Alleintäter lediglich die weitere Ausführung der Tat aufgeben (§ 24 Abs. 1 Alt. 1 StGB). Ist der Versuch beendet, muss er die Vollendung verhindern (§ 24 Abs. 1 Alt. 2 StGB). Abweichende Anforderungen gelten nach § 24 Abs. 2 StGB bei der Beteiligung mehrerer. Maßgeblich ist für die Frage der Beendigung die Vorstellung des Täters: Der Versuch ist beendet, wenn er nach seiner Vorstellung alles Erforderliche getan hat, um den Taterfolg herbeizuführen. Anderenfalls ist der Versuch unbeendet.

■ Freiwilligkeit: Der Täter soll durch den Rücktritt nur privilegiert werden, wenn er freiwillig zurücktritt. Daran fehlt es, wenn der Täter durch äußere Umstände gezwungen wird, von der Vollendung abzusehen. Maßgeblich ist dabei nach überwiegender Ansicht die subjektive Sicht des Täters.

200 **Vorsatz:** Der Vorsatz ist Teil des subjektiven Tatbestands und begründet das Handlungsunrecht. Zugleich ist er im Rahmen der Schuld Träger des Vorsatzschuldvorwurfs. Der Vorsatz ist abzugrenzen von der Fahrlässigkeit, denn grundsätzlich ist nur die vorsätzliche Verwirklichung eines Straftatbestands strafbar (§ 15 StGB). Allgemein wird der Vorsatz definiert als das Wissen und Wollen der Tatbestandsverwirklichung. Daneben wird zwischen folgenden Graden des Vorsatzes unterschieden:

- Absicht (*dolus directus* ersten Grades): Der Täter handelt absichtlich, wenn er den Erfolg bewusst herbeiführt und dieser sein Hauptziel ist.

- Wissentlichkeit (*dolus directus* zweiten Grades): Der Täter handelt wissentlich, wenn er den Erfolg bewusst herbeiführt, dieser aber nicht sein Hauptziel, sondern notwendiges Zwischenstadium auf dem Weg zu dem Hauptziel ist.

- Eventualvorsatz/bedingter Vorsatz (*dolus eventualis*):

Problematisch ist die Abgrenzung des Eventualvorsatzes von der bewussten Fahrlässigkeit. Im Wesentlichen werden dazu drei Ansichten vertreten (mit Differenzierungen im Detail, s. zur Vertiefung das AS-Skript Strafrecht AT 1 [2018]): Nach den „voluntativen Theorien" ist der Wille entscheidend, den Erfolg herbeizuführen. Fehlt es daran, liegt nur Fahrlässigkeit vor. Nach den „kognitiven Theorien" ist dagegen das Wissen entscheidend, dass der Taterfolg eintreten könnte. Hält der Täter es für überwiegend wahrscheinlich, dass der Erfolg eintritt, handelt er danach vorsätzlich. Die Rspr. kombiniert beide Ansätze und fragt, ob der Täter den Erfolg für möglich gehalten und ihn billigend in Kauf genommen hat.

Aus § 16 StGB folgt, dass der Vorsatz sich auf sämtliche Tatbestandsmerkmale beziehen muss. Umstritten ist, ob der Vorsatz darüber hinaus dahingehend individualisiert sein muss, dass der Täter ein bestimmtes Ziel anvisiert. Diese Frage wirkt sich aus, wenn der Täter ein anderes Ziel als das eigentlich anvisierte trifft (*aberratio ictus*):

- Nach allgemeiner Ansicht ist eine *aberratio ictus* beachtlich, wenn der Täter durch die Abweichung des tatsächlichen Kausalverlaufs vom Gewollten einen anderen Tatbestand verwirklicht. Beispiel: Jäger J schießt auf den Hund seines Konkurrenten K, trifft aber den Wanderer W, der plötzlich aus dem Gebüsch hervortritt. Hier liegt eine versuchte Sachbeschädigung (§ 303 StGB) bzgl. des Hundes vor und gegebenenfalls eine fahrlässige Tötung bzgl. des W.

- Umstritten ist dagegen, wie der Fall zu behandeln ist, dass der Täter zwar ein anderes, aber gleichwertiges Ziel trifft. Beispiel: Jäger J schießt auf seinen Konkurrenten K, trifft aber Wanderer W, der gerade aus dem Gebüsch hervortritt. Zum Teil wird die *aberratio ictus* in diesem Fall als unbeachtlicher *error in persona* (Rn. 184) eingestuft, weil der Vorsatz nur auf das Rechtsgut „Leben eines Menschen" gerichtet zu sein brauche, nicht auf das Leben gerade des K. Eine andere Ansicht behandelt die *aberratio ictus* als Irrtum über den Kausalverlauf und hält sie für beachtlich, wenn die Abweichung nicht vorherzusehen war. Die überwiegende Ansicht hält die *aberratio ictus* auch hier für beachtlich und nimmt eine versuchte vorsätzliche Tötung bzgl. K sowie ggf. eine fahrlässige Tötung bzgl. W an.

Maßgeblicher Zeitpunkt für das Vorliegen des Vorsatzes ist grundsätzlich der Zeitpunkt der Handlung (§ 8 StGB), das ist das sog. Koinzidenzprinzip (zur *actio libera in causa* s. Rn. 176, 193). Deshalb ist es nicht ausreichend, wenn der Täter vor der erfolgsherbeiführenden Handlung (*dolus antecedens*) oder nach Erfolgseintritt (*dolus subsequens*) oder irgendwann während der Tatbestandverwirklichung (*dolus generalis*) den Vorsatz hat, den Erfolg herbeizuführen.

C. Besonderer Teil des StGB

201 **Betrug:** Der Grundtatbestand des Betrugs ist in § 263 Abs. 1 StGB geregelt. Mit Freiheitsstrafe bis zu fünf Jahren oder mit Geldstrafe wird danach bestraft, wer in der Absicht, sich oder einem Dritten einen rechtswidrigen Vermögensvorteil zu verschaffen, das Vermögen eines anderen dadurch beschädigt, dass er durch Vorspiegelung falscher oder durch Entstellung oder Unterdrückung wahrer Tatsachen einen Irrtum erregt oder unterhält. Der Versuch ist nach Abs. 2 strafbewehrt. § 263 Abs. 5 StGB enthält eine Qualifikation (Banden- und gewerbsmäßiger Betrug). § 263 Abs. 3 StGB enthält eine Strafzumessungsregel, die bei Verwirklichung eines der darin genannten Regelbeispiele (besonders schwere Fälle des Betrugs) eine Freiheitsstrafe von sechs Monaten bis zu zehn Jahren vorsieht. Der Grundtatbestand des Betrugs wird wie folgt geprüft:

- Objektiver Tatbestand

  - Täuschung: Der Betrugtatbestand setzt zunächst eine Täuschung voraus. Täuschung ist die ausdrückliche oder konkludente Behauptung einer unwahren Tatsache gegenüber einem anderen. Tatbestandsmäßig ist auch die garantenpflichtwidrige Nichtbeseitigung eines Irrtums über eine Tatsache. Prüfungsreihenfolge: 1. Ausdrückliche Täuschung, 2. Konkludente Täuschung, 3. Täuschung durch Unterlassen (Garantenpflicht?). Tatsachen sind alle Geschehnisse und Zustände der Gegenwart oder der Vergangenheit, welche die Außenwelt oder innere (psychische) Vorgänge betreffen und dem Beweis zugänglich sind. Meinungsäußerungen und Werturteile sind keine Tatsachen, sie können aber einen (unwahren) Tatsachenkern enthalten. Eine Behauptung ist unwahr, wenn ihr Inhalt mit der Realität nicht übereinstimmt.

  - Irrtum: Ein Irrtum ist jede unrichtige Vorstellung über Tatsachen, die Gegenstand der Täuschung waren. Ein Irrtum liegt auch dann vor, wenn der Getäuschte die Unwahrheit für möglich hält, er jedoch trotz seiner Zweifel zu einer Vermögensverfügung motiviert wird. Ausreichend ist, dass das Opfer davon ausgeht, es sei alles ordnungsgemäß, auch wenn es sich darüber keine weiteren Gedanken macht („sachgedankliches Mitbewusstsein"). Nicht ausreichend sind dagegen Gleichgültigkeit oder Nichtwissen ohne Fehlvorstellung (*ignorantia facti*).

  - Vermögensverfügung: Eine Vermögensverfügung ist jedes aktive Handeln, Dulden oder Unterlassen, das unmittelbar zu einer tatsächlichen oder wirtschaftlichen Minderung des Vermögens des Getäuschten oder eines Dritten, auf dessen Vermögen der Getäuschte zugreifen kann, führt. Erforderlich ist, dass durch die Vermögensverfügung unmittelbar ein Vermögensabfluss herbeigeführt wird. Es genügt nicht, dass der Täter erst durch weitere Tathandlungen den Vermögensabfluss herbeiführt. Andererseits liegt ein Vermögensabfluss nicht erst dann vor, wenn der Gegenstand endgültig aus dem Vermögen des Geschädigten ausscheidet. Vielmehr reicht es, wenn eine konkrete Gefährdung des Vermögens eingetreten ist („schadensgleiche Vermögensgefährdung").

    Tipp: Im Rahmen der Vermögensverfügung ist auf den Vermögensbegriff des § 263 StGB einzugehen, der umstritten ist. Heute stehen sich im Kern zwei Auffassungen ge-

genüber: Der ökonomische Vermögensbegriff und der juristisch-ökonomische Vermögensbegriff. Der ökonomische Vermögensbegriff zählt zum Vermögen jeden geldwerten Gegenstand eines Rechtssubjekts, der zum Wirtschaftsverkehr gehört. Der juristisch-ökonomische Vermögensbegriff schränkt dies dahingehend ein, dass nur von der Rechtsordnung nicht missbilligte Vermögenspositionen geschützt werden. Praktisch wirkt sich dies etwa bei nichtigen „Forderungen" aus, die mangels rechtlicher Anerkennung zivilrechtlich nicht durchsetzbar sind.

■ Der Getäuschte und der Verfügende müssen für die Verwirklichung des Tatbestands identisch sein, die Person des Geschädigten kann jedoch abweichen. Eine Vermögensverfügung ist deshalb in Zweipersonenverhältnissen oder in Dreipersonenverhältnissen denkbar: Verfügt der Getäuschte über sein eigenes Vermögen, ist er zugleich der Geschädigte. Verfügt er über das Vermögen eines Dritten, liegt ein Fall des Dreiecksbetrugs vor.

Tipp: Damit von einer Verfügung die Rede sein kann, muss der Getäuschte im Rahmen des Dreiecksbetrugs auf das Vermögen des Geschädigten zugreifen können. Jedenfalls ausreichend ist dazu nach allgemeiner Ansicht die rechtliche Befugnis, etwa aufgrund gesetzlicher, organschaftlicher oder rechtsgeschäftlicher Vertretungsbefugnis oder aufgrund staatlicher Verfügungsgewalt. Streitig ist, welcher Grad an Nähebeziehung jenseits dieser Fälle erforderlich ist, um eine Vermögensverfügung zu bejahen. Nach einer Ansicht muss in jedem Fall eine rechtliche Grundlage für die Verfügung bestehen. Fehle es an dieser, scheide ein Dreiecksbetrug aus, in Betracht komme nur ein Diebstahl in Mittäterschaft oder mittelbarer Täterschaft. Die überwiegende Ansicht lässt es dagegen ausreichen, dass der Verfügende im Lager des Geschädigten steht. Die bloße faktische Zugriffsmöglichkeit auf das Vermögen genüge zwar nicht, eine rechtliche Befugnis zu der Verfügung sei aber auch nicht erforderlich. Es genüge eine allgemeine Vermögensobhut des Verfügenden.

Tipp: Die Vermögensverfügung grenzt den Betrug von dem Diebstahl ab, beide stehen nach h.M. in einem Exklusivitätsverhältnis zueinander. So ist die für den Diebstahl erforderliche „Wegnahme" einer Sache nicht denkbar, wenn der Gewahrsamsinhaber sie willentlich weggibt. Wohl kommt in diesem Fall aber eine Vermögensverfügung und damit ein Betrug in Betracht. Entscheidend ist in Zweipersonenverhältnissen, ob das Opfer dem Gewahrsamswechsel willentlich zustimmt und dabei subjektiv davon ausgeht, irrtumsfrei entscheiden zu können. In Dreipersonenverhältnissen kommt ein Dreiecksbetrug oder ein Diebstahl in Mittäterschaft oder mittelbarer Täterschaft in Betracht. Entscheidend für die Abgrenzung ist hier, ob das Handeln des Verfügenden dem Geschädigten zuzurechnen ist (s. oben: nach h.M. Lagertheorie) und ob der Verfügende bösgläubig ist (dann potentiell Diebstahl) oder nicht (dann potentiell Betrug).

■ Vermögensschaden: Weiteres objektives Tatbestandsmerkmal des Betrugs ist der Vermögensschaden. Dieser liegt vor, wenn das Vermögen durch die Vermögensverfügung nach objektiv-individuellen Kriterien unmittelbar geschmälert wurde, dem Vermögensabfluss also kein entsprechender Vermögenszufluss gegenüberstand. Das ist bei einer einseitigen Leistung in der Regel zu bejahen, bei Austauschverhältnissen ist zu fragen, ob die Gegenleistung ein hinreichendes wirtschaftliches Äquivalent darstellt, das den Vermögensabfluss ausgleicht. Selbst wenn dies objektiv der Fall sein sollte, kann ein Betrug sich nach h.M. aufgrund von individuellen Bedürfnissen und Verhältnissen des Opfers ergeben („individueller Schadenseinschlag"). Das soll insbesondere der Fall sein, wenn der mit der Vermögensverfügung verfolgte Zweck verfehlt wird (Beispiel: Spendenbetrug), das Opfer zu schädigenden Folgemaßnahmen gezwungen wird oder ihm infolge des Austauschgeschäfts die Mittel zu einer angemessenen Lebensführung fehlen.

- Kausalzusammenhang: Zwischen allen objektiven Tatbestandsmerkmalen muss ein Kausalzusammenhang bestehen. Die Täuschung muss zu dem Irrtum führen, der zu der Vermögensverfügung motiviert, die zu dem Schaden führt.

- Subjektiver Tatbestand

  - Vorsatz (Rn. 200) bzgl. aller objektiven Tatbestandsmerkmale.

  - Bereicherungsabsicht: Der Täter muss in der Absicht handeln, sich oder einen Dritten (!) rechtswidrig zu bereichern. Das ist der Fall, wenn es dem Täter auf eine wirtschaftliche Besserstellung seiner selbst oder eines Dritten zumindest als Zwischenziel ankommt. Nach h.M. muss der angestrebte Vermögensvorteil zudem stoffgleich mit dem Schaden sein, das heißt, beide müssen auf derselben Verfügung beruhen und zulasten des geschädigten Vermögens gehen.

  - Rechtswidrigkeit der erstrebten Bereicherung: Der Tatbestand des § 263 Abs. 1 StGB setzt voraus, dass der Täter sich einen „rechtswidrigen Vermögensvorteil" verschafft. Dabei handelt es sich nach h.M. um ein Tatbestandsmerkmal, das neben der allgemeinen Rechtswidrigkeit zu prüfen ist. Der Vermögensvorteil ist rechtswidrig, wenn der Täter keinen Anspruch auf den Vermögensvorteil hat. Nach h.M. entfällt die Rechtswidrigkeit der Bereicherung auch dann, wenn der Täter sich auf einen Erlaubnissatz stützen kann, etwa eine Einwilligung (nicht: Einverständnis) des Berechtigten.

  - Vorsatz bzgl. der Rechtswidrigkeit der erstrebten Bereicherung: Er entfällt nach h.M., wenn der Täter sich Umstände vorstellt, bei deren Vorliegen er einen Anspruch auf den Vermögensvorteil hätte.

- Rechtswidrigkeit: Keine Besonderheiten.

- Schuld: Keine Besonderheiten.

- Besonders schwerer Fall (Absatz 3): § 263 Abs. 3 StGB enthält eine Strafzumessungsregel, die bei Verwirklichung eines der darin genannten Regelbeispiele (besonders schwere Fälle des Betrugs) eine Freiheitsstrafe von sechs Monaten bis zu zehn Jahren vorsieht. Zur Technik der Regelbeispiele s. auch Rn. 192. Ein „Vermögensverlust großen Ausmaßes" nach § 263 Abs. 3 S. 2 Nr. 2 StGB ist ab ca. EUR 50.000,- zu bejahen. Eine „große Zahl von Menschen" setzt nach einer Ansicht mindestens zwanzig, nach anderer Ansicht sogar mindestens fünfzig Betroffene voraus.

- Strafantrag: § 263 Abs. 4 StGB erklärt den Betrug unter bestimmten Voraussetzungen zum Antragsdelikt und verweist dazu insbesondere auf § 247 StGB (Haus- und Familiendiebstahl) und § 248a StGB (Diebstahl geringwertiger Sachen). S. dazu jeweils Rn. 202.

Tipp: *Weil im Rahmen des Betrugs der Geschädigte nicht mit dem Getäuschten/Verfügenden identisch zu sein braucht, sollte in der Prüfung einleitend klargestellt werden, durch welche Handlung welche Peron getäuscht worden sein könnte und zu wessen Lasten („A könnte den B durch falsche Angaben zu einer Vermögensverfügung zum Nachteil des C veranlasst und dadurch den Betrugstatbestand verwirklicht haben.")*

Diebstahl: Der Grundtatbestand des Diebstahls ist in § 242 StGB geregelt. Danach wird   **202** mit Freiheitsstrafe bis zu fünf Jahren oder mit Geldstrafe bestraft, wer eine fremde bewegliche Sache einem anderen in der Absicht wegnimmt, die Sache sich oder einem Dritten rechtswidrig zuzueignen. Der Versuch ist nach Absatz 2 strafbar. Die §§ 244, 244a StGB enthalten Qualifikationen des Grundtatbestands. § 243 StGB ist eine Strafzumessungsregel, die bei Verwirklichung eines der darin genannten Regelbeispiele (besonders schwere Fälle des Diebstahls) eine Freiheitsstrafe von drei Monaten bis zu zehn Jahren vorsieht. Der Grundtatbestand umfasst folgende Prüfungsschritte:

- Objektiver Tatbestand

  - Fremde bewegliche Sache: Tatobjekt des Diebstahls können nur Sachen sein. Es gilt der Sachbegriff des § 90 BGB: Gegenstand des Diebstahls können somit körperliche Gegenstände (Tiere eingeschlossen, § 90a S. 3 BGB) sein. Diese müssen beweglich sein, wobei genügt, dass die Beweglichkeit erst durch die Tat herbeigeführt wird (Beispiel: Der Dieb baut einen Heizkörper aus und entwendet ihn. Bis zum Ausbau ist der Heizkörper wesentlicher Bestandteil des Gebäudes [§ 94 BGB] und damit eine unbewegliche Sache). Die Sache ist fremd, wenn sie nicht herrenlos ist und nicht im Alleineigentum des Täters steht. Maßgeblich ist auch insoweit die zivilrechtliche Rechtslage.

  - Wegnahme: Wegnahme ist der Bruch fremden und die Begründung neuen, nicht notwendig tätereigenen Gewahrsams. Gewahrsam ist die tatsächliche Herrschaft über eine Sache. Innerhalb einer fremden Gewahrsamssphäre bleibt der Gewahrsam an mitgeführten Sachen erhalten („Gewahrsamsenklave", z.B. mitgebrachte Einkaufstasche im Supermarkt). Auf die Rechtmäßigkeit des Gewahrsams kommt es nicht an, auch der Dieb kann deshalb bestohlen werden. Der Gewahrsam ist nicht identisch mit dem zivilrechtlichen Besitz, so haben der mittelbare Besitzer (§ 868 BGB) und der Erbenbesitzer (§ 857 BGB) keinen Gewahrsam im Sinne des Strafrechts. Die Wegnahme setzt voraus, dass fremder Gewahrsam bestand, neuer Gewahrsam begründet wird und dass der Gewahrsamswechsel ohne den Willen des vorherigen Gewahrsamsinhabers erfolgt (sonst wird der Gewahrsam nicht „gebrochen"). Das tatsächliche Einverständnis (nicht: Einwilligung) des Gewahrsamsinhabers lässt den Tatbestand entfallen. Für die Vollendung der Tat ist erforderlich, dass der Täter mit der Sache ungehindert durch den vorherigen Gewahrsamsinhaber verfahren kann, eine bloße „Gewahrsamslockerung", bei der der bisherige Gewahrsamsinhaber die Sache in seinem räumlichen Herrschaftsbereich für eine kurze Zeit einem anderen überlässt (z.B. wenn Kleidung im Geschäft zur Anprobe überlassen wird) genügt nicht. Dass der Täter bei der Ausführung der Tat beobachtet wird, steht der Wegnahme nicht entgegen (Merksatz: „Diebstahl ist kein heimliches Delikt.").

- Subjektiver Tatbestand

  - Vorsatz: Vorsatz (Rn. 200) bzgl. der objektiven Tatbestandmerkmale.

  - Zueignungsabsicht: Die Zueignungsabsicht umfasst (1.) die Absicht (*dolus directus* ersten Grades), zumindest vorübergehend die Verfügungsmacht über die Sache zu erlangen bzw. sie einem Dritten zu verschaffen (Aneignungsabsicht) und (2.) den Vorsatz (mindestens *dolus eventualis*), die Sache dem Eigentümer dauerhaft zu entziehen (Enteignungsvorsatz). Fehlt es an der Aneignungsabsicht, kommt „nur" eine Strafbarkeit wegen Sachentziehung in Betracht (z.B. § 303 StGB). Fehlt es an dem Enteignungsvorsatz, liegt eine Gebrauchsanmaßung vor, die nur ausnahmsweise strafbewehrt ist (z.B. § 248b StGB). Sonderfragen ergeben sich, wenn es dem Täter nicht um die Sache an sich, sondern um den in ihr verkörperten Wert geht (s. dazu das AS-Skript Strafrecht BT 1 [2018]).

  - Rechtswidrigkeit der Zueignung: Der Tatbestand des § 242 Abs. 1 StGB setzt die Absicht „rechtswidriger" Zueignung voraus. Dabei handelt es sich nach h.M. um ein Tatbestandsmerkmal, das neben der allgemeinen Rechtswidrigkeit zu prüfen ist. Die Zueignung ist rechtswidrig, wenn sie im Widerspruch zu der (zivilrechtlichen) Eigentumsordnung steht. Die Rechtswidrigkeit der Zueignung entfällt nach h.M., wenn der Täter einen Speziesanspruch auf Übereignung der konkreten Sache hat. Anderes gilt bei einer Gattungsschuld, weil der Gattungsschuldner ein Auswahlrecht hat, da er nach § 243 Abs. 1 BGB nur eine Sache mittlerer Art und Güte zu leisten hat. Nach h.M. entfällt die Rechtswidrigkeit der Zueignung auch dann, wenn der Täter sich auf einen Erlaubnissatz stützen kann, etwa eine Einwilligung (nicht: Einverständnis) des Berechtigten.

  - Vorsatz bzgl. der Rechtswidrigkeit der Zueignung: Er entfällt nach h.M., wenn der Täter sich Umstände vorstellt, die den Widerspruch zur Eigentumsordnung aufheben.

- Rechtswidrigkeit der Wegnahme: Keine Besonderheiten.

- Schuld: Keine Besonderheiten.

- Besonders schwerer Fall (§ 243 StGB): § 243 StGB enthält eine Strafzumessungsregel, die bei Verwirklichung eines der darin genannten Regelbeispiele (besonders schwere Fälle des Diebstahls) eine Freiheitsstrafe von drei Monaten bis zu zehn Jahren vorsieht. Für das erkennende Gericht sind die Regelbeispiele insofern bindend, als ein Gericht bei Verwirklichung eines der genannten Regelbeispiele den erhöhten Strafrahmen anwenden muss, wenn nicht besondere Gründe vorliegen, die eine Behandlung der Tat wie einen „normalen" Diebstahl (mit entsprechend geringerem Strafrahmen) rechtfertigen. Umgekehrt darf ein Gericht den erhöhten Strafrahmen des § 243 StGB bei Nichtvorliegen eines Regelbeispiels nur anwenden, wenn eine Gesamtwürdigung der Tat zu dem Ergebnis führt, dass sie als besonders schwerer Fall des Diebstahls zu behandeln ist. Anerkannt ist dies z.B. für den Diebstahl einer Sache mit elektronischem Sicherungsetikett (mangels physischen Schutzes vor Wegnahme stellt ein solches Etikett keine besondere Sicherung gegen Wegnahme i.S.d. § 243 Abs. 1 Nr. 2 StGB dar).

- Strafantrag: Nach § 247 StGB (Haus- und Familiendiebstahl) und § 248a StGB (Diebstahl geringwertiger Sachen) wird der Diebstahl nur auf Antrag verfolgt. Geringwertigkeit i.S.d. § 248a StGB wird bei einem Wert der Sache von bis zu EUR 50 angenommen. Der Antrag ist Strafverfolgungsvoraussetzung.

Körperverletzung: Die Körperverletzungsdelikte sind in den §§ 223 ff. StGB geregelt. **203**
§ 223 Abs. 1 StGB enthält den Grundtatbestand. Wer eine andere Person körperlich misshandelt oder an der Gesundheit schädigt, wird danach mit Freiheitsstrafe bis zu fünf Jahren oder mit Geldstrafe bestraft. Der Versuch ist gemäß Absatz 2 strafbar. Qualifikationen enthalten unter anderem § 224 StGB (gefährliche Körperverletzung), § 226 StGB (schwere Körperverletzung) und § 227 StGB (Körperverletzung mit Todesfolge). Die fahrlässige Körperverletzung ist nach § 229 StGB strafbewehrt. Der Grundtatbestand der Körperverletzung wird wie folgt geprüft:

- Objektiver Tatbestand

  - Körperliche Misshandlung (1. Alt.): Eine körperliche Misshandlung ist jede üble, unangemessene Behandlung, die das körperliche Wohlbefinden oder die körperliche Unversehrtheit nicht nur unerheblich beeinträchtigt.

  - Gesundheitsschädigung (2. Alt.): Eine Gesundheitsschädigung ist jedes Hervorrufen oder Steigern eines krankhaften Zustands physischer oder psychischer Art.

  Tipp: Nach der Rechtsprechung verwirklicht auch ein ärztlicher Heileingriff den objektiven Tatbestand des § 223 Abs. 1 StGB. Die Strafbarkeit entfällt nach der Rechtsprechung erst auf der Ebene der Rechtswidrigkeit, namentlich wenn eine Einwilligung (§ 228 StGB) des Patienten vorliegt. Große Teile der Literatur lehnen dies ab und sehen den ärztlichen Heileingriff schon nicht als tatbestandsmäßig an (tatbestandsausschließendes Einverständnis des Patienten). Der Streit wirkt sich aus, wenn der Patient nicht wirksam einwilligen konnte (z.B. wegen mangelnder Aufklärung durch den Arzt, vgl. §§ 630d Abs. 2, 630e BGB – wobei im Einzelfall zu prüfen ist, ob dieser zivilrechtlich relevante Mangel auch auf die strafrechtliche Ebene „durchschlägt").

- Subjektiver Tatbestand: Vorsatz (s. aber § 229 StGB), keine Besonderheiten.

- Rechtswidrigkeit: Keine Besonderheiten.

- Schuld: Keine Besonderheiten.

- Antrag: Der Grundtatbestand der Körperverletzung (ebenso die fahrlässige Körperverletzung) wird grundsätzlich nur auf Antrag verfolgt, § 230 Abs. 1 StGB. Die Strafverfolgungsbehörden können jedoch von Amts wegen einschreiten, wenn sie dies wegen des besonderen öffentlichen Interesses für geboten halten. Nach § 230 Abs. 2 StGB steht dem Dienstherrn das Antragsrecht zu, wenn die Tat gegen einen für den öffentlichen Dienst besonders Verpflichteten oder einen Soldaten der Bundeswehr während der Ausübung seines Dienstes oder in Beziehung auf seinen Dienst begangen wird.

Tipp: Die Tatbestände der Qualifikation nach § 224 StGB müssen im Detail bekannt sein (s. dazu AS-Skript Strafrecht BT 2 [2017]). Problematisch ist hier vor allem der Tatbestand des § 224 Abs. 1 Nr. 2 StGB: „Waffe" ist nach h.M. nur ein Gegenstand, der nach seiner Beschaf-

fenheit und Zwecksetzung dazu bestimmt ist, beim Einsatz gegen Menschen (erhebliche) Verletzungen zu bewirken. Ein „gefährliches Werkzeug" ist dagegen jeder Gegenstand, der nach seiner Beschaffenheit und seiner konkreten Verwendung geeignet ist, beim Einsatz gegen Menschen (erhebliche) Verletzungen zu bewirken. Waffe und Werkzeug müssen jeweils körperfremde Gegenstände sein, sodass eine Faust oder ein Fuß nicht dazu zählen, wohl aber schweres Schuhwerk. Aus dem Wortlaut schließt die h.M. zudem, dass Waffe und Werkzeug beweglich sein müssen, sodass z.B. eine Hauswand nicht vom Tatbestand umfasst ist.

Tipp: *Die Qualifikationen nach § 226 StGB und § 227 StGB sind erfolgsqualifizierte Delikte (Rn. 179). Sie setzen jeweils die vorsätzliche Verwirklichung des Grundtatbestands voraus. Hinsichtlich der qualifizierenden Folge genügt dagegen Fahrlässigkeit (§ 18 StGB). Bei § 227 StGB (Körperverletzung mit Todesfolge) ist jedoch umstritten, wie der Zusammenhang zwischen Grunddelikt und qualifizierender Folge ausgestaltet sein muss. Nach der Rechtsprechung genügt es, dass die Körperverletzungshandlung selbst potentiell tödlich ist. Teile der Literatur verlangen dagegen, dass der durch das Grunddelikt herbeigeführte Körperverletzungserfolg potentiell tödlich sein müsse.*

204   **Mord (Überblick):** Der Mordtatbestand findet sich in § 211 StGB. Er setzt die Verwirklichung

- aller Tatbestandsmerkmale des § 212 StGB (Totschlag) und

- die Verwirklichung eines der in § 211 StGB aufgezählten Mordmerkmale, die von dem Vorsatz umfasst sein muss,

voraus. Die Aufzählung der Mordmerkmale in § 211 StGB ist abschließend. Die Mordmerkmale lassen sich in drei Gruppen einteilen. Die erste Gruppe umfasst besondere Motive, die zweite Gruppe bestimmte Begehungsweisen und die dritte Gruppe besondere Absichten.

- Mordlust (1. Gruppe): Aus Mordlust handelt der Täter, wenn es ihm um die Tötung als solche geht, wenn er aus Freude an der Vernichtung eines Menschenlebens handelt.

- Habgier (1. Gruppe): Aus Habgier handelt der Täter, wenn er durch die Tat nach einem wirtschaftlichen Vorteil strebt und er deshalb aus ungehemmtem Eigennutz materielle Vorteile für sich selbst über das Leben eines Menschen erhebt.

- Zur Befriedigung des Geschlechtstriebs (1. Gruppe): Zur Befriedigung des Geschlechtstriebs handelt der Täter, wenn er sich durch die Tötung als solche eine sexuelle Befriedigung verschafft. Erfasst sind auch Fälle, in denen der Täter sich an der Leiche vergeht, ihm eine spätere Betrachtung einer Videoaufzeichnung der Tat sexuelle Befriedigung verschafft oder wenn der Täter im Rahmen eines Sexualdelikts den Tod des Opfers als Folge billigend in Kauf nimmt.

- Sonstige niedrige Beweggründe (1. Gruppe): Sonstige niedrige Beweggründe sind solche, die nach allgemeiner Sittenanschauung auf unterster Stufe stehen, weil sie durch Hemmungslosigkeit oder triebhafte Eigensucht motiviert sind. Beispiele sind sog. „Ehrenmorde" oder eine Tötung aus Rassenhass.

  Tipp: *Übt der Täter Rache dafür, dass zuvor ein naher Angehöriger durch das Opfer getötet worden ist, kann dies den niedrigen Beweggrund ausschließen.*

■ **Heimtücke (2. Gruppe):** Der Täter handelt heimtückisch, wenn er die Arg- und Wehrlosigkeit des Opfers in feindlicher Willensrichtung ausnutzt. Arglos ist das Opfer, wenn es im Zeitpunkt des Versuchsbeginns (Rn. 199) nicht mit einem Angriff auf sein Leben und/oder seine körperliche Unversehrtheit rechnet. Wehrlos ist das Opfer, wenn es aufgrund seiner Arglosigkeit zu einer Verteidigung nicht imstande oder seine Verteidigungsfähigkeit dadurch eingeschränkt ist. Der Täter nutzt die Arg- und Wehrlosigkeit aus, wenn die Tatausführung dadurch erleichtert wird.

Tipp: Arglosigkeit setzt voraus, dass das Opfer zum Argwohn überhaupt fähig ist. Das ist bei kleinen Kindern, Bewusstlosen oder nicht Geschäftsfähigen grundsätzlich nicht der Fall. Ausnahmen gelten bei solchen Personen, wenn natürliche Abwehrfunktionen überwunden oder die Arglosigkeit eines schutzbereiten Dritten ausgenutzt wird.

Tipp: Da die Heimtücke bei Versuchsbeginn vorliegen muss, scheidet sie grundsätzlich aus, wenn das Opfer kurz vor dem Versuchsbeginn Misstrauen schöpft oder im Zeitpunkt des Versuchsbeginns keine Arglosigkeit empfinden kann. Auch hier gelten jedoch Ausnahmen: Wird ein Schlafender getötet, kann dieser zwar im Zeitpunkt des Versuchsbeginns keine Arglosigkeit empfinden. Die Tat ist gleichwohl heimtückisch, wenn – so die Rechtsprechung – das Opfer seine Arglosigkeit „mit in den Schlaf genommen hat". Auch schließt es die Heimtücke nicht aus, wenn der Täter dem Opfer unmittelbar vor Versuchsbeginn seine Absicht offenbart („Ich bringe Dich um!") und dem Opfer keine Zeit bleibt, Abwehrmaßnahmen zu ergreifen.

Tipp: Das Merkmal „in feindlicher Willensrichtung" ist Teil des subjektiven Tatbestands. Es dient dazu, die durch das Bundesverfassungsgericht geforderte restriktive Auslegung des Tatbestands umzusetzen. An der feindlichen Willensrichtung fehlt es z.B. bei der Tötung aus Mitleid.

Beispiel: Das Opfer leidet an einer tödlichen, unheilbaren Krebserkrankung, die großes Leid verursacht. Ein naher Angehöriger beschließt, das Opfer heimlich zu vergiften, um ihm einen qualvollen Tod zu ersparen. Auch wenn die objektiven Merkmale der Heimtücke vorliegen, handelt es sich nicht um Mord, sondern um Totschlag (§ 212 StGB).

■ **Grausamkeit (2. Gruppe):** Der Täter handelt grausam, wenn er dem Opfer aus unbarmherziger Gesinnung (subjektives Tatbestandsmerkmal) besonders starke Schmerzen oder körperliche und seelische Qualen zufügt (objektives tatbestandsmerkmal).

■ **Einsatz gemeingefährlicher Mittel (2. Gruppe):** Der Täter tötet unter Einsatz gemeingefährlicher Mittel, wenn er nicht kontrollieren kann, ob durch das eingesetzte Mittel mehrere Menschen gefährdet werden (Beispiel: Bombe im Kaufhaus).

■ **Absicht der Ermöglichung einer anderen Straftat (3. Gruppe):** Ziel der Tötung muss die Ermöglichung oder Erleichterung einer anderen Straftat (§ 11 Abs. 1 Nr. 5 StGB, eine Ordnungswidrigkeit reicht nicht) sein. Eine „andere" Straftat liegt vor, wenn ihre Ausführung der anderen Tat nicht vollständig identisch mit der Tötung ist, bloße Tateinheit schadet nicht. Es muss sich nicht um eine andere Straftat des Täters handeln, erfasst ist z.B. auch die Tötung eines Wachmanns, um einem Komplizen eine andere Straftat zu ermöglichen.

■ Absicht der Verdeckung einer anderen Straftat (3. Gruppe): Ziel der Tötung muss die Verdeckung einer anderen Straftat (§ 11 Abs. 1 Nr. 5 StGB, eine Ordnungswidrigkeit reicht nicht) sein. Eine „andere" Straftat liegt vor, wenn ihre Ausführung der anderen Tat nicht vollständig identisch mit der Tötung ist, bloße Tateinheit schadet nicht. Es muss sich nicht um eine andere Straftat des Täters handeln, erfasst ist z.B. auch die Tötung eines Wachmanns, um zu verhindern, dass die Tat eines Komplizen entdeckt wird. Ziel muss nicht zwingend die Vermeidung strafrechtlicher Konsequenzen sein, auch die Vermeidung sonstiger Konsequenzen genügt.

Weil Rechtsfolge der Verwirklichung des Mordtatbestands nach dem Gesetz ausschließlich die lebenslange Freiheitsstrafe ist, verlangt das Bundesverfassungsgericht eine restriktive Auslegung des § 211 StGB. Wie diese erreicht werden kann, ist umstritten. Teile der Literatur befürworten, zusätzlich ungeschriebene Tatbestandsmerkmale in den Tatbestand hineinzulesen (besondere Verwerflichkeit der Tat unter Gesamtwürdigung der Umstände; tückisch-verschlagenes Vorgehen). Die Rechtsprechung lehnt dies ab, weil der Tatbestand dann nicht hinreichend bestimmt sei. Sie befürwortet eine Korrektur auf der Rechtsfolgenseite durch eine analoge Anwendung des § 49 Abs. 1 Nr. 1 StGB, wodurch die lebenslange Freiheitsstrafe durch einen Strafrahmen von 3 bis 15 Jahren ersetzt wird. Diese Analogie verstößt nicht gegen das strafrechtliche Analogieverbot, weil sie sich zugunsten des Täters auswirkt, sie steht aber in der Kritik, weil es sich um eine Rechtsfortbildung handele, die dem Gesetzgeber vorbehalten sei.

205 **Mord und Totschlag, Verhältnis:** Das Verhältnis von Mord (§ 211 StGB) und Totschlag (§ 212 StGB) ist seit langem zwischen Rspr. und Schrifttum umstritten. Nach der überwiegenden Ansicht in der Lit. ist der Mord eine Qualifikation des Totschlags. Die Rspr. sieht in Mord und Totschlag dagegen zwei eigenständige Tatbestände. Praktische Bedeutung erlangt diese Auseinandersetzung im Bereich der Teilnahme (s. zur Vertiefung AS-Skript Strafrecht BT 2 [2017]):

■ Nach überwiegender Literaturansicht sind die Mordmerkmale der ersten und dritten Gruppe „besondere persönliche Merkmale" i.S.d. § 28 Abs. 2 StGB, sodass sie nach dieser Ansicht die Strafe lediglich *schärfen* (nach anderer Ansicht handelt es sich um spezielle Schuldmerkmale, sodass nur § 29 StGB gilt). Die Anwendung des § 28 Abs. 2 StGB hat zur Folge, dass ein Teilnehmer zumindest nach §§ 212, 26/27 StGB verurteilt werden kann, wenn er selber kein Mordmerkmal der ersten oder dritten Gruppe erfüllt bzw. dass er auch dann nach §§ 211, 212, 26/27 StGB verurteilt werden kann, wenn nur er ein solches Mordmerkmal erfüllt und der Täter nicht.

■ Die Rspr. muss dagegen § 28 Abs. 1 StGB anwenden, weil nach ihrer Ansicht die personenbezogenen Merkmale der ersten und dritten Gruppe des Mordtatbestands die Strafbarkeit *begründen*. Streng genommen, könnte der Teilnehmer nur dann nach §§ 211, 26/27 StGB bestraft werden, wenn er von dem Mordmerkmal in der Person des Täters wusste und dies billigte. Anderenfalls wäre seine Strafe nach §§ 49, 28 Abs. 1 StGB zu mildern. Diese Konsequenz zieht die Rspr. jedoch nicht, wenn der Teilnehmer selber ein Mordmerkmal der ersten oder dritten Gruppe verwirklicht, das nicht mit dem des Täters übereinzustimmen braucht (sog. „gekreuzte Mordmerkmale"). In diesem Fall bestraft die Rspr. den Teilnehmer nach §§ 211, 26/27 StGB. Das ist argumentativ inkonsequent und verfassungsrechtlich wegen des Gesetzlichkeitsprinzips (Rn. 173) bedenklich.

Nötigung: Der Grundtatbestand der Nötigung ist in § 240 Abs. 1 StGB geregelt. Wer einen Menschen rechtswidrig mit Gewalt oder durch Drohung mit einem empfindlichen Übel zu einer Handlung, Duldung oder Unterlassung nötigt, wird danach mit Freiheitsstrafe bis zu drei Jahren oder mit Geldstrafe bestraft. Der Versuch ist nach Absatz 3 strafbewehrt. Absatz 4 enthält eine Strafzumessungsregel, die bei Verwirklichung eines der darin genannten Regelbeispiele (besonders schwere Fälle der Nötigung) eine Freiheitsstrafe von sechs Monaten bis zu fünf Jahren vorsieht. Der Tatbestand umfasst folgende Prüfungsschritte:

206

- Objektiver Tatbestand

    - Nötigungsmittel: Gewalt oder Drohung mit einem empfindlichen Übel. „Gewalt" i.S.d. § 240 Abs. 1 StGB ist nach h.M. jede Kraftentfaltung, durch die physischer oder psychischer Zwang entsteht, den das Opfer als körperlichen Zwang empfindet (sog. eingeschränkt-vergeistigter Gewaltbegriff). Ausreichend ist danach etwa das „Drängeln" auf der Autobahn (dichtes Auffahren mit Lichtzeichen und ggf. Hupe). Das Bundesverfassungsgericht hat einen rein auf psychischem Zwang beruhenden Gewaltbegriff als nicht vom Wortlaut umfasst abgelehnt. Deshalb stellt die bloße Anwesenheit einer Person an einem bestimmten Ort keine „Gewalt" dar, etwa im Rahmen einer Sitzblockade.

        Tipp: Entsteht durch eine Sitzblockade ein physisches Hindernis (z.B. ein blockierter Polizei-LKW), kann dadurch physische Gewalt ausgeübt werden, die als taugliches Nötigungsmittel gegenüber den Fahrern nachfolgender Fahrzeuge in Betracht kommt.

    - Ein empfindliches Übel ist jeder Nachteil, der so schwer wiegt, dass von dem Opfer nicht erwartet werden kann, dass es ihm in besonnener Selbstbehauptung standhält. Eine tatbestandsmäßige Drohung ist das Inaussichtstellen eines zukünftigen empfindlichen Übels, wobei der Täter vorgeben muss, auf dessen Eintritt Einfluss zu haben. Nach h.M. kann auch mit einem Unterlassen gedroht werden, jedoch ist dann erforderlich, dass die Situation des Opfers sich durch das Unterlassen verschlechtert oder das Unterlassen wie die erneute Zufügung eines Übels wirkt.

    - Nötigungserfolg: Der objektive Tatbestand setzt ferner einen Nötigungserfolg voraus. Dieser kann in einem Handeln, Dulden oder Unterlassen des Opfers bestehen. Eine Duldung ist allerdings nur dann tatbestandsmäßig, wenn das Opfer über die bloße Hinnahme des Zwangsmittels hinaus Handlungen des Täters oder eines Dritten erduldet. Ein Unterlassen ist nur tatbestandsmäßig, wenn das Opfer zu dem unterlassenen Verhalten tatsächlich willens und in der Lage gewesen wäre.

    - Kausalzusammenhang: Zwischen Nötigungsmittel und Nötigungserfolg muss ein Kausalzusammenhang bestehen.

- Subjektiver Tatbestand: Vorsatz, keine Besonderheiten.

- Rechtswidrigkeit (Absatz 2): Eine Besonderheit des Straftatbestands der Nötigung besteht darin, dass die Rechtswidrigkeit durch die Tatbestandsmäßigkeit nicht indiziert ist, sondern dass sie positiv festgestellt werden muss. Dies folgt aus § 240 Abs. 2 StGB, wonach die Tat nur dann rechtswidrig ist, wenn die Anwendung der Gewalt oder die Androhung des Übels zu dem angestrebten Zweck als verwerflich anzusehen ist.

Tipp: Zu prüfen ist zunächst, ob das Verhalten des Täters durch einen der allgemeinen Rechtfertigungsgründe gerechtfertigt ist. Ist dies nicht der Fall, muss die Rechtswidrigkeit gemäß § 240 Abs. 2 StGB positiv festgestellt werden. Abzustellen ist darauf, ob alternativ (1.) das eingesetzte Mittel, (2.) der angestrebte Nötigungserfolg oder (3.) die Zweck-Mittel-Relation verwerflich ist. Sind Mittel und Erfolg für sich genommen legitim, kann die Verwerflichkeit gleichwohl aus der kausalen Verknüpfung resultieren.

■ Schuld: Keine Besonderheiten.

■ Besonders schwerer Fall (Absatz 4): Vgl. die Ausführungen zur Technik der Regelbeispiele im Rahmen des Diebstahlstatbestands (Rn. 202), die hier entsprechend gelten.

207 **Raub und räuberische Erpressung, Verhältnis:** Das Verhältnis von Raub (§ 249 StGB) und räuberischer Erpressung (§ 255 StGB) ist problematisch, weil die räuberische Erpressung im Gegensatz zum Raub keine Zueignungsabsicht (Rn. 210) voraussetzt, sondern eine bloße Bereicherungsabsicht, die keinen Enteignungsvorsatz verlangt. Wie Raub und räuberische Erpressung abzugrenzen sind, ist umstritten:

■ Die in der Lit. überwiegende Ansicht liest in den Tatbestand der räuberischen Erpressung das Erfordernis einer Vermögensverfügung hinein. Maßgeblich ist damit der Wille des Opfers: Bei einem Raub entstehe ihm der Schaden unfreiwillig, während es sich den Schaden bei der räuberischen Erpressung selber zufüge. Dagegen spricht erstens, dass auch bei der räuberischen Erpressung der Wille des Opfers gebeugt wird. Außerdem lässt sich die innere Willensrichtung im Prozess nur schwer nachweisen.

■ Der BGH stellt deshalb auf das äußere Erscheinungsbild der Tat ab: Werde dem Opfer eine Sache weggenommen, handele es sich um Raub. Wenn das Opfer dagegen eine Sache weggebe, handele es sich um eine räuberische Erpressung. Weil die Rspr. den Raub zudem als Spezialtatbestand der räuberischen Erpressung ansieht, kann sie den Täter auch dann noch nach §§ 255, 253 StGB belangen, wenn es am Enteignungsvorsatz (und damit am Raub) fehlt.

208 **Urkundenbegriff:** Die Urkunde ist das zentrale Tatbestandsmerkmal der Urkundsdelikte (§§ 267 ff. StGB). Eine Urkunde ist eine

■ dauerhaft in Zeichen verkörperte Gedankenerklärung,

■ die zum Beweis im Rechtsverkehr geeignet und bestimmt sein muss,

■ und die ihren Aussteller erkennen lässt.

Dementsprechend hat die Urkunde nach h.M. eine Perpetuierungs-, Identifizierungs- und Beweisfunktion. Wichtige Sonderformen der Urkunde sind die Gesamturkunde und die zusammengesetzte Urkunde:

■ Eine Gesamturkunde setzt sich aus Einzelurkunden zusammen, die aufgrund einer Vorschrift (Gesetz, Vertrag etc.) zusammengefasst wurden, die in ihrem Erklärungsgehalt über den Erklärungsgehalt der Einzelurkunden hinausgehen. An der Gesamturkunde muss nach h.M. jedem der Beteiligten ein Beweisführungsrecht zustehen. Die Veränderung oder Entnahme einer Einzelurkunde ist eine Unterdrückung der Gesamturkunde.

■ Eine zusammengesetzte Urkunde besteht aus einem Erklärungszeichen und einem Bezugsobjekt (Augenscheinsobjekt). Beide müssen nach h.M. fest miteinander fest und dauerhaft zu einem Beweiszeichen verbunden sein.

Beispiel: Eine zusammengesetzte Urkunde ist die Verbindung von HU-Prüfplakette und Autokennzeichen. Bloße Kennzeichen, die allein der Identifizierung dienen, sind mangels Erklärungsinhalt dagegen keine zusammengesetzten Urkunden (z.B. die Seriennummer auf einem Industrieprodukt).

Vermögensbetreuungspflicht: Die Untreue (§ 266 StGB) setzt in der Treubruchvariante nach allgemeiner Ansicht eine Vermögensbetreuungspflicht des Täters voraus. Umstritten ist dagegen, ob auch in der Missbrauchsvariante eine Vermögensbetreuungspflicht bestehen muss. Die wohl überwiegende Ansicht bejaht die Frage mit dem Argument, dass der Missbrauch nur ein Spezialfall der Treubruchvariante sei. Zudem ist die Verfassungsmäßigkeit des Untreuetatbestands seit langem wegen seiner Unbestimmtheit umstritten.[33] Eine restriktive Auslegung hilft, diese Bedenken zumindest teilweise zu entkräften. Nach ganz herrschender Ansicht ist eine Vermögensbetreuungspflicht nur gegeben, wenn sie Hauptpflicht des Täters und nicht bloße Nebenpflicht ist, wenn sie dem Täter einen gewissen Entscheidungsspielraum lässt und wenn sie von gewisser Bedeutung ist.

209

Zueignung: Die Zueignung ist Teil des subjektiven Tatbestands des Diebstahls (§ 242 StGB) und des Raubs (§ 249 StGB). Sie tritt als besonderes subjektives Merkmal neben den „allgemeinen" Vorsatz bezüglich der Tatbestandsmerkmale. Die Zueignungsabsicht zerfällt in zwei Bestandteile: Zum einen muss der Täter die Absicht (*dolus directus* ersten Grades) haben, sich die Sache anzueignen, das heißt, sie zumindest vorübergehend wie seine eigene zu behandeln. Zum anderen muss er den Vorsatz (*dolus eventualis* ausreichend) haben, die Sache dem Berechtigten zu enteignen, das heißt, sie dem Berechtigten dauerhaft vorzuenthalten.

210

D. Prozessuales

Auskunftsverweigerungsrecht: Wer Zeuge einer Straftat geworden ist, ist grundsätzlich verpflichtet, vor Gericht dazu auszusagen (§ 48 Abs. 1 StPO). Das Auskunftsverweigerungsrecht nach § 55 StPO gibt einem Zeugen aber das Recht, die Antwort auf einzelne Fragen zu verweigern, wenn er durch seine Antwort sich selber oder einen Angehörigen i.S.d. § 52 Abs. 1 StPO der Gefahr einer Strafverfolgung oder der Verfolgung wegen einer Ordnungswidrigkeit aussetzen würde. Auskunftsverweigerungsrechte gelten nur punktuell und unterscheiden sich dadurch von den umfassenden Zeugnisverweigerungsrechten (Rn. 216).

211

Tipp: *Der mutmaßliche Täter ist nie zur Aussage gegen sich selbst verpflichtet und er darf grundsätzlich auch lügen, um sich der Strafverfolgung zu entziehen. Das ist Folge des Rechtsstaatsprinzips (Art. 20 Abs. 3, 28 Abs. 1 S. 1 GG), speziell des Nemo-tenetur-Prinzips.*

Prozessmaximen: (Vgl. zunächst Rn. 166). Wie im Zivilprozess gelten auch im Strafverfahren das Gebot rechtlichen Gehörs und der Anspruch auf ein faires Verfahren, ferner der Beschleunigungsgrundsatz (Art. 20 Abs. 3, 28 Abs. 1 S. 1 GG, Art. 6 Abs. 1 S. 1 EMRK

212

---

33 Bejahend BVerfG RÜ 2010, 638.

und z.B. § 115 Abs. 1 StPO) und der Unmittelbarkeits- (z.B. §§ 250 ff. StPO) und Mündlichkeitsgrundsatz (§§ 261, 264 Abs. 1 StPO). Weitere wichtige Prozess- bzw. Verfahrensmaximen im Strafverfahren sind:

- **Akkusationsprinzip:** Dieses in § 151 StPO geregelte Prinzip besagt, dass ein Strafverfahren nur auf der Grundlage einer öffentlichen Anklage durchgeführt werden darf. Die Funktion des Akkusationsprinzips besteht darin, den Verfahrensgegenstand zu präzisieren (§§ 155 Abs. 1, 264 Abs. 1 StPO) und dem mutmaßlichen Täter dadurch die Möglichkeit zur gezielten Verteidigung zu geben.

- **Offizialmaxime:** Die Offizialmaxime ist vor allem in § 152 Abs. 2 StPO geregelt. Sie besagt, dass allein der Staat (vertreten durch die Staatsanwaltschaft) zur Anklage berechtigt ist. Durchbrochen wird die Offizialmaxime durch die Möglichkeit der Privatklage (§ 374 StPO).

- **Legalitätsprinzip:** Die Offizialmaxime wird ergänzt durch das Legalitätsprinzip, das in den §§ 152 Abs. 2, 170 Abs. 1 StPO geregelt ist und das die Staatsanwaltschaft verpflichtet, bei hinreichendem Tatverdacht (Rn. 215) die öffentliche Klage zu erheben. Durchbrochen wird das Legalitätsprinzip durch die Möglichkeit der Einstellung nach den §§ 153 ff. StPO. Zweck des Legalitätsprinzip ist zum einen, dass der mutmaßliche Täter die Möglichkeit erhält, sich vor Gericht gegen die ihm zur Last gelegten Taten zu verteidigen. Zum anderen soll dadurch verhindert werden, dass die Staatsanwaltschaft (z.B. aus politischen Gründen) bestimmte Personen von der Strafverfolgung verschont.

- **Untersuchungsgrundsatz:** Wie im verwaltungsgerichtlichen Verfahren (Rn. 286) und im Gegensatz zum Zivilprozess (Rn. 166) gilt im Strafverfahren, dass der Sachverhalt von Amts wegen zu ermitteln ist. Das folgt für das Ermittlungsverfahren aus den §§ 155 Abs. 2, 160 Abs. 1, 163 Abs. 1 StPO, für das Erkenntnisverfahren aus § 244 Abs. 2 StPO.

213   **Richtervorbehalt:** Von einem Richtervorbehalt spricht man, wenn eine Entscheidung im strafprozessualen Verfahren grundsätzlich nur durch einen Richter getroffen werden darf. Richtervorbehalte finden sich an vielen Stellen der StPO und sind vor allem im Ermittlungsverfahren üblich. Häufig sehen diese Vorschriften vor, dass bei Gefahr im Verzug auch die Staatsanwaltschaft eine vorläufige Entscheidung treffen darf, die dann durch einen Richter zu bestätigen ist. Nach der Rspr. des BVerfG sind daran allerdings hohe Anforderungen zu stellen. Insbesondere müssen die Gerichte Notdienste einrichten.

Beispiele: Der Entscheidung durch den Richter vorbehalten sind beispielsweise die Blutprobenentnahme und sonstige ärztliche Untersuchungen (§ 81a Abs. 2 StPO) oder die Telekommunikationsüberwachung (§ 100b Abs. 1 StPO).

214   **Strafbefehl:** Der Strafbefehl ist in den §§ 407 ff. StPO geregelt. Bei leichteren Straftaten kann auf Antrag der Staatsanwalt eine Strafe ohne Hauptverhandlung und ohne Anhörung des Angeschuldigten durch Strafbefehl festgesetzt werden. Eine Freiheitsstrafe darf durch einen Strafbefehl grundsätzlich nicht verhängt werden (Ausnahme: Freiheitsstrafe von bis zu einem Jahr, wenn der Angeschuldigte einen Verteidiger hat, § 407 Abs. 2 S. 2 StPO). Der Strafbefehl dient der Vereinfachung und Beschleunigung des Strafverfahrens. Damit die Verteidigungsrechte des Angeschuldigten nicht rechtsstaatswidrig beschränkt werden, kann er binnen einer Frist von zwei Wochen Einspruch gegen den Strafbefehl einlegen (§ 410 Abs. 1 StPO). Ein zulässiger Einspruch hat zur Folge, dass ein Termin für die Hauptverhandlung anberaumt wird (§ 411 Abs. 1 S. 2 StPO). Legt der Angeschuldigte keinen Einspruch ein, hat der Strafbefehl die Wirkung eines rechtskräftigen Urteils (§ 410 Abs. 3 StPO).

Verdachtsgrade: Die Vorschriften der StPO unterscheiden zwischen dem Anfangsverdacht, dem hinreichenden Tatverdacht und dem dringenden Tatverdacht und knüpfen an die unterschiedlichen Verdachtsgrade unterschiedliche Rechtsfolgen. Z.B. ist für die Aufnahme von Ermittlungen ein Anfangsverdacht (§§ 152 Abs. 2, 160 Abs. 1 StPO) und für die Erhebung der öffentlichen Klage ein hinreichender Tatverdacht (§ 170 Abs. 1 StPO) nötig. Für die Anordnung von Untersuchungshaft bedarf es eines dringenden Tatverdachts (§ 112 Abs. 1 StPO). Die Verdachtsgrade werden allgemein wie folgt definiert:

215

- Anfangsverdacht: Ist gegeben, wenn tatsächliche Anhaltspunkte vorliegen, die es möglich erscheinen lassen, dass eine Straftat begangen wurde.

- Hinreichender Tatverdacht: Ist gegeben, wenn tatsächliche Anhaltspunkte vorliegen, die es wahrscheinlich erscheinen lassen, dass der Beschuldigte wegen einer Straftat verurteilt werden wird.

- Dringender Tatverdacht: Ist gegeben, wenn mit hoher Wahrscheinlichkeit davon auszugehen ist, dass der Beschuldigte Täter oder Teilnehmer einer Straftat ist.

Tipp: Die Bezeichnungen für den mutmaßlichen Täter verändern sich im Laufe des Verfahrens. Während des Ermittlungsverfahrens ist er zunächst Beschuldigter. Wenn die öffentliche Klage erhoben, das Hauptverfahren aber noch nicht eröffnet ist, ist er Angeschuldigter. Mit der Eröffnung des Hauptverfahrens wird er zum Angeklagten.

Zeugnisverweigerungsrecht: Wer Zeuge einer Straftat geworden ist, ist grundsätzlich verpflichtet, vor Gericht dazu auszusagen (§ 48 Abs. 1 StPO). Die StPO enthält jedoch Ausnahmen von diesem Grundsatz für bestimmte Familienmitglieder des Beschuldigten (§ 52 StPO) sowie für die Angehörigen bestimmter Berufe (§§ 53 ff. StPO). Die Familienmitglieder sollen dadurch vor einem Gewissenkonflikt bewahrt und der Familienfriede geschützt werden. Bei den Zeugnisverweigerungsrechten für Berufsträger will der Gesetzgeber dagegen das Vertrauen in bestimmte Berufe bzw. das Amtsgeheimnis wahren. Zeugnisverweigerungsrechte gestatten eine umfassende Verweigerung der Aussage und sind insoweit zu unterscheiden von den Auskunftsverweigerungsrechten, die sich nur auf einzelne Fragen beziehen (Rn. 211).

216

217

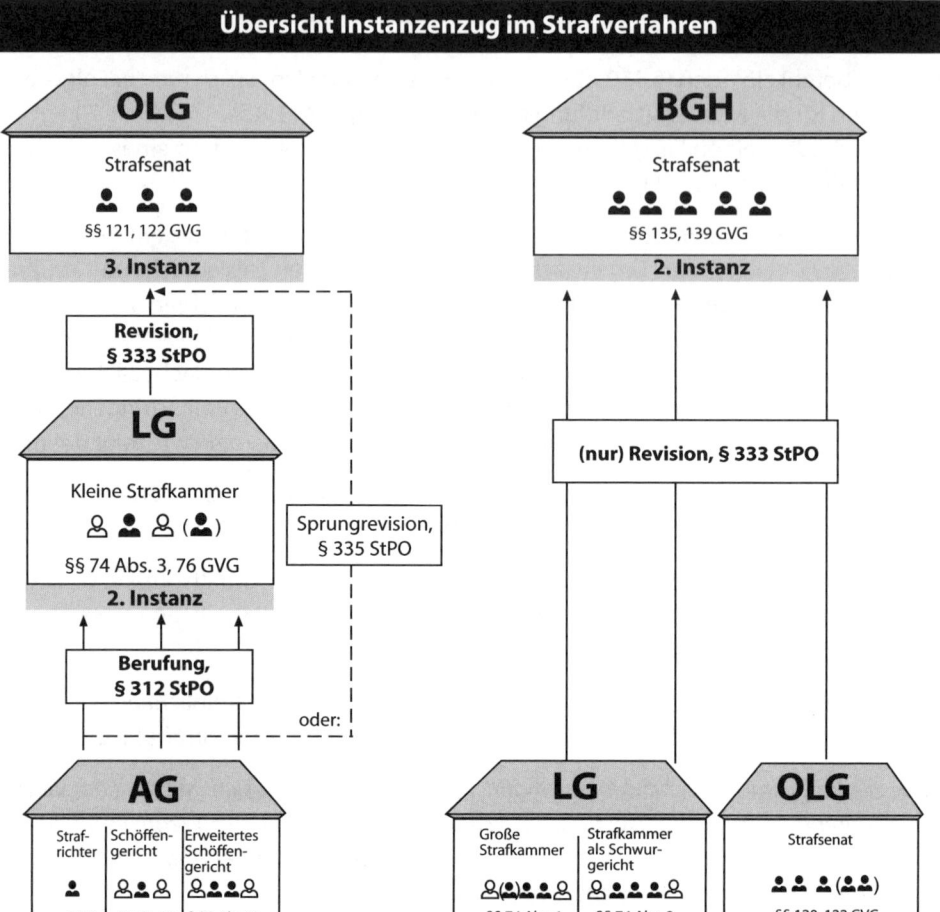

Übersicht Instanzenzug im Strafverfahren

Legende: ♟ steht für Berufsrichter, ♙ steht für Schöffen.

- **Bei erstinstanzlicher Zuständigkeit des AG** (sachliche Zuständigkeit gem. §§ 25 ff. GVG) **gibt es 3 Instanzen**. Daher über die Berufung neue Tatsachenprüfung möglich.

- **Berufung** gemäß §§ **74 Abs. 3, 76 Abs. 1 S. 1 GVG** stets an **kleine Strafkammer**

- Bei Kleinstkriminalität Institut der **Annahme-berufung, § 313 StPO**

- **Sprungrevision, § 335 StPO**, von der ersten in die dritte Instanz möglich

- Bei erstinstanzlicher Zuständigkeit des LG/OLG (sachliche Zuständigkeit des LG gemäß §74 GVG, des OLG gemäß § 120 GVG) gibt es nur 2 Instanzen. Daher keine neue Tatsachenprüfung möglich! Grund: bereits erhöhte Richtigkeitsgewähr durch Strafkammer/Senat.

- Die große Strafkammer kann gemäß § 76 Abs. 2 S. 4 GVG beschließen, dass sie in der Hauptverhandlung nur mit 2 Richtern und 2 Schöffen besetzt ist.

  * § 76 Abs. 2 neu gefasst mit Wirkung ab 01.01.2012

Bzgl. des Instanzenzuges im Rahmen der Jugendgerichtsbarkeit s. §§ 33 ff. JGG.

4. Teil: Wesentliches Prüfungswissen aus dem öffentlichen Recht

Das öffentliche Recht ist vielleicht der Prüfungsabschnitt der mündlichen Prüfung im Ersten juristischen Staatsexamen, der am wenigsten berechenbar ist. Das hat zwei Gründe: Zum einen unterscheiden sich die Teilgebiete des öffentlichen Rechts sehr stark voneinander. Zum anderen kann die Prüfung hier eher in Form von abstrakten Fragen verlaufen als in den anderen Rechtsgebieten, vor allem im Unionsrecht und im Staatsorganisationsrecht sind „handliche" Prüfungsfälle nicht leicht zu bilden. Von größter Bedeutung sind jedenfalls auch schon im Ersten Staatsexamen die Zulässigkeitsvoraussetzungen der in der VwGO geregelten Klage- bzw. Verfahrensarten. Aus Platzgründen können diese hier nicht behandelt werden. Zur Wiederholung und Vertiefung besonders geeignet ist insoweit das AS-Skript VwGO (2017).

218

A. Allgemeines

Öffentliches Recht, Abgrenzung zum Zivilrecht: Das öffentliche Recht unterscheidet sich in vielerlei Hinsicht stark vom Zivilrecht. Dennoch ist die Abgrenzung von öffentlichem Recht und Zivilrecht umstritten. Drei Ansichten sollten in der mündlichen Prüfung bekannt sein:

219

- Nach einer Ansicht (sog. Subordinationstheorie) ist das öffentliche Recht das Recht, das sich mit dem Über-/Unterordnungsverhältnis zwischen Staat und Bürger befasst. Zivilrecht ist danach das Recht, das zwischen gleichberechtigten Personen gilt. Gegen diese Theorie spricht, dass der Staat nicht nur in den Formen des Zivilrechts handeln kann, sondern dass beispielsweise auch der öffentlich-rechtliche Vertrag (Rn. 260) zwischen Gleichberechtigten geschlossen wird.

- Nach der bereits von *Ulpian* (Rn. 326) vertretenen, sog. Interessentheorie ist öffentliches Recht solches Recht, das die Interessen der Öffentlichkeit wahrt, Zivilrecht ist dagegen solches Recht, das den Interessen des Einzelnen zu dienen bestimmt ist. Das Problem an dieser Theorie ist, dass nicht immer eindeutig erkennbar ist, wessen Interessen eine Norm dient. Auch kann eine Norm sowohl dem privaten Interesse als auch dem öffentlichen Interesse zugleich dienen. So dienen die Vorschriften über die Art der baulichen Nutzung (§§ 2 ff. BauNVO) sowohl öffentlichen Interessen als auch dem Interesse eines Nachbarn an der Abwehr von Beeinträchtigungen.

- Die heute herrschende Auffassung bestimmt öffentliches Recht danach, ob es *ausschließlich* Träger hoheitlicher Gewalt berechtigt oder verpflichtet. Es handelt sich um eine modifizierte Interessentheorie (auch modifizierte Subjektstheorie genannt).

Staatsbegriff: Heute herrschend ist der Staatsbegriff *Georg Jellineks* (Rn. 309). Danach setzt ein Staat voraus, dass er über ein Staatsgebiet und ein Staatsvolk verfügt und Staatsgewalt ausübt (Drei-Elemente-Lehre).

220

Beispiel: Bei dem (ehemaligen?) afrikanischen Staat Somalia ist fraglich, ob dort noch eine Staatsgewalt ausgeübt wird, weil das Land faktisch von rivalisierenden Gewaltherrschern (warlords) kontrolliert wird. Deshalb bezeichnen manche Somalia als gescheiterten Staat (failed state).

Völkerrechtssubjekt: Ein Völkerrechtssubjekt ist ein Gebilde, das in der Lage ist, sich wirksam durch Völkerrecht zu binden. Voraussetzung dafür ist, dass sich das Gebilde

221

selbst als Völkerrechtssubjekt versteht und dass es von den anderen Völkerrechtssubjekten auch anerkannt wird. Staaten sind in aller Regel Völkerrechtssubjekte, doch sind aus historischen Gründen als Völkerrechtssubjekte beispielsweise auch das Rote Kreuz, der Malteserorden und der Heilige Stuhl (nicht identisch mit dem Staat Vatikan) anerkannt.

Beispiele: Bis zum Inkrafttreten des Vertrages von Lissabon (Rn. 345, vgl. Art. 47 EUV) verstand sich die EU selber nicht als Völkerrechtssubjekt. Diese Eigenschaft schrieb sich nur die (in der heutigen EU aufgegangene) EG zu. Selbst wenn andere Völkerrechtssubjekte die EU damals als Völkerrechtssubjekt angesehen hätten, wäre sie mangels entsprechenden Selbstverständnisses kein Völkerrechtssubjekt gewesen.

Das Kosovo hat seine Unabhängigkeit von Serbien erklärt und verfügt wohl über alle drei Elemente, die nach der Definition *Georg Jellineks* erforderlich sind, um als Staat (Rn. 220) zu gelten. Gleichwohl wird das Kosovo bislang noch längst nicht von allen Mitgliedstaaten der Vereinten Nationen als Staat anerkannt, sodass unklar ist, ob es schon als Völkerrechtssubjekt anzusehen ist.

B. Europarecht

222 **Anwendungsvorrang:** Nach ständiger Rechtsprechung des EuGH[34] steht jegliches Recht der EU hierarchisch über dem Recht der Mitgliedstaaten, und zwar auch über den Verfassungen der Mitgliedstaaten. Widerspricht das mitgliedstaatliche Recht dem EU-Recht und kann der Widerspruch nicht aufgelöst werden (insbesondere durch eine unionsrechtskonforme Auslegung des mitgliedstaatlichen Rechts), setzt sich das EU-Recht gegen das mitgliedstaatliche Recht durch. Das dem EU-Recht widersprechende mitgliedstaatliche Recht ist aber nicht nichtig, sondern „nur" unanwendbar. Der Grund für diesen sog. Anwendungsvorrang des Unionsrechts ist, dass die Rechtsvereinheitlichung, die durch das EU-Recht bewirkt werden soll, nicht erreicht werden könnte, wenn die Mitgliedstaaten davon beliebig abweichen könnten. Zum Teil gestattet das EU-Recht selbst es den Mitgliedstaaten allerdings, von den Vorgaben des EU-Rechts abzuweichen oder dieses zu konkretisieren. Dies ist vor allem bei Richtlinien (Art. 288 Abs. 3 AEUV) der Fall, gelegentlich aber auch bei Verordnungen (Art. 288 Abs. 2 AEUV). Wo keine solche Öffnungsklausel existiert, bleibt es jedoch bei dem Anwendungsvorrang des EU-Rechts.

223 **Charta der Grundrechte der Europäischen Union (EU-GRCh):** Die EU-GRCh kodifiziert Grund- und Menschenrechte. Sie wurde bereits im Jahr 2000 verabschiedet, jedoch hatte sie zunächst keine Rechtsverbindlichkeit. Seit dem Inkrafttreten des Vertrages von Lissabon im Jahr 2009 ist die EU-GRCh nach Art. 6 Abs. 1 EUV mit dem EUV und dem AEUV gleichrangig, sie ist somit Teil des Primärrechts der EU. Vorbild für die in der EU-GRCh niedergelegten Rechte waren die EMRK, die Verfassungstraditionen der Mitgliedstaaten, die Europäische Sozialcharta des Europarates und weitere internationale Übereinkommen. Verglichen mit dem Grundrechtskatalog des Grundgesetzes ist die EU-GRCh recht umfangreich. So gibt es beispielsweise ein Recht auf Umwelt- und Verbraucherschutz (Art. 37, 38 EU-GRCh). Der EuGH hat einzelne Bestimmungen der EU-GRCh so ausgelegt, dass sie dem Einzelnen konkrete subjektive Rechte einräumen, die mitgliedstaatliches Recht unanwendbar werden lassen können und dies sogar unmittelbar zwi-

---

34 St. Rspr. seit EuGH, Urt. v. 5.2.1963 – Rs. 26/62, Slg. 1963, 1 ff. – van Gend & Loos sowie EuGH, Urt. v. 15.7.1964 – Rs. 6/64, Slg. 1964, 1253 ff. – Costa/E.N.E.L.

schen Privaten. Ein Beispiel hierfür bildet das Verbot der Diskriminierung wegen des Alters (Art. 21 EU-GRCh).[35]

Begriff des Europarechts: Das „Europarecht" umfasst zum einen das Recht der Europäischen Union (EU), „Europarecht im engeren Sinne", zum anderen völkerrechtliche Verträge mit europäischem Schwerpunkt, insbesondere das Schengen-Abkommen, die Organisation für Sicherheit und Zusammenarbeit in Europa (OSZE), die Organisation für wirtschaftliche Zusammenarbeit und Entwicklung (OECD) und die Europäische Menschenrechtskonvention (EMRK), „Europarecht im weiteren Sinne". Beide Regelungsmaterien müssen streng voneinander unterschieden werden, weil nicht alle EU-Mitgliedstaaten auch Vertragsstaaten der genannten Verträge sind, weil die EU seit dem Vertrag von Lissabon ein eigenes Völkerrechtssubjekt (Rn. 221) ist und weil das Recht der EU im Laufe der Jahrzehnte eine eigenständige Methodik entwickelt hat. S. zum Ganzen ausführlich das AS-Skript Europarecht (2018).

224

Effet utile: Der *effet utile* („praktische Wirksamkeit") ist eine Rechtsfigur, die der EuGH anwendet, um das Recht der EU auszulegen. Es handelt sich um eine Sonderform der teleologischen Auslegung. Der EuGH ist der Ansicht, dass das Recht der EU so auszulegen ist, dass es die größtmögliche praktische Wirksamkeit erlangt. Da aus der Sicht des EuGH das Recht der EU in der Regel auf eine immer engere Zusammenarbeit der Mitgliedstaaten der EU abzielt, bedeutet das in der Regel, dass der Gerichtshof eine Norm „integrationsfreundlich" auslegt.

225

Europäische Menschenrechtskonvention (EMRK): Die EMRK ist ein völkerrechtlicher Vertrag, der den von ihr erfassten Personen bestimmte Grundrechte bzw. Menschenrechte garantiert. Die EMRK wurde 1950 im Rahmen des Europarats beschlossen und sie trat 1954 in Kraft. Seitdem wurden zahlreiche Ergänzungen der EMRK beschlossen. Eine Verletzung der Rechte aus der EMRK kann ein Individuum vor dem Europäischen Gerichtshof für Menschenrechte (EGMR) geltend machen, der seinen Sitz in Straßburg hat. Als völkerrechtlicher Vertrag im Rahmen des Europarats war die EMRK ursprünglich nicht Teil des EU-Rechts. Nach Art. 6 Abs. 2 EUV soll die EU der EMRK beitreten. Am 05.04.2013 lag der ausverhandelte Entwurf einer Beitrittsvereinbarung vor. Dieser Entwurf wurde auf Antrag der Europäischen Kommission durch den EuGH auf seine Vereinbarkeit mit dem EU-Recht geprüft, bevor mit der konkreten Umsetzung des Beitritts begonnen wurde. In seinem Gutachten vom 18.12.2014 (Gutachtenverfahren 2/13) gelangte der EuGH zu dem Schluss, dass der Entwurf nicht mit Art. 6 Abs. 2 EUV vereinbar sei. Seitdem ruhen die Verhandlungen über den Beitritt der EU zur EMRK. Allerdings hat der EuGH in den letzten Jahrzehnten in zahlreichen Entscheidungen die in der EMRK enthaltenen Grundrechte in das Primärrecht der EU übernommen. Heute bestimmt Art. 6 Abs. 3 EUV deshalb, dass die Grundrechte, die in der EMRK gewährleistet sind, als allgemeine Grundsätze zugleich Teil des Unionsrechts sind. Die Bundesrepublik Deutschland ist der EMRK beigetreten und sie steht als völkerrechtlicher Vertrag grundsätzlich über dem Grundgesetz (Art. 25 GG). Nach Ansicht des BVerfG ist das Grundgesetz deshalb so auszulegen, dass seine Bestimmungen nicht der EMRK widersprechen.

226

---

35 EuGH, Urt. v. 19.1.2010 – C-555/07, Slg. 2010, I-365 – Kücüdeveci

227   **Grundfreiheiten:** Die Grundfreiheiten sind Regelungen im AEUV, die einerseits – objektiv – das Entstehen und Aufrechterhalten eines gemeinsamen Marktes ermöglichen, andererseits den von ihnen erfassten Personen bestimmte subjektive Rechte auf dem Gebiet der wirtschaftlichen Betätigung verleihen. Die Grundfreiheiten sind die Warenverkehrsfreiheit (Art. 28 ff. AEUV), die Arbeitnehmerfreizügigkeit und Niederlassungsfreiheit (Art. 45 ff., 49 ff. AEUV), die Dienstleistungsfreiheit (Art. 56 ff. AEUV) und die Kapital-/Zahlungsverkehrsfreiheit (Art. 63 ff. AEUV). Nach den Bestimmungen des AEUV sind bestimmte Beschränkungen der Grundfreiheiten den Mitgliedstaaten ausdrücklich verboten. So untersagt Art. 34 AEUV etwa mengenmäßige Einfuhrbeschränkungen sowie Maßnahmen gleicher Wirkung zwischen den Mitgliedstaaten. Immer wieder hat es Versuche der Mitgliedstaaten gegeben, diese Bestimmungen des AEUV durch Regelungen zu umgehen, die auf den ersten Blick mit den ausdrücklichen Regelungen des AEUV über die Grundfreiheiten vereinbar zu sein scheinen, wirtschaftlich aber doch wie ein Handelshemmnis wirken (Beispiel: Der Vertrieb importierter Waren wird von der Vorlage eines Echtheitszertifikats abhängig gemacht, wodurch der Vertrieb durch den Importeur verteuert und erschwert wird). Der Gerichtshof hat in einer Reihe von Entscheidungen die Grundfreiheiten so ausgelegt, dass auch solche Beschränkungen der Rechtfertigung bedürfen.[36] Zugleich hat er den Prüfungsmaßstab für alle Grundfreiheiten einander angenähert. In der EuGH-Rechtsprechung gilt heute grundsätzlich (mit Abwandlungen im Detail) für alle Grundfreiheiten folgende Formel bei der Prüfung der Vereinbarkeit einer Maßnahme mit den Grundfreiheiten: Mitgliedstaatliche Maßnahmen, die die Ausübung der durch den Vertrag garantierten Grundfreiheiten behindern oder weniger attraktiv machen können, müssen vier Voraussetzungen erfüllen, um rechtmäßig zu sein: Sie müssen in nichtdiskriminierender Weise angewandt werden, sie müssen aus zwingenden Gründen des Allgemeininteresses gerechtfertigt sein, sie müssen geeignet sein, die Verwirklichung des mit ihnen verfolgten Zieles zu gewährleisten, und sie dürfen nicht über das hinausgehen, was zur Erreichung dieses Zieles erforderlich ist.

228   **Organe der Europäischen Union:** Die Organe der EU sind in Art. 13 EUV aufgeführt. Diese sind das Europäische Parlament (Sitze: Straßburg, Plenartagungen erfolgen in Brüssel, das Generalsekretariat hat seinen Standort in Luxemburg), der Europäische Rat (wechselnde Tagungsorte), der Rat (auch: Rat der Europäischen Union, EU-Ministerrat) (Sitz: Brüssel, die Tagungen finden zum Teil in Luxemburg statt), die Europäische Kommission (Sitz: Brüssel), der Gerichtshof der Europäischen Union (Sitz: Luxemburg), die Europäische Zentralbank (Sitz: Frankfurt am Main) und der Rechnungshof der Europäischen Union (Sitz: Luxemburg).

Tipp: Der Europäische Rat setzt sich aus den Staats- und Regierungschefs der Mitgliedstaaten zusammen. Der Rat der Europäischen Union besteht dagegen aus wechselnden Zusammensetzungen, in denen bei wichtigen Entscheidungen die jeweiligen Fachminister (z.B. Finanzminister) vertreten sind, er wird deshalb auch Ministerrat genannt. Beide sind vom Europarat zu unterscheiden, der ein völkerrechtliches Organ ist, an dem auch Nicht-EU-Staaten beteiligt sind.

---

36 Leitentscheidungen sind EuGH, Urt. v. 11.07.1974 – Rs. 8/74, Slg. 1974, 837 – Dassonville; EuGH, Urt. v. 20.02.1979 – 120/78, Slg. 1979, 649 – Cassis de Dijon; EuGH, Urt. v. 24.11.1993 – C-267, 268/91, Slg. 1993, I-6097 – Keck (jeweils zur Warenverkehrsfreiheit) sowie EuGH, Urt. v. 30.11.1995 – C-55/94, Slg. 1995, I-4165 – Gebhard.

Primärrecht und Sekundärrecht: Primärrecht und Sekundärrecht bilden die beiden   **229**
wichtigsten Regelungsebenen des EU-Rechts. Zum Primärrecht zählen der Vertrag über
die Arbeitsweise der Europäischen Union (AEUV), der Vertrag über die Europäische Union (EUV) sowie die Grundrechtecharta der Europäischen Union (EU-GRCh). Zum Sekundärrecht zählen die in Art. 288 AEUV genannten Rechtsakte, vor allem die Verordnung
und die Richtlinie.

■ Die Verordnung hat nach Art. 288 Abs. 2 AEUV allgemeine Geltung. Sie ist in allen ihren Teilen verbindlich und gilt unmittelbar in jedem Mitgliedstaat. Verordnungen bedürfen deshalb grundsätzlich keiner Umsetzung durch mitgliedstaatliches Recht (es
ist aber nicht unüblich, dass die Mitgliedstaaten konkretisierende Regelungen erlassen).

■ Die Richtlinie ist nach Art. 288 Abs. 3 AEUV für jeden Mitgliedstaat, an den sie gerichtet wird, hinsichtlich des zu erreichenden Ziels verbindlich, überlässt jedoch den in-
nerstaatlichen Stellen die Wahl der Form und der Mittel. Richtlinien bedürfen somit
grundsätzlich der Umsetzung durch mitgliedstaatliches Recht.

■ Der EuGH hat allerdings anerkannt, dass eine Richtlinie ausnahmsweise unmittelbare
Wirkung gegenüber staatlichen Stellen entfalten kann, wenn ein Mitgliedstaat eine
Richtlinie nicht, nicht rechtzeitig oder nicht richtig umgesetzt hat, die Richtlinie dem
Einzelnen konkrete Rechte einräumt und die entsprechenden Bestimmungen der
Richtlinie als unbedingt und hinreichend genau erscheinen, dem Mitgliedstaat also
kein oder nur ein geringer Umsetzungsspielraum bleibt.[37]

■ Kommt eine unmittelbare Wirkung von Richtlinien nicht in Betracht (und scheitert
auch eine unionsrechtskonforme Auslegung des mitgliedstaatlichen Rechts), kann
dem Einzelnen ein unmittelbar aus dem Unionsrecht abgeleiteter Staatshaftungsan-
spruch gegen den betreffenden Mitgliedstaat zustehen, wenn die Richtlinie dem Einzelnen konkrete Recht einräumt, der Mitgliedstaat offenkundig und erheblich ("hinreichend qualifiziert") gegen seine Umsetzungspflicht verstoßen hat und der Verstoß
gegen die Umsetzungspflicht kausal für den Schaden war.[38] Ein Verschulden ist
grundsätzlich nicht erforderlich.

Vorabentscheidungsverfahren: Das Vorabentscheidungsverfahren ist in Art. 267   **230**
AEUV geregelt. Jedes Gericht ist danach berechtigt, dem EuGH Fragen zur Auslegung
des EU-Rechts vorzulegen, sofern diese für die Entscheidung des jeweiligen Gerichts erheblich ist. Gerichte, gegen deren Entscheidung kein Rechtsmittel mehr eingelegt werden kann, müssen dem EuGH eine entsprechende Frage vorlegen. Das gilt nur dann
nicht, wenn der Gerichtshof diese Frage bereits beantwortet hat, es eine gefestigte Rspr.
des EuGH gibt, aus der sich die richtige Auslegung ergibt oder wenn an der richtigen
Auslegung des EU-Rechts kein Zweifel bestehen kann (sog. *Acte-Clair*-Doktrin). Durch
das Vorabentscheidungsverfahren soll die einheitliche Anwendung des EU-Rechts in allen Mitgliedstaaten gewährleistet werden. Die *Acte-Clair*-Doktrin soll dagegen unnötige
Vorlagen vermeiden und dadurch die Verfahren in den Mitgliedstaaten abkürzen sowie
den EuGH entlasten.

---

37 Grundlegend EuGH, Urt. v. 26.02.1986 – Rs. 152/84, NJW 1986, 2178 – Becker.
38 Grundlegend EuGH, Urt. v. 19.11.1991 – C-6/90 und C-9/90, Slg. 1991, I-5357 – Francovich.

C. Staatsorganisationsrecht

231 **Bundespräsident, Prüfungsrecht des:** Nach Art. 56 GG schwört der Bundespräsident, das Grundgesetz zu wahren. Das wirft die Frage auf, ob und wie weit er bei der Ausfertigung von Gesetzen (Art. 82 Abs. 1 GG) berechtigt und verpflichtet ist, deren Verfassungsmäßigkeit zu überprüfen. Es gilt zu unterscheiden (vgl. dazu ausführlich das AS-Skript Staatsorganisationsrecht [2018]):

■ Nach allgemeiner Ansicht hat der Bundespräsident kein Recht, ein Gesetz aus politischen Gründen abzulehnen. Er ist darauf beschränkt, die Rechtmäßigkeit eines Gesetzes zu überprüfen.

■ Nach ebenso allgemeiner Ansicht hat der Bundespräsident das Recht und auch die Pflicht, die formelle Verfassungsmäßigkeit eines Gesetzes zu überprüfen. Das folgt aus Art. 82 Abs. 1 GG, wonach der Bundespräsident nur „nach den Vorschriften dieses Grundgesetzes zustande gekommenen Gesetze" ausfertigt. Er kann also beispielsweise prüfen, ob alle Verfahrensvorschriften eingehalten wurden.

■ Umstritten ist, ob dem Bundespräsidenten ein materielles Prüfungsrecht zusteht, ob er also beispielsweise ein Gesetz daraufhin überprüfen darf, ob es gegen Grundrechte verstößt. Eine Ansicht argumentiert, dass auch der Bundespräsident nach den Art. 1 Abs. 3, 20 Abs. 3 GG an Recht und Gesetz gebunden ist. Zumindest evident verfassungswidrige Gesetze müsse er deshalb beanstanden dürfen. Gegen ein materielles Prüfungsrecht führt die Gegenansicht aus, dass nach den Art. 93, 100 GG mit dem BVerfG ein eigenes Organ in speziellen Verfahren die Verfassungsmäßigkeit eines Gesetzes überprüfen kann.

■ Ebenso umstritten ist, ob dem Bundespräsidenten das Recht zusteht, die Vereinbarkeit eines Gesetzes mit dem EU-Recht zu prüfen. Eine Ansicht argumentiert, dass die Mitgliedstaaten nach Art. 4 Abs. 3 EUV verpflichtet sind, auf die Einhaltung der Verträge hinzuwirken. Das muss dann auch für den Bundespräsidenten als Organ der Bundesrepublik Deutschland gelten. Zudem verpflichte Art. 23 GG die Bundesrepublik, EU-Recht ordnungsgemäß umzusetzen. Die Gegenansicht lehnt eine Prüfungskompetenz ab, weil der Wortlaut des Art. 82 GG darauf hindeute, dass der Bundespräsident allein die Vereinbarkeit mit dem Grundgesetz prüfen dürfe. Nach Sinn und Zweck des Art. 82 GG solle durch das Prüfungsrecht nur verhindert werden, dass unwirksame Gesetze erlassen werden. Ein Verstoß gegen EU-Recht führe aber nicht zur Nichtigkeit des entsprechenden mitgliedstaatlichen Rechts (s. zum Anwendungsvorrang Rn. 222). Art. 23 GG könne dem nicht entgegengehalten werden, weil er nur zu einer Öffnung zugunsten der staatlichen Ordnung des EU-Rechts führe, er den Bundesorganen aber keine konkreten Pflichten auferlege.

232 **Bundestreue:** Der Grundsatz der Bundestreue ist verfassungsrechtliches Gewohnheitsrecht. Danach muss der Bund sich gegenüber den Ländern so verhalten, dass beide in konstruktivem Miteinander existieren können. Dieselbe Pflicht haben die Länder gegenüber dem Bund und wohl auch untereinander. Angedeutet wird das Gebot zur Bundestreue etwa in Art. 28 Abs. 4, 32 Abs. 2, 37 GG.

Ewigkeitsgarantie: Die Ewigkeitsgarantie ist in Art. 79 Abs. 3 GG enthalten. Danach ist 233
eine Änderung des Grundgesetzes unzulässig, durch welche die Gliederung des Bundes
in Länder, die grundsätzliche Mitwirkung der Länder bei der Gesetzgebung oder die in
den Artikeln 1 und 20 niedergelegten Grundsätze berührt werden. Die Ewigkeitsgarantie ist vor dem Hintergrund des Nationalsozialismus zu lesen: Niemand soll die im GG
niedergelegte Staatsordnung durch eine Änderung der Verfassung beseitigen können.

*Tipp: Aus demselben Grund schreibt Art. 79 Abs. 1 S. 1 GG vor, dass eine Verfassungsände-
rung den Text des GG ausdrücklich ändern oder ergänzen muss. Merksatz: Keine Verfas-
sungsänderung ohne Verfassungstextänderung. In der Weimarer Republik galt dies nicht,
was es den Nationalsozialisten erleichterte, ihre einmal erlangte Macht auch rechtlich abzu-
sichern.*

Organe des Bundes (Verfassungsorgane): Der Bund handelt durch seine Organe. Die- 234
se Organe sind

■ der Bundestag (Art. 38 ff. GG),

■ der Bundesrat (Art. 50 ff. GG),

■ der gemeinsame Ausschuss (Art. 53a GG),

■ der Bundespräsident (Art. 54 ff. GG),

■ die Bundesversammlung (Art. 54 Abs. 3 GG),

■ die Bundesregierung (Art. 62 ff. GG) und

■ das Bundesverfassungsgericht (Art. 93, 94, 99, 100 GG).

*Tipp: Keine Organe des Bundes sind der Bundeskanzler, die Bundesminister oder auch das
parlamentarische Kontrollgremium, da sie nur unselbständige Teile der Organe Bundesregierung bzw. Bundestag sind. Umstritten ist, ob der Bundesrechnungshof (Art. 114 Abs. 2 GG)
ein Organ des Bundes ist. Über Streitigkeiten zwischen Verfassungsorganen über den Umfang der Rechte und Pflichten eines Verfassungsorgans entscheidet das BVerfG in einem speziellen Verfahren, dem Organstreitverfahren (Art. 93 Abs. 1 Nr. 1 GG, §§ 13 Nr. 5, 63 ff. BVerfGG).*

Gewaltenteilungsgrundsatz: Der Gewaltenteilungsgrundsatz ist eines der prägenden 235
Merkmale (westlicher) Demokratien. In seiner heutigen Form wurde er vor allem von
Charles-Louis Montesquieu (Rn. 316) entwickelt. Infolge der US-amerikanischen Unabhängigkeitserklärung und der französischen Revolution wurde er in der staatlichen Praxis umgesetzt. Der Gewaltenteilungsgrundsatz zeichnet sich dadurch aus, dass staatliche Gewalt nicht von einer einzelnen Stelle ausgeht, sondern dass sie sich auf drei Gewalten verteilt: Den Gesetzgeber (Legislative), die Regierung (Exekutive) und die unabhängige Gerichtsbarkeit (Judikative). Alle drei Gewalten kontrollieren sich gegenseitig
und verhindern dadurch, dass eine von ihnen zu viel Macht erhält, die sie missbrauchen
könnte (*system of checks and balances*).

*Tipp: Bekannt sein sollte in diesem Zusammenhang der Müller-Arnold-Fall. Der Fall spielte
in Preußen, unter König Friedrich dem Großen. Der Müller Arnold war in einem Rechtsstreit
durch die Zivilgerichte dazu verurteilt worden, bestimmte Zahlungen zu leisten. Ob dieses
Urteil nach damaligem Recht richtig war oder nicht, ist unklar. Nachdem der Müller dem Ur-*

teil nicht Folge geleistet hatte, wurde seine Mühle zwangsversteigert. Daraufhin wandte sich der Müller an den König, der die Gerichte anwies, dem Müller eine Schadensersatzklage zu gestatten. Dem kamen die Gerichte zwar nach, doch wiesen sie die Klage selbst ab. Friedrich der Große ließ die Zivilrichter daraufhin mit der Begründung verhaften, dass sie ungerechte Urteile erlassen hätten. Die zuständigen Strafrichter weigerten sich allerdings, ihre Kollegen dem Befehl des Königs entsprechend zu verurteilen. Daraufhin verurteilte Friedrich der Große die Zivilrichter selber zu einem Jahr Festungshaft (begnadigte sie aber kurz darauf auch wieder) und gab dem Schadensersatzverlangen des Müllers statt. Das Vorgehen des Königs löste einen Skandal aus. Der Müller-Arnold-Fall gilt heute als Ausgangspunkt der Entwicklung einer unabhängigen Justiz in Deutschland.

236 **Gesetzgebungskompetenz (Bund und Länder):** Die Gesetzgebungskompetenz besagt, welcher staatlichen Ebene (Bund oder Länder) die Zuständigkeit und Befugnis zum Erlass von Gesetzen für bestimmte Regelungsbereiche zusteht. Die Gesetzgebungskompetenz ist in den Art. 70 ff. GG geregelt. Im Grundsatz steht den Ländern die Gesetzgebungskompetenz zu, soweit dem Bund nicht ausnahmsweise eine Kompetenz eingeräumt ist (Art. 70 Abs. 1 GG). Das Grundgesetz unterscheidet weiter zwischen der ausschließlichen und der konkurrierenden Gesetzgebung. Im Bereich der ausschließlichen Gesetzgebung des Bundes haben die Länder die Befugnis zur Gesetzgebung nur, wenn und soweit sie hierzu in einem Bundesgesetz ausdrücklich ermächtigt werden (Art. 71 GG). Die Gebiete der ausschließlichen Gesetzgebungskompetenz des Bundes ergeben sich aus Art. 73 GG. Im Bereich der konkurrierenden Gesetzgebung haben die Länder die Befugnis zur Gesetzgebung, solange und soweit der Bund von seiner Gesetzgebungszuständigkeit nicht durch Gesetz Gebrauch gemacht hat (Art. 72 Abs. 1 GG). Die Gebiete der konkurrierenden Gesetzgebungskompetenz ergeben sich aus Art. 74 GG. Art. 72 Abs. 2 GG gibt den Ländern jedoch das Recht, in bestimmten Gebieten durch Gesetz Regelungen zu treffen, die von den gesetzlichen Regelungen abweichen, die der Bund für diese Gebiete erlassen hat. In diesen Regelungsbereichen treten Bundesgesetze frühestens sechs Monate nach ihrer Verkündung in Kraft und im Verhältnis vom Bundes- zum Landesrecht geht das jeweils spätere Gesetz vor.

Tipp: Die in den Art. 70 ff. GG enthaltenen Kataloge von Gebieten, auf denen eine Gesetzgebungskompetenz besteht, sind grundsätzlich abschließend. Das BVerfG erkennt aber an, dass der Bund für bestimmte Regelungsgegenstände eine Gesetzgebungskompetenz hat, die nicht ausdrücklich genannt sind, aber entweder mit den Katalogtatbeständen eng verwandt sind (Gesetzgebungskompetenz kraft Sachzusammenhangs) oder zur Vorbereitung oder Durchführung von Katalogtatbeständen erforderlich sind (Annexkompetenz) oder die logisch zwingend einer bundesweit einheitlichen Regelung bedürfen (Gesetzgebungskompetenz kraft Natur der Sache).

237 **Richtlinienkompetenz (Bundeskanzler):** Nach Art. 65 S. 1 GG bestimmt der Bundeskanzler die Richtlinien der Politik und er trägt dafür die Verantwortung. Die Richtlinienkompetenz bringt die Stellung des Kanzlers als Regierungsoberhaupt zum Ausdruck. Adressaten der Richtlinienkompetenz sind die Bundesminister. Die Richtlinienkompetenz erstreckt sich nach allgemeiner Ansicht auf politische Grundsatzfragen. Umstritten ist, ob sie dem Kanzler darüber hinaus lediglich das Recht einräumt, generelle Leitlinien für politische Fragen festzulegen, die keine Grundsatzfragen sind, oder ob der Kanzler kraft der Richtlinienkompetenz auch Einzelfälle entscheiden darf. Für die zuletzt genannte Ansicht spricht, dass der Kanzler nach Art. 65 S. 1 GG (und Art. 67 GG – Misstrauensvotum) die Verantwortung für die Politik trägt und er deshalb in der Lage sein muss, diese auch nach seinen Vorstellungen zu gestalten.

§ 1 der Geschäftsordnung der Bundesregierung präzisiert die Richtlinienkompetenz wie folgt:

- Die Richtlinienkompetenz gilt sowohl für die Innen- als auch für die Außenpolitik.

- Richtlinien des Kanzlers sind für die Bundesminister verbindlich und von ihnen in ihrem Geschäftsbereich selbständig und unter eigener Verantwortung zu verwirklichen. In Zweifelsfällen ist die Entscheidung des Bundeskanzlers einzuholen.

- Der Bundeskanzler hat das Recht und die Pflicht, auf die Durchführung der Richtlinien zu achten.

Weder im Grundgesetz noch in der Geschäftsordnung der Bundesregierung ist ausdrücklich geregelt, welche Folgen es hat, wenn ein Minister sich den Richtlinien des Kanzlers widersetzt. Tritt eine solche Situation ein, kommt theoretisch ein Organstreitverfahren (Art. 94 Abs. 1 Nr. 1 GG) in Betracht. Faktisch hat der Kanzler jedoch nur die Möglichkeit, den betreffenden Minister zu entlassen (Art. 64 Abs. 1 GG), weil anderenfalls die Autorität des Kanzlers untergraben würde. Allein dadurch, dass ein Minister gegen den Kanzler aufbegehrt und dieser gezwungen wird, von seiner Richtlinienkompetenz Gebrauch zu machen, ist die Autorität des Kanzlers allerdings schon in Frage gestellt, denn durch einen solchen Vorgang wird offenbar, dass der Kanzler in Teilen der Bundesregierung keinen politischen Rückhalt genießt.

Rückwirkungsverbot: Als Rückwirkungsverbot wird das Verbot bezeichnet, Rechtsnormen mit Wirkung für die Vergangenheit zu erlassen. Ausdrücklich geregelt ist das Rückwirkungsverbot für das materielle Strafrecht in Art. 103 Abs. 2 GG (Rn. 173). **238**

Im Übrigen unterscheidet das BVerfG wie folgt: Zulässig ist in der Regel eine „unechte Rückwirkung" (Bezeichnung des Ersten Senats) bzw. eine „tatbestandliche Rückanknüpfung" (Bezeichnung des Zweiten Senats). Diese liegt vor, wenn Rechtsfolgen in der Zukunft an Tatbestände geknüpft werden, die in der Vergangenheit begonnen haben, die aber noch nicht abgeschlossen sind. Im Einzelfall kann jedoch der Vertrauensschutz höher zu gewichten sein, sodass diese Form der Rückwirkung ausnahmsweise unzulässig ist.

Regelmäßig verboten ist dagegen eine „echte Rückwirkung" bzw. „Rückbewirkung von Rechtsfolgen". Hier werden Rechtsfolgen an bereits abgeschlossene Sachverhalte geknüpft. Dies kann ausnahmsweise zulässig sein, wenn kein schutzwürdiges Vertrauen der Betroffenen besteht und zwingende Gründe des Gemeinwohls eine rückwirkende Regelung erfordern (z.B. nichtige Norm wird ersetzt, eine verworrene Rechtslage bereinigt, die Rückwirkung betrifft nur Bagatellfälle).

Staatsprinzipien: Die Staatsprinzipien sind die prägenden Merkmale der Bundesrepublik Deutschland, die im GG niedergelegt sind. Diese Staatsprinzipien sind: **239**

- das Bundesstaatsprinzip (Art. 20 Abs. 1 GG),

- das Republikprinzip (Art. 20 Abs. 1 GG),

- das Demokratieprinzip (Art. 20 Abs. 1 GG),

- das Sozialstaatsprinzip (Art. 20 Abs. 1, 28 GG) und

- das Rechtsstaatsprinzip (Art. 20 Abs. 3, 23 Abs. 1, 28 Abs. 1 GG).

240 **Vertrauensfrage:** Als Vertrauensfrage wird die in Art. 68 Abs. 1 S. 1 GG geregelte Situation bezeichnet, dass der Bundeskanzler den Bundestag bittet, ihm das Vertrauen auszusprechen. Rechtliche Probleme wirft die Vertrauensfrage auf, wenn der Bundeskanzler nicht die Zustimmung der Mehrheit des Bundestages findet. Der Bundespräsident „kann" in diesem Fall den Bundestag auflösen und Neuwahlen anordnen, er darf davon folglich auch absehen. Das BVerfG[39] unterscheidet diesbezüglich zwei Sachverhaltskonstellationen: Die echte Vertrauensfrage und die unechte Vertrauensfrage. Vgl. dazu auch ausführlich das AS-Skript Staatsorganisationsrecht (2018).

Die echte Vertrauensfrage ist auf Bestätigung im Amt gerichtet. Dies ist genau der Fall, den Art. 68 Abs. 1 S. 1 GG vor Augen hat. Findet der Bundeskanzler wider Erwarten keine Zustimmung, kann der Bundespräsident den Bundestag auflösen.

Die unechte Vertrauensfrage ist nicht auf Bestätigung im Amt gerichtet, sondern zielt darauf ab, gerade keine Zustimmung zu erhalten, sondern Neuwahlen herbeizuführen. Sie gibt dem Bundestag ein Selbstauflösungsrecht, das ihm von der Verfassung absichtlich nicht eingeräumt wird (Umkehrschluss aus Art. 67, 68 GG). Dennoch geht das BVerfG davon aus, dass auch die unechte Vertrauensfrage in Zeiten politischer Instabilität zulässig ist und zur Auflösung des Bundestags führen kann. Es begründet dies vor allem damit, dass der Bundeskanzler, der Bundestag und der Bundespräsident den Vorgang überprüfen.

Beispiele: Die echte Vertrauensfrage stellten *Willy Brandt* (1972) und *Helmut Schmidt* (1982). Die unechte Vertrauensfrage stellten *Helmut Kohl* (ebenfalls 1982) und *Gerhard Schröder* (2005).

241 **Wahlrechtsgrundsätze:** Die Wahlrechtsgrundsätze, die bei Wahlen zum Bundestag gelten, sind in Art. 38 Abs. 1 S. 1 GG geregelt. Zu den Wahlrechtsgrundsätzen zählen

- die Allgemeinheit der Wahl (Gegenmodell z.B. Ausschluss des Wahlrechts für Frauen),

- die Freiheit der Wahl (Gegenmodell z.B. die Reichstagswahl vom 05.03.1933, dazu Rn. 344),

- die Unmittelbarkeit der Wahl (Gegenmodell z.B. die mittelbare Wahl des US-amerikanischen Präsidenten über Wahlleute),

- die Gleichheit der Wahl (Gegenmodell z.B. preußisches Dreiklassenwahlrecht) und

- die Geheimheit der Wahl.

Tipp: Die Gleichheit der Wahl wird durch die bei Bundestagswahlen geltende Fünf-Prozent-Hürde in Frage gestellt. Sie führt zwar nicht zu einer Ungleichbehandlung auf der Ebene der Auszählung („Zählwertgleichheit"), aber weil Stimmen verfallen, wenn die Hürde nicht genommen wird, kommt es zu einer Ungleichbehandlung im Ergebnis („Erfolgswertgleich-

---

39 BVerfG NJW 2005, 2669.

heit"). Das BVerfG argumentiert, dies sei gerechtfertigt, weil so eine Zersplitterung des Parlaments in zu viele Fraktionen verhindert werde.[40] Bei den Wahlen zum Europäischen Parlament sah das BVerfG dies in Bezug auf die dort geltende Drei-Prozent-Hürde anders.[41]

Weimarer Reichsverfassung, partielle Fortgeltung der: Obwohl die Weimarer Republik im Nationalsozialismus unterging (Rn. 344), gilt die WRV in Teilen bis heute. Das ergibt sich aus Art. 140 GG: Danach sind die Art. 136–139, 141 WRV Bestandteil des GG. Es handelt sich um Regelungen zum Staatskirchenrecht.   **242**

D. Grundrechte (Grundgesetz)

Allgemeines Persönlichkeitsrecht: Das allgemeine Persönlichkeitsrecht ist ein Grundrecht, das in der deutschen Verfassung nicht ausdrücklich geregelt ist (anders z.B. Art. 8 EMRK, Art. 7, 8 EU-GRCh). Der BGH und das BVerfG leiten das allgemeine Persönlichkeitsrecht jedoch aus Art. 2 Abs. 1 GG (allgemeine Handlungsfreiheit) und Art. 1 Abs. 1 GG (Menschenwürde) ab. Es handelt sich um ein Rahmenrecht, der Schutzbereich des Grundrechts ist vielgestaltig. Im Laufe der Jahrzehnte hat das BVerfG zahlreiche Fallgruppen des allgemeinen Persönlichkeitsrechts entwickelt, die zum Teil schon den Status eines eigenständigen Grundrechts erlangt haben. Zu nennen sind insbesondere: **243**

- Das Recht am eigenen Bild (vgl. auch §§ 22, 23 KUG),

- das Recht auf informationelle Selbstbestimmung,[42]

- das Recht auf Sicherheit und Integrität informationstechnischer Systeme.[43]

Eingriffe in das allgemeine Persönlichkeitsrecht müssen gerechtfertigt werden und dazu insbesondere verhältnismäßig sein. Die Verhältnismäßigkeitsprüfung lässt sich grob anhand der „Sphären" strukturieren, die betroffen sind: Öffentlichkeitssphäre, Sozialsphäre, Privatsphäre und Intimsphäre, wobei umstritten ist, ob diese „Grobrasterung" für jede der oben genannten Fallgruppen anwendbar ist. Während Eingriffe in das allgemeine Persönlichkeitsrecht, welche die Öffentlichkeitssphäre berühren, am leichtesten zu rechtfertigen sind, können Eingriffe in die Intimsphäre i.d.R. nicht gerechtfertigt werden. Der Grund dafür ist, dass jeder Mensch in der Öffentlichkeit damit rechnen muss, einem gewissen Mangel an Privatsphäre ausgesetzt zu sein, dass jeder Mensch aber auch einen Kernbereich privater Lebensgestaltung haben muss, in dem er „in Ruhe gelassen" wird. Dieses Grobraster kann aber nicht die Argumentation im Einzelfall ersetzen!

Tipp: Das allgemeine Persönlichkeitsrecht ist ein „sonstiges Recht" i.S.d. § 823 Abs. 1 BGB. Wird es verletzt, kann dies zivilrechtlich zu einem Entschädigungsanspruch führen, der unmittelbar aus der Verfassung folgt (deshalb gilt § 253 Abs. 2 BGB insoweit nicht).

Dreistufentheorie: Die Dreistufentheorie hat das BVerfG im Apotheken-Urteil entwickelt. Es handelt sich dabei um ein Modell, um die Verhältnismäßigkeitsprüfung bei Ein-   **244**

---

40 BVerfG, Urt. v. 29.09.1990 – 2 BvE 1, 3, 4/90, 2 BvR 1247/90.
41 BVerfG RÜ 2012, 35; BVerfG NJW 2014, 1431.
42 BVerfG NJW 1984, 419 – Volkszählung.
43 BVerfG RÜ 2008, 249 – Online-Durchsuchung.

griffen in das einheitliche Grundrecht der Berufsfreiheit (Art. 12 Abs. 1 GG, mit den Ausprägungen der Berufsausübungs- bzw. der Berufswahlfreiheit) zu strukturieren. Die Anforderungen an die Verhältnismäßigkeit eines Eingriffs nehmen mit jeder Stufe zu:

- Eingriffe in die Berufsausübungsfreiheit (erste Stufe) können danach schon aus vernünftigen Gemeinwohlerwägungen gerechtfertigt werden.

- Eingriffe in die Berufswahlfreiheit, die an subjektive Voraussetzungen des Grundrechtsträgers, also an Bedingungen, die in der Person des Grundrechtsträger liegen (z.B. persönliche Eigenschaften wie z.B. das Alter, bestandene Prüfungen, Kenntnisse und Fertigkeiten, keine Vorstrafen etc.), anknüpfen (zweite Stufe), sind nur zum Schutz besonders wichtiger Gemeinschaftsgüter zulässig.

- Eingriffe in die Berufswahlfreiheit, die an objektive Voraussetzungen, das heißt Voraussetzungen, auf die der Grundrechtsträger keinen Einfluss nehmen kann (z.B. feste Höchstzahlen) anknüpfen (dritte Stufe), sind nur zum Schutz überragend wichtiger Gemeinschaftsgüter zulässig.

Achtung: Die Übergänge zwischen den drei Stufen sind fließend und ersetzen nicht die Interessenabwägung und Argumentation anhand des konkreten Einzelfalls!

245   **Eigentum:** Art. 14 Abs. 1 S. 1 GG schützt das „Eigentum". Da Eigentum keine Tatsache ist, anders als z.B. das Leben (Art. 2 Abs. 2 GG), muss es erst durch das einfache Recht definiert werden. Das birgt die Gefahr, dass der Gesetzgeber das Eigentum so stark beschränkt, dass davon im Ergebnis nichts übrig bleibt. Deshalb hat Art. 14 Abs. 1 S. 1 GG zwei Schutzrichtungen: Zum einen schützt er das Eigentum als Institut (Institutsgarantie). Das einfache Recht muss so ausgestaltet sein, dass es Rechte gewährt, die noch den Namen „Eigentum" verdienen. Die Eigentumsgarantie schützt zum anderen das konkrete Eigentum des einzelnen Grundrechtsträgers (Bestandsgarantie). Das verfassungsrechtliche Eigentum ist dabei nicht identisch mit dem zivilrechtlichen Eigentum i.S.d. §§ 929 ff. BGB, sondern es umfasst jedes vermögenswerte Recht, das einem Einzelnen privatnützig zur ausschließlichen Nutzung durch das einfache Recht zugewiesen ist.

Tipp: Früher wurde nicht streng danach unterschieden, ob es sich bei einem Eingriff in das Eigentum um eine bloße Inhalts- und Schrankenbestimmung, eine Enteignung oder um einen enteignungsgleichen Eingriff handelte. Dem hat das BVerfG zunächst im Nassauskiesungsbeschluss[44] ein Ende gesetzt: Grundsätzlich löse nur eine Enteignung die Entschädigungspflicht nach Art. 14 Abs. 3 GG aus. Eine bloße Inhalts- und Schrankenbestimmung sei dagegen grundsätzlich entschädigungslos hinzunehmen, weil Art. 14 Abs. 1 S. 2 GG das Eigentum ausdrücklich unter den Vorbehalt der Sozialbindung stelle. Ausnahmsweise komme eine Entschädigung jedoch bei enteignungsgleichen Eingriffen in Betracht bzw. könne diese in Härtefällen zur Wahrung der Verhältnismäßigkeit sogar geboten sein. In der Entscheidung zum Atomausstieg hat das BVerfG allerdings betont, dass es die Eigentumsgarantie nicht gebietet, einmal ausgestaltete Rechtspositionen für alle Zukunft in ihrem Inhalt unangetastet zu lassen. Selbst die entschädigungslose, völlige Beseitigung bisher bestehender, durch die Eigentumsgarantie geschützter Rechtspositionen könne unter bestimmten Vor-

---

44 BVerfG NJW 1982, 745; bestätigt durch BVerfG NJW 2017, 217 Rn. 245 – Atomausstieg.

aussetzungen zulässig sein. Der Eingriff in die nach früherem Recht entstandenen Rechte müsse durch Gründe des öffentlichen Interesses unter Berücksichtigung des Grundsatzes der Verhältnismäßigkeit gerechtfertigt sein. Die Gründe des öffentlichen Interesses, die für einen solchen Eingriff sprächen, müssten so schwerwiegend sein, dass sie Vorrang hätten vor dem Vertrauen des Bürgers auf den Fortbestand seines Rechts, das durch den Art. 14 Abs. 1 S. 1 GG innewohnenden Bestandsschutz gesichert werde.[45]

Beispiel: Die Polizei beschlagnahmt die Leiter eines Privaten für eine Brandbekämpfung. Die Leiter wird dabei völlig zerstört. Manche Landesgesetze enthalten für solche Fälle spezielle Entschädigungsregelungen. Fehlt es daran, ist gewohnheitsrechtlich anerkannt, dass dem Eigentümer ein Entschädigungsanspruch für die Aufopferung für das gemeine Wohl zusteht (z.T. wird dies auf die §§ 74, 75 der Einleitung des PrALR gestützt).

Grundrechtsberechtigte: Wer sich auf ein Grundrecht berufen kann, ergibt sich aus   **246** den Tatbeständen der Grundrechte. Manche Grundrechte gelten grundsätzlich für jeden (z.B. Art. 2 Abs. 1 GG), während andere Grundrechte nur für Deutsche (Art.116 GG) gelten (z.B. Art. 8 Abs. 1 GG). Zwei Besonderheiten gilt es aber zu beachten: Zum einen gelten die Grundrechte für juristische Personen (und rechtsfähige Gesamthandsgemeinschaften, dazu Rn. 153) nach Art. 19 Abs. 3 GG nur, soweit ein Grundrecht seinem Wesen nach auf sie anwendbar ist. Das ist z.B. bei dem Recht auf Leben (Art. 2 Abs. 2 GG) nicht der Fall. Zum anderen können sich staatliche Stellen in der Regel nicht auf die Grundrechte berufen, weil sie durch diese verpflichtet werden, denn die Grundrechte sind in erster Linie Abwehrrechte des Bürgers gegen den Staat. Von diesem Grundsatz gibt es jedoch einige wichtige Ausnahmen: Die staatlichen Hochschulen können sich etwa auf die Wissenschaftsfreiheit (Art. 5 Abs. 3 GG) berufen und die staatlichen Rundfunkanstalten (ARD, ZDF etc.) auf die Rundfunkfreiheit (Art. 5 Abs. 1 S. 2 GG). Auch sind die katholische Kirche und die evangelischen Kirchen nach Art. 140 GG i.V.m. Art. 137 Abs. 5 WRV öffentlich-rechtliche Körperschaften. Dennoch steht ihnen das Grundrecht aus Art. 4 Abs. 1 GG zu.

Tipp: *Durch das Recht der EU wird der Geltungsbereich mancher Grundrechte erweitert. Art. 18 Abs. 1 AEUV und andere Vorschriften des Primärrechts (Rn. 229) – beispielsweise die Grundfreiheiten (Rn. 227) – verbieten den Mitgliedstaaten eine Diskriminierung von EU-Bürgern wegen ihrer Staatsangehörigkeit. Deshalb stehen den Deutschen i.S.d. Grundrechte grundsätzlich auch andere EU-Bürger gleich. Ebenso hat das BVerfG entschieden, dass „inländische" juristische Personen i.S.d. Art. 19 Abs. 3 GG auch juristische Personen mit Satzungssitz in anderen EU-Mitgliedstaaten sein können, die in Deutschland tätig sind.[46]*

Grundrechtsverpflichtete: Da die Grundrechte in erster Linie Abwehrrechte des Bür-   **247** gers gegen den Staat sind, verpflichten sie hauptsächlich staatliche Stellen, und zwar sowohl die Legislative wie auch die Exekutive und die Judikative (Art. 1 Abs. 3 GG). Ein Sonderfall ist die Koalitionsfreiheit, die nach Art. 9 Abs. 3 S. 2 GG nicht nur zwischen Bürger und Staat unmittelbar gilt, sondern auch zwischen Privaten. Seit der *Lüth*-Entscheidung des BVerfG[47] hat sich in Deutschland darüber hinaus die Auffassung durchgesetzt, dass Grundrechte eine „mittelbare Drittwirkung", also eine mittelbare Wirkung zwischen Pri-

---

45 BVerfG NJW 2017, 217 Rn. 269.

46 BVerfG RÜ 2011, 723.

47 BVerfG NJW 1958, 257.

vaten, entfalten können, weil der Richter, der das einfache Gesetzesrecht anwendet, bei dessen Auslegung hoheitlich tätig wird und dabei an die Grundrechte gebunden ist. Deshalb müssen die zivilistischen Generalklauseln wie z.B. § 242 BGB unter Berücksichtigung der objektiven Werteordnung der Verfassung ausgelegt werden.

Tipp: Da der Staat die Möglichkeit hat, statt mit hoheitlichen Mitteln in den Formen des Privatrechts tätig zu werden, besteht die Gefahr, dass er sich seiner Grundrechtsbindung entzieht, wenn die Grundrechte nicht auch bestimmte privatrechtlich verfasste Rechtssubjekte unmittelbar binden. Um dem entgegenzuwirken, hat das BVerfG eine Grundrechtsbindung deshalb beispielsweise für die Fraport AG angenommen, an der das Land Hessen und von der Stadt Frankfurt kontrollierte Unternehmen die Mehrheit der Anteile halten.[48]

248 **Praktische Konkordanz:** S. Verhältnismäßigkeit (Rn. 250).

249 **Schranken und Schranken-Schranken:** Als Schranken bezeichnet man in der Grundrechtsdogmatik diejenigen Regelungen, die es dem Gesetzgeber erlauben, in Grundrechte einzugreifen. Unterschieden werden

- verfassungsunmittelbare Schranken, also verfassungsunmittelbare Regelungen, die bestimmte Grundrechtsausübungen von vornherein untersagen (z.B. Art. 9 Abs. 2 GG),

- verfassungsimmanente Schranken, die sich daraus ergeben, dass miteinander konkurrierende Verfassungspositionen in einen vernünftigen Ausgleich gebracht werden müssen, selbst dann, wenn eine oder beide von ihnen scheinbar schrankenlos gewährleistet sind (z.B. Art. 4 Abs. 1 GG, s. auch praktische Konkordanz/Verhältnismäßigkeit (Rn. 250),

- qualifizierte Gesetzesvorbehalte, die es erlauben, ein Grundrecht durch ein einfaches Gesetz einzuschränken, sofern dieses Gesetz bestimmte Anforderungen erfüllt (z.B. Art. 13 Abs. 2 GG),

- einfache Gesetzesvorbehalte, die eine Einschränkung von Grundrechten durch ein einfaches Gesetz erlauben, ohne an dieses Gesetz besondere Anforderungen zu stellen (z.B. Art. 8 Abs. 2 GG).

Um zu verhindern, dass der Gesetzgeber die vorstehend genannten Schranken in einem Maße einsetzt, dass die Grundrechte dadurch ausgehöhlt werden, unterwirft das Grundgesetz die Beschränkung von Grundrechten ihrerseits bestimmten Beschränkungen. Diese sog. Schranken-Schranken sind

- der Verhältnismäßigkeitsgrundsatz (Rn. 250),

- die Wesensgehaltsgarantie (Art. 19 Abs. 2 GG),

- das Verbot von Einzelfallgesetzen (Art. 19 Abs. 1 S. 1 GG),

- das Zitiergebot, also das Gebot, das eingeschränkte Grundrecht unter Angabe des Artikels zu nennen (Art. 19 Abs. 1 S. 2 GG),

---

48 BVerfG RÜ 2011, 243.

■ sowie, als Ausprägung des Verhältnismäßigkeitsgrundsatzes, die Wechselwirkungs-lehre, die besagt, dass Schranken ihrerseits anhand der Bedeutung eines Grund-rechts (einschränkend) ausgelegt werden müssen. Dies hat vor allem bei der Mei-nungsfreiheit (Art. 5 Abs. 1 S. 1 GG) große Bedeutung.

Als weitere Schranken-Schranken lassen sich auch die Wesentlichkeitstheorie (Rn. 252) oder der aus dem Rechtsstaatsprinzip abgeleitete Bestimmtheitsgrundsatz nennen, der besagt, dass der Bürger erkennen können muss, welche Rechtsfolgen sein Verhalten hat bzw. haben kann. Eine besondere Ausprägung des Bestimmtheitsgrundsatzes ist der strafrechtliche Bestimmtheitsgrundsatz nach Art. 103 Abs. 2 GG.

Verhältnismäßigkeit: Die Verhältnismäßigkeit eines Eingriffs in den Schutzbereich ei- **250** nes Grundrechts ist Voraussetzung für dessen (materielle) Rechtmäßigkeit. Das BVerfG leitet dieses Verhältnismäßigkeitsprinzip aus dem Rechtsstaatsprinzip ab. Es besagt, dass ein Grundrecht nur eingeschränkt werden darf, wenn und soweit dies erforderlich ist, um ein höherrangiges Recht oder Rechtsgut zu schützen. Daraus folgt, dass ein Ein-griff in den Schutzbereich eines Grundrechts vier Voraussetzungen erfüllen muss, um verhältnismäßig zu sein:

■ Er muss einem legitimen Ziel dienen, sich also im Rahmen der Werteordnung der Ver-fassung bewegen (z.B. nicht Errichtung einer Monarchie),

■ der Eingriff muss geeignet sein, dieses Ziel zu fördern,

■ er muss erforderlich sein, das heißt, es darf keine gleich geeigneten, weniger belas-tenden Mittel geben, um das Ziel zu fördern, und

■ er muss angemessen sein (Verhältnismäßigkeit i.e.S.). Die Angemessenheit fehlt, wenn das angestrebte Ziel völlig außer Verhältnis zu dem damit verbundenen Grundrechtseingriff steht (z.B. Verbot einer politischen Demonstration mit dem Ziel, geringfügige Umsatzeinbußen für die anliegenden Geschäfte zu verhindern). Dazu bedarf es einer umfassenden Abwägung der mit einer Maßnahme verbundenen Vor- und Nachteile. In der Prüfung sammelt Punkte, wer hier nah am Sachverhalt argu-mentiert.

Ausprägungen des Verhältnismäßigkeitsprinzips sind das Über- und das Untermaßver-bot sowie das von *Konrad Hesse* geprägte Gebot praktischer Konkordanz. Das Übermaß-verbot besagt, dass der Staat nicht stärker in Grundrechte eingreifen darf, als erforder-lich ist, um das gewünschte Ziel zu erreichen (Erforderlichkeit, s.o.). Das Untermaßver-bot besagt, dass der Staat ein Minimum an Maßnahmen ergreifen muss, um die Verwirk-lichung von Grundrechten zu ermöglichen (z.B. folgt aus dem Schutz der Ehe in Art. 6 Abs. 1 GG, dass es Gesetze geben muss, die den Eheschluss ermöglichen bzw. festlegen, was als Ehe gilt). Das Gebot praktischer Konkordanz besagt, dass bei der Kollision von Grundrechten (oder sonstigen durch die Verfassung geschützten Rechtspositionen) nicht nur eine Abwägung und Entscheidung zugunsten einer der Rechtspositionen er-folgen darf, sondern dass beide Rechtspositionen so in Einklang miteinander gebracht werden müssen, dass jede von ihnen so weit wie möglich verwirklicht werden kann.

251 **Versammlungsbegriff:** Der Versammlungsbegriff bestimmt den sachlichen Schutzbereich der Versammlungsfreiheit (Art. 8 Abs. 1 GG) und ist deshalb entscheidend für den Schutz, den dieses Grundrecht gewährt. Seit Jahrzehnten ist umstritten, welchen Zweck eine Versammlung haben muss, um von Art. 8 Abs. 1 GG erfasst zu werden:

■ Das BVerfG folgt dem sog. engen Versammlungsbegriff und hat die Versammlung im *Love Parade*-Beschluss[49] definiert als „eine örtliche Zusammenkunft mehrerer Personen zur gemeinschaftlichen, auf die Teilhabe an der öffentlichen Meinungsbildung gerichteten Erörterung oder Kundgebung." Zweck der Versammlung muss danach die öffentliche Meinungsbildung oder Meinungskundgabe sein, also ein Zweck von allgemeinem Interesse. Die Love Parade erfüllte diese Anforderung nach Ansicht des BVerfG nicht, weil die Veranstaltung den Charakter einer Spaßveranstaltung („Massenparty") habe.

■ Eine starke Gegenauffassung vertritt einen weiten Versammlungsbegriff und verlangt – bei Differenzierungen im Detail – lediglich eine Zusammenkunft mehrerer Personen zu irgendeinem Zweck. Befürworter dieser Ansicht argumentieren, der enge Versammlungsbegriff schränke schon den Schutzbereich zu stark ein und schneide dadurch die Rechtfertigungsprüfung ab.

■ Eine vermittelnde Ansicht verlangt zwar, dass eine gemeinsame Meinungsbildung und -äußerung stattfindet, lässt anders als das BVerfG aber auch private Themen genügen, um eine Versammlung zu bejahen (sog. erweiterter Versammlungsbegriff).

Tipp: Weitere Probleme des Versammlungsbegriffs sind die erforderliche Zahl an Teilnehmern (die Meinungen reichen von mindestens zwei bis zu sieben Personen, das BVerfG hat diese Frage noch nicht beantwortet) und ob virtuelle Versammlungen ebenfalls erfasst sind (überwiegend verneint, weil es sich nicht um eine „örtliche" Zusammenkunft handele).

252 **Wesentlichkeitstheorie:** Die Wesentlichkeitstheorie ist eine Rechtsfigur, die das BVerfG entwickelt hat. Sie besagt, dass Entscheidungen von erheblicher Bedeutung für die Grundrechte der Normunterworfenen nicht in Rechtsverordnungen oder Satzungen getroffen werden dürfen, sondern dass der Bundestag selbst darüber in einem formellen Gesetz entscheiden muss.[50] Durch den Wesentlichkeitsgrundsatz wird verhindert, dass wichtige Entscheidungen ohne Beteiligung des Parlaments getroffen werden, das nach der Konzeption des Grundgesetzes der zentrale Ort politischer Auseinandersetzungen sein soll.

E. Allgemeines Verwaltungsrecht

253 **Allgemeinverfügung:** Die Allgemeinverfügung ist ein Spezialfall des Verwaltungsakts (Rn. 261). Sie ist beispielsweise in § 35 S. 2 VwVfG geregelt. Von dem Grundfall des Verwaltungsakts unterscheidet sie sich dadurch, dass sie einen konkreten Sachverhalt für eine Vielzahl von Adressaten regelt (generell-konkrete Regelung), während die Grundform des Verwaltungsakts einen konkreten oder abstrakten Sachverhalt für einen einzelnen oder wenige Adressaten regelt (individuell-konkrete/abstrakte Regelung).

---

49 BVerfG NJW 2001, 2459.
50 BVerfG NJW 1972, 1504 – Facharzt.

Anhörung: Bevor ein Verwaltungsakt erlassen wird, der in Rechte eines Beteiligten eingreift, ist diesem nach § 28 VwVfG Gelegenheit zu geben, sich zu den für die Entscheidung erheblichen Tatsachen zu äußern. Nach § 28 Abs. 2 VwVfG kann von einer Anhörung unter bestimmten Voraussetzungen abgesehen werden, insbesondere bei Gefahr im Verzug (Nr. 1, dazu Rn. 275) sowie bei Maßnahmen in der Verwaltungsvollstreckung (Nr. 5). Eine Anhörung muss nach § 28 Abs. 3 VwVfG unterbleiben, wenn ihr ein zwingendes öffentliches Interesse entgegensteht. Dazu genügt es nicht, dass der Erfolg der Verwaltungsmaßnahme durch eine Anhörung möglicherweise gefährdet würde (dieser Fall ist u.a. schon von Abs. 2 Nr. 1 und 5 umfasst), sondern erforderlich ist ein besonderes öffentliches Interesse, z.B. die Abwehr einer Gefahr für das Leben eines Menschen.

254

Behörde: Behörden sind alle Stellen, die Aufgaben der öffentlichen Verwaltung wahrnehmen (vgl. § 1 Abs. 4 VwVfG).

255

Beliehener: Ein Beliehener ist eine natürliche oder juristische Person, die als Privatperson mit der selbständigen Wahrnehmung von Aufgaben der öffentlichen Verwaltung betraut ist und die in dieser Funktion hoheitliche Befugnisse ausüben kann. Der Beliehene unterscheidet sich von einem Verwaltungshelfer dadurch, dass der Verwaltungshelfer nicht selbständig, sondern nur nach Weisung einer Behörde tätig wird (z.B. Abschleppunternehmer). Eine Beleihung darf nur durch oder aufgrund eines Gesetzes erfolgen. Sie hat zur Folge, dass die Privatperson im Rahmen ihrer Tätigkeit als Beliehener grundrechtsverpflichtet (Rn. 247) ist. Außerdem kann der Beliehene Amtshaftungsansprüche nach § 839 BGB i.V.m. Art. 34 GG auslösen.

256

Beispiel: Bekannte Beispiele für eine Beleihung sind die Technischen Überwachungsvereine (TÜV), soweit sie die Hauptuntersuchungen nach § 29 StVZO vornehmen, sowie die Bezirksschornsteinfeger, soweit sie die sog. Feuerstättenschau durchführen.

Beurteilungsspielraum: Der Begriff ist gesetzlich nicht definiert, aber der Beurteilungsspielraum ist als Rechtsfigur allgemein anerkannt. Er liegt vor, wenn einer Behörde (Rn. 255) auf der Tatbestandsebene einer Norm eine gewisse Freiheit darüber eingeräumt ist, zu entscheiden, wie ein Tatbestandsmerkmal auszulegen ist. Wichtigste Folge eines Beurteilungsspielraums ist, dass die behördliche Entscheidung nur eingeschränkt gerichtlich überprüft werden kann, soweit sie auf dem Beurteilungsspielrum beruht. Wird einer Behörde auf der Rechtsfolgenebene eine vergleichbare Freiheit gewährt, spricht man von Ermessen (Rn. 258). Voraussetzung für einen Beurteilungsspielraum ist, dass eine Norm ein Tatbestandsmerkmal enthält, dessen Inhalt nicht präzise bestimmt werden kann. Man spricht dann von einem unbestimmten Rechtsbegriff. Einer der am häufigsten verwendeten, unbestimmten Rechtsbegriffe ist das „öffentliche Interesse".

257

In der Regel besitzen Tatbestandsmerkmale einen Inhalt, der durch Auslegung präzise bestimmt werden kann. Eine Behörde hat dann nur die Möglichkeit, zu entscheiden, ob ein Sachverhalt dem Tatbestandsmerkmal, dessen Inhalt zuvor durch Auslegung präzise ermittelt wurde, subsumiert werden kann oder nicht. Es gibt jedoch Sachverhaltskonstellationen, die so vielschichtig oder mit so großen Unwägbarkeiten behaftet sind, dass der Gesetzgeber sie nicht abschließend im Voraus regeln kann. Häufig erfordern Entscheidungen in diesen Konstellationen besonderes Fachwissen und/oder eine Prognose der künftigen Entwicklungen. Deshalb muss der Gesetzgeber sich hier auf die besondere Fachkunde der Behörde verlassen, die im Einzelfall eine Entscheidung trifft. In der

Rspr. ist anerkannt, dass solche vielseitigen Sachverhaltskonstellationen typischerweise in folgenden Fällen auftreten können:

- Prüfungs- und prüfungsähnliche Entscheidungen (z.B. Abitur, wobei zu beachten ist, dass allein fachwissenschaftliche Fragen nur eingeschränkt überprüfbar sind, während prüfungsspezifische Wertungen (z.B. Notengebung, Gewichtung einzelner Aufgaben etc.) uneingeschränkt gerichtlich überprüft werden können),

- beamtenrechtliche Entscheidungen (z.B. Beförderung, Versetzung, das zu Prüfungen Gesagte gilt hier entsprechend),

- Entscheidungen unabhängiger, pluralistisch besetzter Sachverständigengremien (z.B. Bundesprüfstelle für jugendgefährdende Schriften),

- politische Entscheidungen (z.B. über einen Militäreinsatz – ggf. ist hier schon der Weg zu den Verwaltungsgerichten nicht eröffnet, wenn es sich um eine verfassungsrechtliche Streitigkeit zwischen Verfassungsorganen handelt),

- Entscheidungen mit prognostischem Inhalt (z.B. Zulassung neuer oder riskanter Technologien).

In diesen typischen Konstellationen gibt es i.d.R. schon auf der Tatbestandsebene einer Norm mehrere Entscheidungsmöglichkeiten, die jeweils „richtig" sein können. Wenn sich die Behörde aufgrund ihrer besonderen Sachkunde für eine dieser Möglichkeiten entscheidet, soll nicht im Nachhinein ein Gericht diese Entscheidung für rechtswidrig erklären können. Der Vorteil des Beurteilungsspielraums besteht darin, dass er der Behörde in komplizierten Sachverhaltskonstellationen die für eine sachgerechte Entscheidung notwendige Flexibilität verleiht. Der Nachteil besteht aber darin, dass die Legislative und die Judikative gegenüber der Exekutive geschwächt werden. Zudem wird das Grundrecht auf effektiven Rechtsschutz (Art. 19 Abs. 4 GG) eingeschränkt. Deshalb stellt die Rspr. bestimmte Anforderungen an die Entscheidung der Behörde. Werden diese nicht eingehalten, liegt also ein Beurteilungsfehler vor, kann ein Gericht die Entscheidung trotz des bestehenden Beurteilungsspielraums für rechtswidrig erklären. Typische Beurteilungsfehler sind:

- Verstoß gegen Verfahrensvorschriften,

- Entscheidung auf der Grundlage unzureichender oder falscher Tatsachengrundlage,

- Nichtbeachtung allgemeingültiger Bewertungsgrundsätze,

- Fehlen einer nachvollziehbaren Begründung, insbesondere Berücksichtigung sachfremder Erwägungen.

258 **Ermessen:** Das Ermessen ist einer der Zentralbegriffe des allgemeinen Verwaltungsrechts, der aber auch in anderen Teilen des öffentlichen Rechts und in anderen Rechtsgebieten eine wichtige Rolle spielt. Der Begriff des Ermessens ist nicht gesetzlich definiert. Ermessen lässt sich im Verwaltungsrecht definieren als die Freiheit einer Behörde (Rn. 255), auf der Rechtsfolgenseite einer Norm zwischen verschiedenen Optionen zu wählen. Wird einer Behörde auf der Tatbestandsebene eine vergleichbare Option eröffnet, spricht man von Beurteilungsspielraum (Rn. 257). Eine Norm, die einer Behörde auf

der Tatbestandsebene einen Beurteilungsspielraum und auf der Rechtsfolgenebene ein Ermessen einräumt, nennt man „Koppelungsvorschrift".

Das Ermessen ermöglicht es der Behörde, im Einzelfall flexibel zu reagieren und dies kann die Einzelfallgerechtigkeit erhöhen. Diese erhöhte Flexibilität schwächt aber auch die Gesetzesbindung der Verwaltung (Art. 1 Abs. 3, 20 Abs. 3 GG) und sie verringert die Rechtssicherheit. Nach § 40 VwVfG hat eine Behörde ihr Ermessen entsprechend dem Zweck der Ermächtigung dazu auszuüben und die gesetzlichen Grenzen des Ermessens einzuhalten, wenn sie ermächtigt ist, nach ihrem Ermessen zu handeln. Daraus lassen sich zwei wesentliche Aussagen ableiten:

- Erstens besteht ein Ermessen nur dann, wenn es der Behörde eingeräumt ist. Das ist beispielsweise bei Normen der Fall, nach der eine Behörde eine Maßnahme ergreifen „kann" oder „darf". „Soll" sie handeln, ist dies ein Fall des sog. „intendierten Ermessens". „Soll" die Behörde handeln, muss sie bei Vorliegen der Voraussetzungen der Norm eine bestimmte Maßnahme ergreifen, wenn kein atypischer Einzelfall vorliegt. Wenn eine Behörde nach einer Norm handeln „muss", hat sie kein Ermessen, sondern sie ist verpflichtet, zu handeln, wenn die Tatbestandsvoraussetzungen der Norm vorliegen. Soweit der Behörde ein Ermessen eingeräumt ist, unterscheidet man zwischen dem Entschließungs- und dem Auswahlermessen. Von Entschließungsermessen spricht man, wenn eine Behörde entscheidet „ob" sie überhaupt tätig werden soll. Von Auswahlermessen spricht man, wenn eine Behörde entscheidet, welche mehrerer in Betracht kommender Maßnahmen sie umsetzen soll („wie").

- Zweitens darf die Behörde ihr Ermessen nur innerhalb der gesetzlichen Grenzen und nur so ausüben, dass ihre Entscheidung dem Zweck der Ermächtigung nicht widerspricht. Das bedeutet, dass sich die Behörde an alle geschriebenen und ungeschriebenen Regeln der Rechtsordnung halten muss. Dazu zählt vor allem der Tatbestand der Norm, welche die Behörde zur Ermessensausübung ermächtigt. Dazu zählen aber beispielsweise auch die zwingenden Normen aus anderen Gesetzen (einschließlich Zuständigkeitsvorschriften) sowie die Grundrechte und der Verhältnismäßigkeitsgrundsatz. Von diesem Befund ausgehend, haben Rspr. und Lit. eine Ermessensfehlerlehre entwickelt: Übt eine Behörde ein ihr zustehendes Ermessen gar nicht aus (Ermessensnichtgebrauch), ist dies ebenso fehlerhaft wie wenn sie auf fehlerhafter Tatsachengrundlage entscheidet oder aufgrund nicht relevanter Argumente zu einer Entscheidung gelangt (Ermessenfehlgebrauch). Wenn eine Behörde sich für eine Option entscheidet, die ihr gar nicht zur Verfügung steht (z.B. Ersatzvornahme, obwohl nur ein Zwangsgeld in Betracht kommt), spricht man von einer Ermessensüberschreitung.

- Manchmal kann ein Sachverhalt so gelagert sein, dass die Behörde trotz eines ihr grundsätzlich zustehenden Ermessens nur eine rechtmäßige Entscheidung treffen kann, weil jede andere Entscheidung ermessensfehlerhaft wäre. Dies nennt man „Ermessensreduzierung auf Null".

- Ein Ermessensfehler hat zur Folge, dass ein Verwaltungsakt (Rn. 261) rechtswidrig ist und mit der Anfechtungsklage bzw. der Verpflichtungsklage angegriffen werden kann. Nur unter den Voraussetzungen des § 42 VwVfG (oder entsprechender Landesregelungen) ist der Verwaltungsakt nichtig. Die Gerichte sind nach § 114 S. 1 VwGO berechtigt und verpflichtet, die Ermessensausübung durch die Behörde in vollem Umfang zu überprüfen.

Tipp: Ermessen und Beurteilungsspielraum sind einerseits sehr prüfungsträchtig, andererseits auch eine recht komplexe Materie. Die Darstellung oben enthält nur die wesentlichen Grundzüge und sie ersetzt auf keinen Fall eine vertiefte Auseinandersetzung mit der Thematik! S. dazu etwa das AS-Skript Verwaltungsrecht AT 1 (2017).

259 **Reformatio in peius:** Der lateinische Begriff lässt sich mit Verschlechterung übersetzen. Gemeint ist, dass gegen die Entscheidung einer Behörde oder eines Gerichts, die eine Beschwer für den Betroffenen enthält, ein Rechtsbehelf eingelegt wird und dass die darüber entscheidende Stelle dem Betroffenen eine noch größere Beschwer auferlegt. Den Gerichten verbietet § 88 VwGO eine *reformatio in peius* grundsätzlich, weil die Gerichte nach dieser Vorschrift nicht über den Klageantrag hinausgehen dürfen – und wer beantragt schon eine Verschlechterung? Ausnahmen gelten aber z.B. bei der Widerklage (§ 89 VwGO). Anders ist es im Verwaltungsverfahren: § 88 VwGO gilt hier nicht unmittelbar und eine analoge Anwendung scheidet nach h.M. aus. Nach ebenso h.M. ist eine *reformatio in peius* jedenfalls im Widerspruchsverfahren möglich, wenn die Ausgangsbehörde und die Widerspruchsbehörde identisch sind. Dafür spricht die Gesetzesbindung der Verwaltung (Art. 20 Abs. 3 GG), welche die Behörde verpflichtet, rechtswidrige frühere Entscheidungen auch zulasten des Betroffenen zu ändern. Einzelheiten sind jedoch sehr umstritten, es empfiehlt sich eine vertiefte Auseinandersetzung mit der Materie.

260 **Vertrag, öffentlich-rechtlicher:** Der öffentlich-rechtliche Vertrag ist ein Gestaltungsmittel der öffentlichen Verwaltung. Durch ihn kann ein öffentlich-rechtliches Rechtsverhältnis begründet werden (§ 54 VwVfG). Das ist zugleich das wichtigste Abgrenzungskriterium zum privatrechtlichen Vertrag (§§ 145 ff. BGB), der keine öffentlich-rechtlichen Rechtspositionen zum Gegenstand haben kann. Auf den öffentlich-rechtlichen Vertrag finden die Vorschriften des BGB über Verträge aber ergänzende Anwendung (§ 64 VwVfG). Der wesentliche Unterschied zum Verwaltungsakt besteht darin, dass der öffentlich-rechtliche Vertrag nur durch die Annahme der anderen Vertragspartei zustande kommt und nicht durch einseitiges Handeln der Verwaltung. Gleichwohl gelten die für Verwaltungsakte geltenden Nichtigkeitsgründe auch für den öffentlich-rechtlichen Vertrag (§ 59 Abs. 2 VwVfG). Der öffentlich-rechtliche Vertrag bedarf der Schriftform (§ 57 VwVfG).

261 **Verwaltungsakt:** Der Verwaltungsakt ist das wichtigste Gestaltungsmittel der öffentlichen Verwaltung. Er kann hier nur in seinen wesentlichen Grundzügen dargestellt werden, zur Vertiefung bietet sich das AS-Skript Verwaltungsrecht AT 1 (2017) an. Der Begriff des Verwaltungsakts ist etwa in § 35 S. 1 VwVfG gesetzlich definiert. Ein Verwaltungsakt ist danach jede Verfügung, Entscheidung oder andere hoheitliche Maßnahme, die eine Behörde zur Regelung eines Einzelfalls auf dem Gebiet des öffentlichen Rechts trifft und die auf unmittelbare Rechtswirkung nach außen gerichtet ist. Im Einzelnen:

- Hoheitliche Maßnahme: Nur Maßnahmen im Über-Unterordnungsverhältnis können Verwaltungsakte sein, Maßnahmen im Gleichordnungsverhältnis (z.B. der Abschluss eines Kaufvertrags durch eine Behörde mit einem Privaten) fallen nicht darunter.

- Einer Behörde: Nur eine Behörde i.S.d. § 1 Abs. 4 VwVfG kann Verwaltungsakte erlassen.

- Regelung: Der Verwaltungsakt enthält eine Regelung, ist also darauf gerichtet, eine verbindliche rechtliche Regelung herbeizuführen. Das unterscheidet ihn von unverbindlichen Auskünften sowie von bloßen Realakten ohne Rechtswirkung.

- Einzelfall: Der Verwaltungsakt regelt einen Einzelfall (individuell-konkrete oder individuell-abstrakte Regelung) oder, in der Form einer Allgemeinverfügung (Rn. 253), eine Vielzahl von Einzelfällen (generell-konkrete Regelung). Das unterscheidet den Verwaltungsakt von der Rechtsnorm (generell-abstrakte Regelung).

- Gebiet des öffentlichen Rechts: Der Verwaltungsakt ergeht auf dem Gebiet des öffentlichen Rechts (Rn. 219). Das unterscheidet ihn insbesondere von den Gestaltungsrechten des Privatrechts.

- Unmittelbare Außenwirkung: Der Verwaltungsakt richtet sich unmittelbar an einen Adressaten außerhalb der ihn erlassenden Stelle, in der Regel an den Bürger. Das unterscheidet ihn insbesondere von Verwaltungsvorschriften (Rn. 262), die allenfalls über den Gleichheitssatz und dadurch mittelbar Außenwirkung erlangen können. Es unterscheidet ihn auch von allen behördeninternen Vorgängen, wie z.B. dienstlichen Anweisungen.

Eine Besonderheit des Verwaltungsakts ist, dass er grundsätzlich auch dann wirksam ist, wenn er rechtswidrig ist (vgl. § 43 VwVfG). Erst wenn die Behörde ihn aufhebt, zurücknimmt oder er mittels eines Rechtsbehelfs beseitigt wurde, entfällt die Wirksamkeit. Sind die Fristen zur Einlegung von Rechtsbehelfen verstrichen, erwächst der Verwaltungsakt in Bestandskraft. Das unterscheidet ihn vor allem von den Rechtsnormen, die grundsätzlich nichtig sind, wenn sie mit höherrangigem Recht nicht vereinbar sind. Ausnahmsweise ist jedoch auch ein Verwaltungsakt nichtig, nämlich wenn er an besonders schwerwiegenden Mängeln leidet (§§ 43 Abs. 3, 44 VwVfG). Diese Besonderheit des Verwaltungsakts erklärt sich aus seinen Funktionen:

- Abschlussfunktion: Der Verwaltungsakt schließt ein Verwaltungsverfahren formell ab (§ 9 VwVfG).

- Tatbestandsfunktion: Ein Verwaltungsakt regelt einen Einzelfall für die erlassende Behörde und den Adressaten verbindlich sowie auch für andere Behörden. Das schafft Rechtssicherheit für alle Beteiligten, andere Behörden haben den Verwaltungsakt zudem in ihren nachfolgenden Entscheidungen zu berücksichtigen.

- Rechtsschutzfunktion: Der Verwaltungsakt eröffnet dem Adressaten besondere Rechtsschutzmöglichkeiten, insbesondere das Vorverfahren (§§ 68 ff. VwGO) sowie die Anfechtungs- und die Verpflichtungsklage (§ 42 Abs. 1 VwGO). Die Rechtsschutzfunktion hat heute nicht mehr so große Bedeutung wie früher, weil wegen Art. 19 Abs. 4 GG heute fast alle hoheitlichen Maßnahmen gerichtlich überprüft werden können.

- Titelfunktion: Der Verwaltungsakt ist aus der Sicht der Behörde ein Titel, den sie im Wege der Verwaltungsvollstreckung durchsetzen kann.

Ist ein Verwaltungsakt in Bestandskraft erwachsen, kann er nur noch unter bestimmten Voraussetzungen geändert werden. Das Gesetz beschränkt die Änderungsmöglichkeiten, weil sie die Rechtssicherheit gefährden und weil die Aufhebung bzw. Änderung eines Verwaltungsakts für den Bürger auch von Nachteil sein kann, beispielsweise wenn er dadurch eine Erlaubnis verliert. Die wichtigsten Änderungsgründe sind:

- Umdeutung: Nach § 47 VwVfG kann ein fehlerhafter Verwaltungsakt unter bestimmten Voraussetzungen in einen anderen Verwaltungsakt umgedeutet werden. Zu beachten ist, dass eine gebundene Entscheidung nicht in eine Ermessensentscheidung umgedeutet werden kann (§ 47 Abs. 3 VwVfG), weil die erlassende Behörde bei einer gebundenen Entscheidung kein Ermessen ausgeübt haben kann.

- Rücknahme: Ein rechtswidriger Verwaltungsakt kann nach Maßgabe des § 48 VwVfG zurückgenommen werden. Zu unterscheiden ist dabei zwischen der Rücknahme mit Wirkung für die Zukunft bzw. für die Vergangenheit einerseits sowie danach, ob es sich aus der Sicht des Bürgers um einen begünstigenden oder einen belastenden Verwaltungsakt handelt. Begünstigende Verwaltungsakte können aus Gründen des Vertrauensschutzes nur eingeschränkt zurückgenommen werden.

- Widerruf: Ein rechtmäßiger Verwaltungsakt kann nach Maßgabe des § 49 VwVfG mit Wirkung für die Zukunft widerrufen werden. Ein Widerruf mit Wirkung für die Vergangenheit ist nur bei Verwaltungsakten möglich, die eine Geld- oder Sachleistung gewähren (§ 49 Abs. 3 VwVfG). Im Übrigen ist auch hier danach zu unterscheiden, ob es sich aus der Sicht des Bürgers um einen begünstigenden oder einen belastenden Verwaltungsakt handelt.

- Aufhebung bzw. Änderung auf Antrag des Adressaten: Nach § 51 VwVfG kann eine Behörde einen Verwaltungsakt schließlich unter bestimmten Voraussetzungen auf Antrag des Adressaten ändern oder aufheben.

Der Behörde steht bei der Entscheidung darüber, ob ein Verwaltungsakt aufgehoben oder geändert werden soll, ein Ermessen zu, das allerdings „auf Null" reduziert sein kann. Die Änderung oder Aufhebung des Verwaltungsakts erfolgt ihrerseits durch einen Verwaltungsakt. Entfällt durch die Änderung oder Aufhebung die Grundlage für gewährte Leistungen, werden diese nach § 49a VwVfG durch einen Rückforderungsbescheid zurückgefordert.

Tipp: *Im Zusammenhang mit der Rücknahme eines rechtswidrigen Verwaltungsakts ist die Alcan-Entscheidung[51] des EuGH zu beachten. Darin ging es um die Rücknahme eines Verwaltungsakts, auf dessen Grundlage einem Unternehmen Geldleistungen gewährt wurden, die gegen das Beihilfenverbot (heute Art. 107 AEUV) verstießen. Nach Aufforderung durch die Europäische Kommission nahm die zuständige Behörde den Verwaltungsakt zurück. Dagegen wandte das Unternehmen im verwaltungsgerichtlichen Verfahren ein, dass die Rücknahmefrist verstrichen sei, es für sich Vertrauensschutz in Anspruch nehme und dass es außerdem entreichert sei (§ 49a Abs. 2 VwVfG). Keinem dieser Argumente folgte der EuGH: § 48 VwVfG ist deshalb gegebenenfalls unionsrechtskonform auszulegen.*

---

51 EuGH, Urt. v. 20.03.1997 – C-24/95.

Verwaltungsvorschrift: Verwaltungsvorschriften sind Dienstvorschriften, die innerhalb von Behörden (Rn. 255) erlassen werden und durch die i.d.R. eine höhere Hierarchieebene das Verhalten nachgelagerter Ebenen regelt. Sie wirken grundsätzlich nur innerhalb der erlassenden Behörde, entfalten also keine Außenwirkung gegenüber Bürgern oder sonstigen Dritten. Dieser Grundsatz kann jedoch durch den Gleichheitssatz (Art. 3 Abs. 1 GG) durchbrochen werden. Wenn eine Behörde aufgrund einer Verwaltungsvorschrift stets in derselben Weise entscheidet und sie sich dadurch selbst bindet („Selbstbindung der Verwaltung"), darf sie in vergleichbaren Fällen nicht ohne sachlichen Grund anders entscheiden. Wenn sie davon abweicht, kann der Bürger sich auf Art. 3 Abs. 1 GG i.V.m. der Verwaltungsvorschrift berufen und die Entscheidung der Behörde ist dann rechtswidrig.   **262**

Tipp: Im Zusammenhang mit Verwaltungsvorschriften wird gelegentlich die Frage gestellt, ob durch diese EU-Richtlinien (vgl. Art. 288 Abs. 3 AEUV) ordnungsgemäß umgesetzt werden können. Der EuGH hat dies für die „Technische Anleitung Luft" verneint, weil Verwaltungsvorschriften nicht hinreichend bestimmt, klar und transparent seien.[52]

Widerspruch: Vgl. Vorverfahren und seine Entbehrlichkeit (Rn. 287).   **263**

Zuständigkeit: Die Regelungen über die Zuständigkeit legen im Bereich der öffentlichen Verwaltung fest, welche Behörde (Rn. 255) sachlich, örtlich und funktionell dazu berufen ist, eine Aufgabe der öffentlichen Verwaltung wahrzunehmen. Die Zuständigkeit der Behörde ist Voraussetzung für die formelle Rechtmäßigkeit einer Maßnahme und die örtliche Unzuständigkeit einer Behörde führt regelmäßig sogar zur Nichtigkeit eines von ihr erlassenen Verwaltungsakts (vgl. § 44 Abs. 2 Nr. 3 VwVfG).   **264**

Tipp: Die Zuständigkeit einer Behörde für eine Maßnahme sagt noch nichts darüber aus, ob die Behörde diese Maßnahme auch ergreifen darf (materielle Rechtmäßigkeit). Merksatz: Kein Schluss von der Zuständigkeit auf die Befugnis!

F. Besonderes Verwaltungsrecht

I. Öffentliches Baurecht

Gebot der Rücksichtnahme: Das Gebot der Rücksichtnahme ist eine von der Rspr. entwickelte Rechtsfigur des öffentlichen Baurechts, das die Rechtsprechung als Auslegungsmaxime zur Konkretisierung baurechtlicher Bestimmungen heranzieht. Es besagt im Kern, dass ein Bauvorhaben nicht zur unzumutbaren Belästigung für die Nachbarschaft führen darf.[53] Wenn dies der Fall ist, kann ein Bauvorhaben selbst dann ausnahmsweise unzulässig sein, wenn es nach dem jeweiligen Bebauungsplan zulässig wäre. Eine gesetzliche Ausprägung des Rücksichtnahmegebots findet sich in § 15 BauNVO. Zu Einzelheiten s. das AS-Skript Öffentliches Baurecht (2016).   **265**

Gebietsgewährleistungsanspruch: Der Gebietsgewährleistungsanspruch (auch: Gebietserhaltungsanspruch) ist eine weitere Rechtsfigur, welche die Rspr. auf dem Gebiet   **266**

---

52 EuGH, Urt. v. 30.05.1991 – Rs. 361/88.
53 S. etwa BVerwG RÜ 2007, 273.

des öffentlichen Baurechts entwickelt hat.[54] Nach der Rspr. besteht zwischen den Eigen-tümer der in einem Baugebiet belegenen Grundstücke eine Rechtsbeziehung, die je-dem von ihnen das Recht gibt, von den anderen Eigentümern zu verlangen, keine Bau-vorhaben zu realisieren, die dem in einem Bebauungsplan festgelegten bzw. dem nach § 34 Abs. 2 BauGB ermittelten Gebietscharakter (z.B. „allgemeines Wohngebiet") wider-spricht. Anders als bei dem Gebot der Rücksichtnahme (Rn. 265) braucht der Nachbar nicht darzulegen, dass es durch das Bauvorhaben zu konkreten Beeinträchtigungen kommen wird, sondern er kann sich schon gegen eine abstrakte „Verfremdung" des Baugebiets zur Wehr setzen. Zu Einzelheiten s. das AS-Skript Öffentliches Baurecht (2016).

II. Gewerberecht

267 **Gewerbe (Gewerberecht):** Der Begriff des Gewerbes legt den sachlichen Geltungsbe-reich des Gewerberechts fest (zum handelsrechtlichen Gewerbebegriff Rn. 148). Der ge-werberechtliche Gewerbebegriff ist gesetzlich nicht definiert. Nach der Rechtsprechung ist Gewerbe im Sinne des Gewerberechts

- jede nicht generell verbotene,

- auf Gewinnerzielungsabsicht gerichtete (Abgrenzung zu karitativen Tätigkeiten),

- auf Dauer angelegte,

- selbstständige Tätigkeit (Abgrenzung zu Arbeitnehmern),

- die nicht zur Urproduktion und

- nicht zu den freien Berufen oder

- zur bloßen Verwaltung eigenen Vermögens zu rechnen ist.[55]

268 **Unzuverlässigkeit (Gewerberecht):** Der Begriff der Unzuverlässigkeit ist ein Zentral-begriff des Gewerberechts, weil die Unzuverlässigkeit der Gewerbetreibenden nach § 35 GewO eine Voraussetzung dafür ist, dass die Gewerbeaufsicht dem Gewerbetrei-benden die Ausübung eines Gewerbes ganz oder teilweise untersagen kann. Eine ge-setzliche Definition des Begriffs gibt es in der GewO nicht. Nach der Rechtsprechung ist unzuverlässig im gewerberechtlichen Sinn, wer nach dem Gesamteindruck seines Ver-haltens keine Gewähr dafür bietet, dass er sein Gewerbe in Zukunft ordnungsgemäß ausüben wird, das heißt entsprechend der gesetzlichen Vorschriften und unter Beach-tung der guten Sitten.[56] Verschulden oder moralische Vorwerfbarkeit sind keine Vor-aussetzung. Wie sich aus § 35 Abs. 1 S. 1 GewO ergibt, muss die Unzuverlässigkeit auf Tatsachen (z.B. strafrechtliche Verurteilungen, erhebliche Steuerrückstände, Verletzung sozialversicherungsrechtlicher Pflichten) gegründet werden, das heißt auf bereits ein-getretene Sachverhalte, die dem Beweis zugänglich sind. Auf Grundlage der Tatsachen hat die Behörde eine Prognose anzustellen und zu beurteilen, ob sie auf eine Unzuver-

---

54 BVerwG NJW 1994, 1546.

55 BVerwG NJW 2008, 1974.

56 BVerwG NVwZ 2015, 1544 Rn. 14.

lässigkeit des Gewerbetreibenden in der Zukunft schließen lassen. Bei der Prognose kommt es auf den Zeitpunkt des Erlasses der behördlichen Maßnahme an; in diesem Zeitpunkt muss überwiegend wahrscheinlich sein, dass weitere Verstöße auch in der Zukunft vorkommen werden. Die Prüfung der Unzuverlässigkeit erfolgt grundsätzlich nur in Bezug auf ein konkretes Gewerbe.

III. Polizei- und Ordnungsrecht

Gefahr: Der Begriff der Gefahr ist grundlegend für das Polizei- und Ordnungsrecht, weil **269** das Vorliegen einer Gefahr häufig eine Tatbestandsvoraussetzung von Ermächtigungsgrundlagen für hoheitliche Maßnahmen ist. Meistens verlangen die Gesetze des Bundes und der Länder eine Gefahr für die öffentliche Sicherheit und/oder Ordnung. Der öffentlichen Sicherheit unterfallen der Schutz der geschriebenen Rechtsordnung, des Staates und seiner Bürger sowie deren individuelle Rechtsgüter. Der öffentlichen Ordnung unterfallen die ungeschriebenen Regeln, die für den einzelnen und die Allgemeinheit gelten, ohne die ein gedeihliches Miteinander in einer Gesellschaft nicht möglich wäre. Eine Gefahr ist ein Zustand, der bei ungehindertem Geschehensablauf mit hinreichender Wahrscheinlichkeit zu einer Verletzung der öffentlichen Sicherheit und/oder Ordnung führen würde. Ausgehend von dieser allgemeinen Definition, werden unterschiedliche Arten von Gefahren unterschieden, die zum Teil ausdrücklich in den Gesetzen des Bundes und der Länder genannt sind (Rn. 270 ff.).

Gefahr, abstrakte und konkrete: Eine Gefahr (Rn. 269) ist abstrakt, wenn sie losgelöst **270** vom konkreten Sachverhalt mit hinreichender Wahrscheinlichkeit zum Eintritt eines Schadens führt. Eine Gefahr ist konkret, wenn sie unter Berücksichtigung der Umstände des Einzelfalls mit hinreichender Wahrscheinlichkeit zum Eintritt eines Schadens führt.

Gefahr, gegenwärtige: Eine Gefahr (Rn. 269) ist gegenwärtig, wenn der Eintritt eines **271** Schadens unmittelbar bevorsteht.

Gefahr, dringende: Wie der Begriff der dringenden Gefahr zu konkretisieren ist, ist um- **272** stritten. Zum Teil wird eine besondere zeitliche Nähe eines Schadenseintritts verlangt (i.S.e. gegenwärtigen Gefahr, dazu Rn. 271). Teilweise wird eine erhöhte Wahrscheinlichkeit eines Schadenseintritts verlangt. Andere lassen entweder eine besondere zeitliche Nähe oder eine gesteigerte Wahrscheinlichkeit ausreichen, wieder andere verlangen, dass beide Voraussetzungen kumulativ erfüllt sind.

Gefahr, erhebliche: Eine Gefahr (Rn. 269) ist erheblich, wenn der drohende Schaden für **273** die geschützten Rechtsgüter besonders schwer wiegt (z.B. Lebensgefahr).

Gefahrenanschein: Ein Gefahrenanschein (auch: Anscheinsgefahr) liegt vor, wenn ein **274** besonnener, sachkundiger und fähiger Staatsdiener in einem konkreten Sachverhalt ex ante vom Vorliegen einer Gefahr (Rn. 269) ausgehen durfte, sich im Nachhinein aber herausstellt, dass die Situation ungefährlich war. Der Gefahrenanschein steht einer Gefahr rechtlich gleich. Beispiel: Ein Fernsehteam täuscht für einen Film einen Raubüberfall vor, was für den eingreifenden Polizeibeamten im Voraus nicht zu erkennen war, er musste von einem echten Raubüberfall ausgehen.

275   **Gefahr im Verzug:** Gefahr im Verzug liegt vor, wenn ein Schadenseintritt nicht mehr verhindert werden könnte, wenn die üblichen Verfahrensvorschriften eingehalten würden, weil ein Eingreifen dann zu spät käme.

276   **Gefahrenverdacht:** Ein Gefahrendverdacht liegt vor, wenn objektive Anhaltspunkte für eine Gefahr bestehen, sich ohne weitere Ermittlungen aber nicht sicher beurteilen lässt, ob eine Gefahr auch tatsächlich besteht. Es ist sehr umstritten, ob ein Gefahrenverdacht für hoheitliche Maßnahmen ausreicht. In der mündlichen Prüfung empfiehlt es sich, anhand der konkreten Umstände des Falles zu argumentieren (Grad der Wahrscheinlichkeit eines Schadenseintritts, Rang der möglicherweise gefährdeten Rechtsgüter).

277   **Nichtstörer:** Als Nichtstörer bezeichnet man den Adressaten einer hoheitlichen Maßnahme auf dem Gebiet des Polizei- und Ordnungsrechts, der nicht Störer (Rn. 279) ist. Weil der Nichtstörer in der Regel keine Gefahr begründet, darf er nur unter engen Voraussetzungen zum Adressaten einer Maßnahme werden. Vorausgesetzt wird häufig, dass eine erhebliche Gefahr besteht, eine Inanspruchnahme des Handlungs- oder Zustandsstörers nicht oder nicht rechtzeitig möglich ist, die Behörde nicht in der Lage ist, die Gefahr mit eigenen Mitteln oder unter Beiziehung Dritter zu beheben und dem Nichtstörer die Inanspruchnahme zuzumuten ist, weil sie ihn nicht selber gefährdet und sie auch keine höherwertigen Rechtsgüter beeinträchtigt.

278   **Scheingefahr:** Eine Scheingefahr (Putativgefahr) liegt vor, wenn ein Staatsdiener irrig von dem Vorliegen einer Gefahr ausgeht, er diesen Irrtum aber hätte vermeiden können. Anders als der Gefahrenanschein (Rn. 274) wird die Scheingefahr der echten Gefahr (Rn. 269) rechtlich nicht gleichgestellt, eine hoheitliche Maßnahme kann deswegen rechtwidrig sein.

279   **Störer:** Als Störer bezeichnet man in der Regel (zu Ausnahmen s. Rn. 277 Nichtstörer und Rn. 280 Zweckveranlasser) den Adressaten einer hoheitlichen Maßnahme auf dem Gebiet des Polizei- und Ordnungsrechts. Von einem Handlungsstörer spricht man, wenn jemand durch sein Verhalten eine Gefahr unmittelbar begründet (Beispiel: Ein Räuber bedroht sein Opfer mit einer Waffe). Wirken mehrere Verursachungsbeiträge zusammen, ist nach h.M. nur der letzte Verursacher maßgeblich und nur er ist Störer. Von einem Zustandsstörer spricht man, wenn die Gefahr von einer Sache oder einem Tier ausgeht und der Adressat der Maßnahme die tatsächliche Gewalt darüber inne hat (Beispiel: Der Eigentümer und Besitzer eines baufälligen Hauses, von dem Schindeln auf Passanten herabzustürzen drohen).

280   **Zweckveranlasser:** Die Figur der Zweckveranlassers oder mittelbaren Verursachers muss im Zusammenhang mit dem Begriff des Störers (Rn. 279) gesehen werden. Störer ist nach h.M. nur der unmittelbare Verursacher einer Gefahr. Zweckveranlasser oder mittelbarer Verursacher ist, wer kein Störer ist, aber durch sein Verhalten das Verhalten des Störers herbeigeführt hat. Ob und unter welchen Voraussetzungen dieser sog. Zweckveranlasser zum Adressaten hoheitlicher Maßnahmen werden kann, ist sehr umstritten. Zum Teil wird eine solche Inanspruchnahme grundsätzlich abgelehnt. Zum Teil wird darauf abgestellt, ob der Zweckveranlasser das Verhalten des Störers herbeiführen wollte, er es also subjektiv förderte. Andere fragen, ob der Zweckveranlasser das Verhalten objektiv gefördert hat. Stets zu bedenken ist, dass eine Inanspruchnahme als Zweckveran-

lasser jedenfalls dann sehr problematisch ist, wenn das Verhalten des Betreffenden weder rechtswidrig noch auch nur sozial inadäquat ist, denn das Verhalten des Betreffenden ist zumindest von seinem Grundrecht aus Art. 2 Abs. 1 GG (allgemeine Handlungsfreiheit) geschützt, ohne dass in dieser Situation Gründe dafür ersichtlich sind, dieses einzuschränken.

IV. Straßenrecht

Gemeingebrauch: Der Gemeingebrauch ist im Straßenrecht gesetzlich definiert als der jedermann gestattete Gebrauch der Straßen im Rahmen der Widmung und der verkehrsbehördlichen Vorschriften zum Verkehr (z.B. § 7 Abs. 1 S. 1 FStrG). Der Gemeingebrauch bedarf – anders als die Sondernutzung (Rn. 282) – keiner besonderen Erlaubnis. Deshalb hat die Abgrenzung zwischen Gemeingebrauch und Sondernutzung im Straßenrecht besondere Bedeutung. Nach der Rechtsprechung des BVerwG bestimmt sich die Abgrenzung zwischen Gemeingebrauch und Sondernutzung danach, ob ein Fahrzeug sich vorrangig zu Verkehrszwecken oder verkehrsfremd im öffentlichen Straßenraum befindet. Dies sei anhand einer Gesamtschau der äußerlich erkennbaren Merkmale aus der Perspektive eines objektiven Beobachters zu ermitteln und nicht anhand der subjektiven Zwecksetzung des Verkehrsteilnehmers.[57]

281

Sondernutzung: Die Sondernutzung bildet im Straßenrecht den Gegenbegriff zum Gemeingebrauch. Die Sondernutzung ist gesetzlich definiert als jede Benutzung über den Gemeingebrauch hinaus (z.B. § 8 Abs. 1 S. 1 FStrG). Zur Abgrenzung von Gemeingebrauch und Sondernutzung s. Rn. 281. Die Sondernutzung ist erlaubnispflichtig, eine ohne Erlaubnis vorgenommene Sondernutzung kann untersagt und beendet werden. Die Erlaubnis darf nur auf Zeit oder auf Widerruf erteilt werden und sie kann mit Bedingungen und Auflagen versehen werden. Für Sondernutzungen können Sondernutzungsgebühren erhoben werden.

282

G. Prozessuales

Eröffnung des Verwaltungsrechtswegs: Nach § 40 Abs. 1 S. 1 VwGO ist der Verwaltungsrechtsweg in allen öffentlich-rechtlichen Streitigkeiten nichtverfassungsrechtlicher Art gegeben, soweit die Streitigkeiten nicht durch Bundesgesetz einem anderen Gericht ausdrücklich zugewiesen sind. Prüfungsreihenfolge:

283

- Gibt es eine aufdrängende Sonderzuweisung (z.B. § 54 Abs. 1 BeamtStG)?

- Gibt es eine abdrängende Sonderzuweisung (z.B. § 40 Abs. 2 S. 1 VwGO)?

- Ist der Verwaltungsrechtsweg nach § 40 Abs. 1 S. 1 VwGO eröffnet? Dazu muss es sich um eine Streitigkeit auf dem Gebiet des öffentlichen Rechts (Rn. 219) handeln, die nicht verfassungsrechtlicher Art ist. Eine Streitigkeit spielt sich auf dem Gebiet des öffentlichen Rechts ab, wenn die streitentscheidende Norm öffentlich-rechtlicher Natur ist. Eine Streitigkeit ist nur dann verfassungsrechtlicher Art, wenn Verfassungsorgane (Rn. 234) um Rechte und Pflichten aus der Verfassung streiten (doppelte Verfassungsunmittelbarkeit).

---

57 BVerwG NVwZ 2012, 1623 Rn. 13 – Bier-Bike.

Tipp: „Vermögensrechtliche Ansprüche aus Aufopferung für das gemeine Wohl" i.S.d. § 40 Abs. 2 S. 1 VwGO sind insbesondere Ansprüche, die gewohnheitsrechtlich in Anlehnung an die §§ 74, 75 der Einleitung des PrALR (Rn. 340) gewährt werden.

284   **Gerichtsbescheid:** Der Gerichtsbescheid ist eine Entscheidungsform, die nur in der Verwaltungsgerichtsbarkeit existiert. Nach § 84 Abs. 1 VwGO können die Gerichte in einfach gelagerten Fällen nach Anhörung der Parteien ohne mündliche Verhandlung durch Gerichtsbescheid entscheiden, der nach § 84 Abs. 3 VwGO die Wirkung eines Urteils hat.

285   **Postulationsfähigkeit:** Vor dem VG sind die Parteien nach § 67 Abs. 1 VwGO selbst postulationsfähig. Vor dem OVG und dem BVerwG besteht nach § 67 Abs. 4 VwGO Anwaltszwang.

286   **Prozessmaximen:** Vgl. zunächst Rn. 166. Wie im Zivilprozess gelten auch im Verwaltungsprozess das Gebot rechtlichen Gehörs und der Anspruch auf ein faires Verfahren, die Dispositionsmaxime (§ 88 VwGO), der Beschleunigungsgrundsatz (z.B. § 87 Abs. 1 VwGO) und der Unmittelbarkeits- (§ 112 VwGO) und Mündlichkeitsgrundsatz (§ 101 Abs. 1 VwGO). Der wichtigste Unterschied zum Zivilprozess besteht darin, dass im Verwaltungsprozess der Amtsermittlungsgrundsatz und nicht der Beibringungsgrundsatz gilt. Nach § 86 Abs. 1 VwGO erforscht das Gericht den Sachverhalt von Amts wegen. Führen die Nachforschungen zu keinem Ergebnis (*non liquet*), entscheidet das Gericht jedoch zulasten der Partei, zu deren Gunsten sich der Beweis ausgewirkt hätte. Anders als im Strafverfahren (Rn. 174) gibt es keine Vermutungen zugunsten einer Partei.

287   **Vorverfahren und seine Entbehrlichkeit:** Nach § 68 VwGO sind die Anfechtungs- und die Verpflichtungsklage nur statthaft, wenn der Verwaltungsakt (bzw. sein Nichterlass) zuvor in einem Vorverfahren nach den §§ 68 ff. VwGO überprüft worden sind. Das Vorverfahren beginnt durch Erhebung des Widerspruchs (§ 69 VwGO). Dieser hat aufschiebende Wirkung (§ 80 Abs. 1 S. 1 VwGO), soweit nichts anderes bestimmt ist (vgl. § 80 Abs. 2 VwGO). Das Vorverfahren soll

■ den Verwaltungsbehörden die Möglichkeit geben, sich selbst zu korrigieren,

■ dem Bürger eine schnelle und unkomplizierte Möglichkeit der Abhilfe geben und

■ die Verwaltungsgerichtsbarkeit von Verfahren entlasten.

Weil das Vorverfahren diese Erwartungen in der Vergangenheit nicht immer erfüllen konnte, ist es inzwischen in vielen Fällen gesetzlich abgeschafft worden. Kein Vorverfahren ist erforderlich nach

■ § 54 Abs. 2 S. 3 BeamtStG in beamtenrechtlichen Streitigkeiten, soweit die Bundesländer das Vorverfahren abgeschafft haben (so etwa § 104 Abs. 1 S. 1 LBG NRW),

■ § 212 BauGB gegen bestimmte Verwaltungsakte auf dem Gebiet des Bauplanungsrechts, soweit die Bundesländer nichts anderes regeln,

■ landesrechtlichen Regelungen, z.B. § 110 JustizG NRW (grundsätzlich kein Vorverfahren, soweit keine Ausnahme nach Absatz 2 der Vorschrift eingreift).

Eine ausführliche Darstellung des Vorverfahrens findet sich in dem AS-Skript VwGO (2017).

Tipp: *Umstritten war und ist, ob die Vorschriften über das Vorverfahren verfassungskonform sind. Von Teilen des Schrifttums wird vertreten, dem Bund fehle die Kompetenz zum Erlass dieser Vorschriften. Begründung: Die §§ 68 ff. VwGO greifen nicht nur bei der Ausführung von Bundesrecht durch die Länder als eigene Angelegenheit ein (dann wäre Art. 84 Abs. 1 GG der Kompetenztitel), sondern auch dann, wenn die Länder Landesgesetze ausführen. Zur Regelung des Verwaltungsverfahrens bei der Ausführung von Landesgesetzen durch die Länder fehlt dem Bund die Gesetzgebungskompetenz, denn insoweit greift Art. 84 Abs. 1 GG nicht ein. Die Kompetenz des Bundes kann sich nur aus Art. 74 Abs. 1 Nr. 1 GG ergeben, wenn das Vorverfahren als Teil des „gerichtlichen Verfahrens" im Sinne jener Norm anzusehen ist. Dafür hat sich das BVerfG ausgesprochen,[58] sodass die Frage zumindest für die Praxis entschieden ist.*

---

58 BVerfG, Beschl. v. 09.05.1973 – 2 BvL 43 u. 44/71.

288

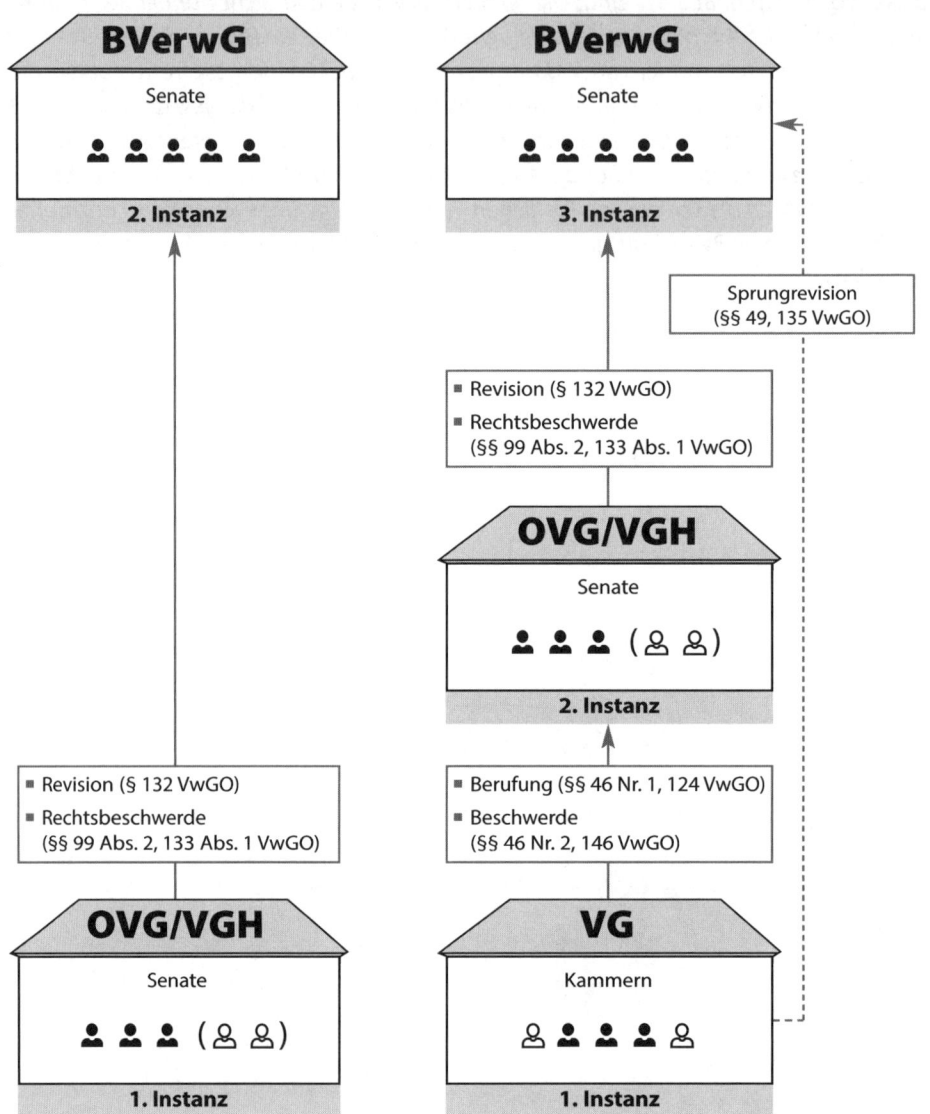

Übersicht: Instanzenzug im verwaltungsrechtlichen Verfahren

Legende: 👤 steht für Berufsrichter, 👥 steht für ehrenamtliche Richter.

- Erstinstanzlich ist grundsätzlich das VG zuständig für alle Streitigkeiten, für die der Verwaltungsrechtsweg eröffnet ist (§ 45 VwGO). Eine erstinstanzliche Sonderzuständigkeit des OVG besteht in den Fällen der §§ 47, 48 VwGO (insbesondere: Rechtmäßigkeit des Bebauungsplans), zudem besteht eine erstinstanzliche Sonderzuständigkeit des BVerwG nach § 50 VwGO.

- In Bayern, Baden-Württemberg und Hessen heißt das jeweilige OVG nicht Oberverwaltungsgericht, sondern Verwaltungsgerichtshof (VGH). Berlin und Brandenburg verfügen über ein gemeinsames OVG.

- Nach § 9 Abs. 3 Satz 2 VwGO kann das Landesrecht bestimmen, dass die Senate des OVG mit fünf Richtern besetzt sind, von denen zwei ehrenamtliche Richter sein können.

5. Teil: Juristische Allgemeinbildung

In diesem Kapitel werden drei Themenkomplexe behandelt, die sich keinem bestimm- **289**
ten Rechtsgebiet zuordnen lassen, sondern die rechtsgebietsübergreifend zur „Allgemeinbildung" des Juristen zählen. Am Anfang steht eine Wiederholung der methodischen Grundlagen. Diese sind in der mündlichen Prüfung von herausragender Bedeutung, weil sie das Werkzeug enthalten, das es ermöglicht, unter Zeitdruck zu einer fun-
dierten juristischen Auffassung zu gelangen und diese zu verteidigen. Die danach folgenden Abschnitte geben einen Überblick über Personen, die für die Rechtsentwicklung von besonderer Bedeutung waren, sowie über die Geschichte des Rechts. Insoweit
sei der Verweis auf § 5a Abs. 2 S. 3 DRiG gestattet, wonach auch die „philosophischen,
geschichtlichen und gesellschaftlichen Grundlagen" des Rechts Teil des Studiums und
damit Prüfungsgegenstand sein können.[59] Man wird auch ohne Kenntnis dieser Grundlagen eine mündliche Prüfung im ersten Staatsexamen bestehen, doch sollte man diese
unnötige Lücke nicht in Kauf nehmen.

A. Methodische Grundlagen

Analogie: Die Analogie ist im deutschen Methodenverständnis eine Form von Rechts- **290**
fortbildung (Rn. 294). Sie ist das Gegenstück zur teleologischen Reduktion (Rn. 296).
Durch eine Analogie wird der Anwendungsbereich eines Gesetzes auf Sachverhalte erstreckt, die vom Tatbestand der Norm anderenfalls nicht erfasst wären. Das ist nicht unproblematisch, weil es nach der Verfassung grundsätzlich Aufgabe der Gesetzgebungsorgane (Bundestag etc.) ist, über den Geltungsbereich eines Gesetzes zu entscheiden,
nicht die Aufgabe eines Gerichts, denn die Gerichte sind nach Art. 20 Abs. 3 GG an „Gesetz und Recht" gebunden. Deshalb ist die Analogie nur unter zwei Voraussetzungen
zulässig: Erstens muss das Gesetz eine „planwidrige Regelungslücke" enthalten. Diese
ist anzunehmen, wenn der Gesetzgeber einen Sachverhalt übersehen, ihn also verse-
hentlich nicht geregelt hat. Regelt der Gesetzgeber einen Sachverhalt bewusst nicht,
handelt es sich um absichtsvolles Schweigen, sodass schon nicht von einer „Lücke" ge-
sprochen werden kann. Jede Lücke ist also planwidrig, die „planwidrige Lücke" folglich
eine unnötige Doppelung. Zweitens muss der vom Tatbestand nicht erfasste Sachverhalt den tatbestandlich erfassten Sachverhalten so ähnlich sein, dass anzunehmen ist,
dass der Gesetzgeber den nicht erfassten Sachverhalt in den Tatbestand aufgenommen
hätte, wenn er ihn im Gesetzgebungsverfahren bedacht hätte. Im Strafrecht ist eine
Analogie unzulässig, wenn sie die Strafbarkeit eines Verhaltens begründet, weil dies gegen Art. 103 Abs. 2 GG (*nulla poena sine lege*, s. Rn. 173) verstoßen würde. Eine Analogie
kommt aber bei Strafausschließungsgründen (z.B. Rechtfertigungs- oder Entschuldi-
gungsgründen) in Betracht, weil sie die Strafbarkeit eines Verhaltens einschränken.

Beispiel: Das BVerfG hat es als Verstoß gegen Art. 103 Abs. 2 GG bewertet, dass die ordentlichen Gerichte dem Tatbestandsmerkmal „Gewalt" in § 240 StGB auch bestimmte Formen der Sitzblockade sub-
sumierten.[60] Dabei ließ es dahinstehen, ob es sich um eine Analogie im hier beschriebenen Sinn oder
um eine sonstige Form der Rechtsfortbildung handelte.

---

59 Der Verfasser spricht aus Erfahrung: Sowohl in der mündlichen Prüfung zum ersten Staatsexamen als auch in der zum
zweiten Staatsexamen wurden ihm rechtsgeschichtliche Fragen (Interpretation des Art. 6 GG vor dem Hintergrund der
nationalsozialistischen Familienpolitik) bzw. Personenfragen (zu *Fritz Bauer*) gestellt.

60 BVerfG, Beschl. v. 10.01.1995 – 1 BvR 718, 719, 722, 723/89 – *Sitzblockade II*.

291   **Auslegung:** Als Auslegung bezeichnet man im deutschen Methodenverständnis die Interpretation von Rechtsnormen innerhalb der sog. Wortlautgrenze, die bei dem möglichen Wortsinn verlaufen soll. Wird die sog. Wortlautgrenze überschritten, spricht man von Rechtsfortbildung. Im Recht der EU findet keine Trennung zwischen Auslegung und Rechtsfortbildung statt. Dafür spricht, dass fraglich ist, ob es überhaupt eine „Wortlautgrenze" gibt, dass der Übergang von der Auslegung zur Rechtsfortbildung aber jedenfalls nicht so klar ist, wie es das deutsche Methodenverständnis unterstellt (zur Vertragsauslegung s. Rn. 297).

292   **Auslegungskanon, traditioneller:** Die Auslegung (Rn. 291) erfolgt jedenfalls nach der deutschen und der (kontinental-)europäischen Methodenlehre traditionell anhand der vier Kriterien Wortlaut, Geschichte, Systematik und Zweck. Diese Kriterien gehen auf *Friedrich Carl von Savigny* (Rn. 320) zurück. Üblicherweise beginnt die Auslegung mit dem Wortlaut, auch wenn zwischen den verschiedenen Kriterien nach (in Deutschland) herrschender Ansicht kein starres Rangverhältnis besteht. Das überzeugt, weil keines der Kriterien ohne Schwächen ist:

- Der Wortlaut gibt einen ersten Anhaltspunkt dafür, ob ein Sachverhalt vom Tatbestand einer Norm erfasst ist oder nicht. Das muss nicht immer zu eindeutigen Ergebnissen führen: Beispielsweise lässt sich ein Auto unschwer als Kraftfahrzeug i.S.d. § 1 Abs. 2 StVG verstehen, aber was ist mit einem E-Bike (inzwischen klargestellt durch § 1 Abs. 3 StVG)? Zudem ist unklar, auf welchen Wortsinn es ankommt: Den allgemeinen Sprachgebrauch oder einen spezifischen (nicht unbedingt juristischen) Sprachgebrauch?

- Die historische (auch: genetische) Auslegung zieht die Gesetzgebungsmaterialien heran, um zu ermitteln, welche Sachverhalte der Gesetzgeber als erfasst ansah und welche nicht. Dabei stellen sich mehrere Probleme: Zunächst ist fraglich, welche Materialien maßgeblich sind, wenn mehrere Organe an einem Gesetz mitwirken (z.B. Bundesregierung, Bundestag und Bundesrat) und ihre Stellungnahmen einander widersprechen. Sodann stellt sich häufig das Problem, dass die Absichten des Gesetzgebers bei Erlass des Gesetzes durch die tatsächliche Entwicklung überholt werden. Als das erste StVG im Jahr 1909 erlassen wurde, gab es z.B. noch keine E-Bikes, sodass fraglich ist, ob die Intention des damaligen Gesetzgebers heute noch maßgeblich sein kann. Diese Frage stellt sich auch im Hinblick auf das Demokratieprinzip: Kann der Wille eines Gesetzgebers, insbesondere eines vorkonstitutionellen Gesetzgebers (1909 herrschte noch Kaiser Wilhelm II!) für die Gegenwart verbindlich sein? Schließlich sind die Materialien zu einem Gesetz nicht immer öffentlich zugänglich. Beispielsweise werden keine Protokolle der Beratungen über das EU-Primärrecht (Rn. 229) veröffentlicht, sodass der EuGH die historische Auslegung nicht heranzieht, wenn er das EU-Primärrecht auslegt. Anders verhält es sich mit dem EU-Sekundärrecht, zu dem alle Organe die Materialien aus dem Gesetzgebungsverfahren im Internet veröffentlichen. Hier kommt eine historische Auslegung in Betracht, auch wenn der EuGH davon nur selten Gebrauch macht.

- Die systematische Auslegung vergleicht einen Tatbestand mit anderen Tatbeständen innerhalb desselben Gesetzes oder mit Tatbeständen aus anderen Gesetzen. Daraus lassen sich systematische Argumente gewinnen, etwa der Erst-Recht-Schluss *(arg. a maiore ad minus)*, der Umkehrschluss *(arg. e contrario)* oder auch der Spezialitätsgrundsatz *(lex specialis derogat legi generali)*. Systematische Argumente leiden daran, dass sie häufig nicht ohne ihrerseits zu beweisende Prämissen auskommen (Erst-Recht-Schluss) oder dass sie durch ein gleich gelagertes Gegenargument widerlegt werden können *(arg. e contrario)*.

■ Die zweckbasierte Auslegung (auch: teleologische Auslegung, von griech. Τέλος [Telos] = Zweck) untersucht, welchen Zweck eine Norm hat und versucht daraus abzuleiten, welche Sachverhalte vom Tatbestand der Norm erfasst sein müssen und welche nicht. Die teleologische Auslegung leidet ähnlich wie die historische Auslegung daran, dass der ursprünglich mit einem Gesetz verfolgte Zweck durch tatsächliche Veränderungen obsolet werden kann. Deshalb ist nach Ansicht des BGH nicht auf die Zweckbestimmung des ursprünglichen Gesetzgebers abzustellen, sondern die Auslegung soll nach dem objektiven Zweck einer Norm erfolgen.[61] Diesen „objektiven Zweck" legt aber letztlich der Richter nach mehr oder weniger intransparenten Kriterien fest, was außerdem in einem Widerspruch zu Art. 20 Abs. 3 GG (Bindung des Richters an „Gesetz und Recht") steht. Bei der Auslegung von EU-Sekundärrecht kommt der teleologischen Auslegung große Bedeutung zu, weil Sekundärrechtsakte die mit ihnen verfolgten Zwecke in den ihnen vorangestellten Erwägungsgründen ausdrücklich nennen.

Auslegungskanon, erweiterter: Zu den traditionellen Auslegungsmethoden (Rn. 292)   **293** sind in den letzten Jahrzehnten weitere Auslegungsmethoden hinzugetreten, die von den Gerichten unterschiedlich oft herangezogen werden. Die folgenden Auslegungsmethoden sollen nach Aussagen der Gerichte nicht über die traditionellen Auslegungskriterien hinausgehen können. Die gerichtliche Praxis bestätigt diese Behauptung nicht immer.

■ Sehr wichtig ist zunächst die verfassungskonforme Auslegung, die es gebietet, eine Norm so auszulegen, dass sie mit den Vorgaben des Grundgesetzes übereinstimmt. Die verfassungskonforme Auslegung verhindert, dass eine Norm durch das BVerfG für verfassungswidrig erklärt werden muss, obwohl sie in Übereinstimmung mit der Verfassung ausgelegt werden kann. Ein gutes Beispiel findet sich in § 14 Abs. 1 VersG. Danach müssen öffentliche Versammlungen unter freiem Himmel 48 Stunden im Voraus angemeldet werden. Im *Brokdorf*-Beschluss entschied das BVerfG, dass die Norm wegen Art. 8 Abs. 1 GG verfassungskonform dahingehend auszulegen sei, dass eine Anmeldung bei Spontanversammlungen gar nicht und bei Eilversammlungen nur schnellstmöglich erfolgen muss.[62]

■ Immer wichtiger wird die unionsrechtskonforme Auslegung, insbesondere die richtlinienkonforme Auslegung. Danach müssen Gesetze nach Möglichkeit in Übereinstimmung mit den Vorgaben des EU-Rechts ausgelegt werden, das über allem mitgliedstaatlichen Recht steht (einschließlich der Verfassung). Ein Beispiel für eine richtlinienkonforme Auslegung findet sich in der Rspr. des BGH zu § 439 Abs. 1 Alt. 2 BGB. Danach umfasst die „Lieferung einer mangelfreien Sache" in richtlinienkonfor-

---

61 BGH NJW 1957, 718.
62 BVerfG NJW 1981, 1088.

mer Auslegung des Tatbestands auch die Kosten des Ausbaus der alten (mangelhaften) Sache und des Einbaus der neuen (mangelfreien) Sache.[63]

■ Die völkerrechtskonforme Auslegung gebietet es, Gesetze nach Möglichkeit in Übereinstimmung mit dem Völkerrecht auszulegen, insbesondere mit der EMRK. Dieses Gebot der „völkerrechtsfreundlichen" Auslegung gilt auch bei der Auslegung des Grundgesetzes. Das BVerwG hat es allerdings abgelehnt, Art. 33 GG so auszulegen, dass Beamten ein Streikrecht zusteht, obwohl der EGMR bestimmten Beamten in Verfahren, welche die Türkei betrafen, ein solches Rechts aus Art. 11 EMRK zuerkannt hat. Zur Begründung führte das BVerwG im Wesentlichen aus, dass nur der Gesetzgeber eine so weit reichende Änderung des Grundgesetzes herbeiführen könne.[64]

■ Im Schrifttum werden weitere Kriterien genannt, beispielsweise die Rechtsvergleichung, die untersucht, wie ein Lebenssachverhalt von anderen Rechtsordnungen behandelt wird, oder die ökonomische Analyse des Rechts, die untersucht, wie sich bestimmte Regeln wirtschaftlich auswirken. In der deutschen Rspr. haben diese Methoden bislang nur geringen Anklang gefunden.

294 **Rechtsfortbildung:** Die Rechtsfortbildung ist im deutschen Methodenverständnis eine juristische Methode, die jenseits der Grenzen der Auslegung (Rn. 291) zur Anwendung kommt. Im Recht der EU wird dagegen nicht streng zwischen Auslegung und Rechtsfortbildung unterschieden. Durch die Rechtsfortbildung wird nach dem in Deutschland herrschenden Verständnis nicht das geltende Recht angewandt, sondern es wird neues Recht durch den Richter geschaffen. Weil die Gerichte dadurch Aufgaben des Gesetzgebers übernehmen, muss die Rechtsfortbildung am Gewaltenteilungssystem des Grundgesetzes gemessen werden, insbesondere an Art. 20 Abs. 3 GG, der den Richter an „Gesetz und Recht" bindet. Das BVerfG hat in der *Soraya*-Entscheidung betont, dass die Gerichte zur „schöpferischen Fortbildung des Rechts" befugt sind, wenn für einen Sachverhalt keine Normen existieren oder eine Norm, die in der Vergangenheit zur Regelung solcher Sachverhalte erlassen wurde, durch den Zeitablauf nicht mehr den gesellschaftlichen Gegebenheiten entspricht und wenn nicht abzusehen ist, dass der Gesetzgeber den gewandelten Umständen selber Rechnung tragen wird.[65] Die wichtigsten Methoden der Rechtsfortbildung sind die Analogie, die teleologische Reduktion (Rn. 296) und die unionsrechtskonforme Rechtsfortbildung (Rn. 295).

295 **Rechtsfortbildung, unionsrechtskonforme:** Eine besondere Form der Rechtsfortbildung wurde von den deutschen Gerichten unter dem Einfluss des EU-Rechts entwickelt. Durch die unionsrechtskonforme Rechtsfortbildung wird das deutsche Recht durch richterliche Rechtsfortbildung so angewendet, dass es mit den Vorgaben des EU-Rechts (meistens Richtlinien) in Einklang steht. Dadurch wird verhindert, dass Deutschland gegen EU-Recht verstößt. Nach der Rspr. des BGH im „Quelle-Urteil" gelten für die richtlinienkonforme Rechtsfortbildung in Form einer teleologischen Reduktion im Wesentli-

---

63 BGH RÜ 2013, 1, zuvor EuGH RÜ 2011, 477 *Weber* und *Putz*.
64 BVerwG RÜ 2014, 389.
65 BVerfG NJW 1973, 1221.

chen dieselben Grundsätze, wie sie für die teleologische Reduktion im Allgemeinen gelten (Rn. 296).[66] Die Regelungslücke ergibt sich hier aber aus der irrigen Annahme des Gesetzgebers, die von ihm erlassene Regelung sei unionsrechtskonform.

Beispiel: In der vorstehend zitierten „Quelle-Entscheidung" wandte der BGH die richtlinienkonforme Rechtsfortbildung an, um § 439 Abs. 4 BGB in Fällen des Verbrauchsgüterkaufs dahingehend teleologisch zu reduzieren, dass der Käufer dem Verkäufer keine Herausgabe von Nutzungen und keinen Wertersatz für die Nutzung der mangelhaften Sache schuldet. Im Jahr 2013 hat der Gesetzgeber dies dann in § 474 Abs. 5 BGB ausdrücklich geregelt.

Teleologische Reduktion: Die teleologische Reduktion ist nach deutschem Methoden-   **296**
verständnis eine Form der Rechtsfortbildung (Rn. 294). Sie ist das Gegenstück zur Analogie (Rn. 290). Durch die teleologische Reduktion wird der Tatbestand einer Norm so eingeschränkt, dass sie keine Anwendung mehr auf Sachverhalte findet, die ohne die teleologische Reduktion vom Tatbestand der Norm erfasst wären. Das ist nicht unproblematisch, weil es nach der Verfassung grundsätzlich Aufgabe der Gesetzgebungsorgane (Bundestag etc.) ist, über den Geltungsbereich eines Gesetzes zu entscheiden, nicht die Aufgabe eines Gerichts, denn die Gerichte sind nach Art. 20 Abs. 3 GG an „Gesetz und Recht" gebunden. Deshalb ist die teleologische Reduktion nur unter zwei Voraussetzungen zulässig: Erstens muss der Gesetzgeber den Sachverhalt, der infolge der teleologischen Reduktion nicht mehr vom Tatbestand erfasst sein wird, im Gesetzgebungsverfahren übersehen haben (in Anlehnung an die Analogie spricht man wenig präzise von einer „verdeckten Lücke"). Zweitens muss der durch den Gesetzgeber mit der Norm verfolgte Zweck (deshalb teleologische Reduktion, vom griechischen Telos, s. Rn. 292) dafür sprechen, dass der Sachverhalt vom Gesetzgeber aus dem Tatbestand ausgeschieden worden wäre, hätte er ihn im Gesetzgebungsverfahren bedacht. Eine teleologische Reduktion ist im Strafrecht nur zulässig, wenn sie die Strafbarkeit eines Verhaltens aufhebt. Sie ist wegen Art. 103 Abs. 2 GG (*nulla poena sine lege*, s. Rn. 173) unzulässig, wenn sie zur Strafbarkeit führt. Deshalb können Strafausschließungsgründe (z.B. Rechtfertigungs- oder Entschuldigungsgründe) nicht teleologisch reduziert werden.

Vertragsauslegung: Die Auslegung von Verträgen erfolgt nach anderen Regeln als die   **297**
Auslegung von Rechtsnormen (s.o. Rn. 291). Verträge sind nach den §§ 133, 157 BGB so auszulegen, wie sie ein objektiver Empfänger verstehen würde. Entsprechendes gilt für alle empfangsbedürftigen Willenserklärungen. Dadurch wird der jeweils andere Vertragsteil davor bewahrt, dass ein Vertrag aus der subjektiven Sicht des Erklärenden ausgelegt wird, die für den Empfänger meistens nicht erkennbar ist. Ähnlich wie bei der Auslegung von Rechtsnormen können allerdings auch bei der Auslegung von Verträgen der Wortlaut, die Umstände des Vertragsschlusses (Historie), die Systematik des Vertrages oder der mit dem Vertrag verfolgte Zweck zur Auslegung herangezogen werden. Besonderheiten gelten bei Verträgen in Form von AGB (Rn. 99): Hier ist zumindest nach Ansicht der Gerichte eine Auslegung geboten, die sich stark an der Auslegung von Rechtsnormen orientiert, weil AGB nicht durch die Umstände des Einzelfalls und damit die subjektive Sicht der Parteien beeinflusst werden. Weitere Besonderheiten gelten nach der Rspr. bei der Auslegung notarieller Urkunden. Um berücksichtigt werden zu können, sollen für die Auslegung des Vertrages bedeutsame Umstände in der notariel-

---

66 BGH RÜ 2009, 79 – *Quelle*.

len Urkunde selbst zumindest angedeutet sein müssen („Andeutungstheorie"). Dadurch versuchen die Gerichte einer Umgehung von Formerfordernissen entgegenzuwirken.

Tipp: *Abweichungen gelten auch bei der Auslegung von nicht empfangsbedürftigen Willenserklärungen, insbesondere von Testamenten: Hier ist der Wille des Erklärenden, also die subjektive Sicht, stärker zu gewichten, weil der Rechts- und Geschäftsverkehr mangels eines Empfängers nicht vor Missverständnissen bewahrt werden muss.*

B. Ein kleines „who is who" der Rechtswissenschaft

298 **Anschütz, Gerhard** (1867–1948): *Anschütz* war einer der führenden Staatsrechtler der Weimarer Republik. Bekannt wurde er vor allem für seinen Kommentar zur Weimarer Reichsverfassung, der das Standardwerk in diesem Bereich bildete.

299 **Bauer, Fritz** (1903–1968): *Bauer* war zuletzt hessischer Generalstaatsanwalt. Er war maßgeblich daran beteiligt, NS-Kriegsverbrecher aufzuspüren und diese in Deutschland anzuklagen. Insbesondere wurden die Frankfurter Auschwitz-Prozesse von *Bauer* vorbereitet und vorangetrieben. Nach ihm benannt ist das Fritz Bauer-Institut zur Geschichte und Wirkung des Holocaust in Frankfurt.

300 **Feuerbach, Paul Johann Anselm von** (1775–1833): *Feuerbach* war einer der führenden Strafrechtler seiner Zeit. Bekannt wurde er als Begründer der modernen Strafzwecktheorien, die nicht die Vergeltung, sondern die Abschreckung als wesentlichen Zweck der Strafandrohung ansehen. Er war auch einer der frühesten Vertreter des Grundsatzes *nulla poena sine lege*.

301 **Flume, Werner** (1908–2009): *Flume* war einer der führenden Zivilrechtler des 20. Jahrhunderts. Im Jahr 1933 erklärte er in einer universitären Versammlung jeden für „ein Schwein", der jüdische Professoren boykottieren wolle. Daraufhin wurde ihm zunächst die Habilitation verwehrt, die er jedoch nach dem Kriegsende vollzog. Bekannt ist er vor allem für sein Lehrbuch zum BGB AT sowie für seine Arbeiten auf den Gebieten des Gesellschafts- und des Steuerrechts. So vertrat er schon seit den 1970er Jahren, entgegen der damals herrschenden Auffassung, dass die GbR rechtsfähig sei.

302 **Freisler, Roland** (1893–1945): *Freisler* war aktiver Nationalsozialist und Strafrichter. Er wurde 1942 zum Präsidenten des Volksgerichtshofs ernannt und war Vorsitzender dessen Ersten Senats. In dieser Funktion leitete er unter anderem die Schauprozesse gegen die Mitglieder der Widerstandsgruppe Weiße Rose sowie gegen die Beteiligten des Attentats vom 20.07.1944. Er missachtete rechtsstaatliche Grundsätze wie beispielsweise den Grundsatz *nulla poena sine lege*. Der von ihm geleitete Senat verhängte in nur drei Jahren rund 2600 Todesurteile. *Freisler* starb Anfang 1945 bei einem Luftangriff der Alliierten.

303 **Gaius** (2. Jh. n. Chr.): *Gaius* war einer der bedeutendsten römischen Juristen. Seine genauen Lebensdaten sind nicht bekannt, aber aus seinen Werken lässt sich ableiten, dass er im 2. Jh. n. Chr. gelebt haben muss. Berühmt wurde er vor allem für seine *Institutiones*, ein Lehrbuch, das Jahrhunderte später *Iustinian* (Rn. 308) als Vorbild für Teile des *corpus iuris civilis* (Rn. 332) diente. Eine Ausgabe der lange verschollenen *Institutiones* wurde erst 1816 in Verona durch den Historiker *Barthold Niebuhr* wiederentdeckt.

Gierke, Otto Friedrich von (1841–1921): *Gierke* war einer der führenden Zivilrechtler **304** des 19. Jahrhunderts. Berühmt ist er vor allem für seine „Theorie der realen Verbandspersönlichkeit", nach der die Rechtssubjektivität von zivilrechtlichen Verbänden nicht nur fingiert wird, sondern nach der ein Verband als solcher im Rechtsverkehr auftritt, wobei er durch seine Organe vertreten wird. *Gierke* prägte damit maßgeblich das moderne Bild der juristischen Person.

Grotius, Hugo (1583–1645): Der auf vielen Gebieten aktive *Grotius* lässt sich am besten **305** als politischer Philosoph beschreiben. Er ist vor allem für sein Werk *De iure belli ac pacis* („Vom Recht des Krieges und des Friedens") in Erinnerung geblieben. Darin entwickelt er die Grundzüge einer Rechtsordnung zwischen den Völkern, sodass er als „Vater des Völkerrechts" gilt, wenn er auch weder der erste noch der einzige war, der zu diesem Thema forschte.

Hobbes, Thomas (1588–1679): Der auf vielen Gebieten aktive *Hobbes* lässt sich am bes- **306** ten als politischer Philosoph beschreiben. Er ist für seine Theorie des Gesellschaftsvertrags in Erinnerung geblieben, die er vor allem in seinem Werk *Leviathan* (1651) entwickelte. *Hobbes* sieht den Urzustand als einen Zustand an, in dem jeder gegen jeden Krieg führe *(bellum omnium contra omnes)*, der Mensch sei darin des Menschen Wolf *(homo homini lupus*, urspr. von *Platon)*. Jeder Mensch strebe aus Furcht vor diesem Zustand nach einer gesellschaftlichen Ordnung, in der Frieden herrsche. Diese Ordnung werde erschaffen, indem die Menschen einem Souverän durch den Gesellschaftsvertrag absolute Macht übertragen. Der Souverän ist stärker als jeder andere und sorgt durch Zwang für Frieden und Ordnung in der Gesellschaft, allerdings um den Preis individueller Freiheit. *Hobbes* wird vorgeworfen, auf diese Weise absolutistische Herrschaftsformen zu legitimieren. Das ist zwar richtig, allerdings sind die Zeit und die Umstände der Entstehung des *Leviathan* zu beachten: Absolutistische Herrschaftsformen waren damals in Europa weit verbreitet und in England – *Hobbes*' Heimat – wütete von 1642–1649 ein Bürgerkrieg.

Heck, Philipp (1858–1943): Heck war ein Zivilrechtler, der vor allem als Wegbereiter der **307** Interessenjurisprudenz in Erinnerung geblieben ist.

Iustinian (527–565): Iustinian war (ost-)römischer Kaiser. Für die Rechtswissenschaft ist **308** er von großer Bedeutung, weil er das *corpus iuris civilis* (Rn. 332) zusammenstellen ließ.

Jellinek, Georg (1851–1911): Jellinek war einer der führenden Staatsrechtler seiner **309** Zeit. Er ist berühmt für seine „Drei-Elemente-Lehre", nach der einen Staat drei Elemente auszeichnen: Staatsgebiet, Staatsgewalt und Staatsvolk. Außerdem war Jellinek als Rechtsphilosoph bzw. Rechtstheoretiker tätig. Auf ihn geht die Sentenz „normative Kraft des Faktischen" zurück.

Jhering, Rudolf von (1818–1895):[67] *Jhering* war vor allem auf dem Gebiet des Zivil- **310** rechts tätig. Er ist in Erinnerung geblieben, weil er im Schadensersatzrecht die Begriffe „positives Interesse" und „negatives Interesse" prägte. Außerdem gilt er als der „Entdecker" der *culpa in contrahendo*. In seinem maßgeblichen Werk entwickelt *Jhering* aller-

---

67 Sowohl die Schreibweise *Jhering* als auch die Schreibweise *Ihering* ist gebräuchlich.

dings eine Haftung, die eher der heute in § 122 BGB geregelten Haftung des Anfechtenden entspricht als der heute in §§ 280 Abs. 1, 311 Abs. 2 BGB geregelten Haftung für ein Verschulden vor Vertragsschluss.

311 **Kelsen, Hans** (1881–1973): *Kelsen* ist heute vor allem für seine Rechtstheorie bekannt, die er in seinem Werk *Reine Rechtslehre* maßgeblich entwickelte. Er vertritt darin eine Form des Rechtspositivismus. Recht ist danach nur eine Regel, die mit Hilfe von Sanktionen durchgesetzt werden kann. Alles so verstandene Recht legitimiert sich durch höherrangiges Recht. Das darin liegende Problem des infiniten Regresses (da jede Norm nach dieser Lehre auf einer anderen Norm beruhen muss, ergibt sich die Notwendigkeit einer endlosen Kette von Normen) löst er über eine hypothetische bzw. fiktive „Grundnorm", die Ausgangspunkt allen Rechts ist, deren Inhalt er aber offen lässt.

312 **Larenz, Karl** (1903–1993): *Larenz* war ein Zivilrechtler, ist heute aber vor allem für seine *Methodenlehre der Rechtswissenschaft* bekannt. Darin prägte er unter anderem den Begriff der teleologischen Reduktion (Rn. 296). *Larenz* war Mitglied der „Kieler Schule", einer Gruppe von Professoren, die sich als „Vordenker der nationalsozialistischen Rechtserneuerung" verstanden. 1937 trat Larenz der NSDAP bei. 1935 schlug er vor, § 1 BGB wie folgt zu ändern: „Rechtsgenosse ist nur, wer Volksgenosse ist; Volksgenosse ist, wer deutschen Blutes ist." Erläuternd führte er an, dass „Volksgenosse ist, wer deutschen Blutes ist. Wer außerhalb der Volksgemeinschaft steht, steht auch nicht im Recht." Zumindest implizit sprach er damit den Juden und anderen von den Nationalsozialisten als minderwertig eingestuften „Rassen" die Rechtssubjektivität (Rn. 75) ab. Obwohl er sich von seinen Aussagen nach 1945 nicht distanzierte, durfte *Larenz* weiter lehren.

313 **Liszt, Franz von** (1851–1919): *Liszt* war ein führender Strafrechtler seiner Zeit. Er ist vor allem berühmt für seine Strafzwecktheorie. Ähnlich wie *Feuerbach* (Rn. 300) betont *Liszt* nicht die vergeltende, sondern die abschreckende (präventive) Wirkung von Strafe. Er entwickelte auf dieser Grundlage die Lehre von der Spezialprävention (Rn. 175).

314 **Locke, John** (1632–1704): Der auf vielen Gebieten aktive *Locke* lässt sich am besten als politischer Philosoph beschreiben. Er ist bekannt für seine Theorie des Gesellschaftsvertrags, die er in seinem Hauptwerk *Two Treatises of Government* entwickelt. Anders als *Hobbes* (Rn. 306 glaubt *Locke* nicht, dass die Menschen im Urzustand gegeneinander Krieg führen. Vielmehr hätten sie vier natürliche Rechte (Leben, Freiheit, Gesundheit und Eigentum). Erst durch die Anhäufung von Eigentum infolge von Ungleichheiten zwischen den Menschen komme es zu Konflikten. In einem Gesellschaftsvertrag könnten die Menschen einen Souverän bestimmen, der sie durch seine überlegene Macht vor diesen Konflikten beschütze. *Lockes* Theorie ist vor allem bedeutend, weil sich bei ihm schon eine Form der Gewaltenteilung zwischen Legislative und Exekutive ausmachen lässt.

315 **Lotmar, Philipp** (1850–1922): *Lotmar* war ein Zivilrechtler, der als der „erste Arbeitsrechtler" bezeichnet wird, weil er sich in seinem Werk *Der Arbeitsvertrag nach dem Privatrecht des deutschen Reiches* als erster ausführlich mit den Rechtsverhältnissen zwischen Arbeitgeber und Arbeitnehmer beschäftigte.

Montesquieu, Charles-Louis (1689–1755): Ebenfalls ein politischer Philosoph. Er ist heute vor allem dafür bekannt, dass er in seinem Werk *De l'esprit des lois* („Vom Geist der Gesetze") eine Theorie der Gewaltenteilung zwischen Legislative, Exekutive und Judikative formulierte, die als Vorbild für die US-amerikanische und die französische Verfassung diente. **316**

Nipperdey, Hans Carl (1895–1968): *Nipperdey* war einer der führenden Arbeitsrechtler seiner Zeit. Er war ab 1954 der erste Präsident des neu gegründeten BAG und der Vorsitzende dessen Ersten Senats. *Nipperdey* war in der Zeit des Nationalsozialismus Mitglied der Akademie für Deutsches Recht, einer regimetreuen Einrichtung, die Vorschläge unterbreitete, wie das Recht im Sinne der NS-Ideologie weiterentwickelt werden könne. Einige seiner in dieser Zeit entwickelten Theorien überführte er als Vorsitzender des Ersten Senats in die Rspr. des BAG, ohne dies kenntlich zu machen. Ein Beispiel dafür bildet die Lehre, nach der eine freiwillige Leistung des Arbeitgebers ab der dritten Wiederholung zu einem Anspruch aus betrieblicher Übung erstarkt. Diese Lehre ging aus einem Gesetzgebungsvorschlag der Akademie für Deutsches Recht von 1938 hervor. **317**

Radbruch, Gustav (1878–1949): Radbruch war ein Strafrechtler und Rechtsphilosoph, außerdem sozialdemokratischer Politiker. Im Nationalsozialismus wurde er mit einem Lehrverbot belegt. Bekannt ist er vor allem für die Radbruch'sche Formel. Danach muss das positive (geschriebene) Recht unangewendet bleiben, wenn es als „unerträglich ungerecht" anzusehen ist oder wenn es den Grundsatz der Gleichheit aller Menschen „bewusst verleugnet". Radbruch entwickelte diese Lehre vor dem Hintergrund des Nationalsozialismus. Nach 1945 wandten deutsche Gerichte die Formel an, um angeklagten Nationalsozialisten den Einwand abzuschneiden, lediglich das geltende (nationalsozialistische) Recht angewendet zu haben. Auch wenn dies im Hinblick auf die Verbrechen der Nationalsozialisten verständlich erscheint, ist die Radbruch'sche Formel nicht unproblematisch: Erstens ist sie unbestimmt (Was ist „gerecht"? Was heißt „unerträglich"?). Zweitens untergräbt sie die Rechtssicherheit und damit den Rechtsstaat. Drittens verändert sie die Verteilung der Gewalten zugunsten der Judikative, weil jeder Richter das von den anderen Gesetzgebungsorganen erlassene Gesetz in Frage stellen kann. **318**

Rousseau, Jean-Jacques (1712–1778): Der auf vielen Gebieten aktive Rousseau ist aus rechtswissenschaftlicher Sicht vor allem für sein Werk *Du Contract Social ou Principes du Droit Politique* („Vom Gesellschaftsvertrag oder Prinzipien des politischen Rechtes") bekannt. Er geht davon aus, dass im Urzustand die Menschen frei sind und dass sie friedlich zusammenleben. Konflikte würden erst durch die Entstehung von Eigentum hervorgerufen. Eigentum führe dazu, dass die Menschen in Herren und Knechte geteilt würden. Die Mitglieder einer Gesellschaft würden sich durch einen Gesellschaftsvertrag freiwillig zusammenschließen, um Gerechtigkeit für alle zu ermöglichen und das Gemeinwohl zu mehren. Der einzelne sei umgekehrt verpflichtet, dem Gemeinwohl zu dienen und könne dazu auch durch das Gemeinwesen gezwungen werden. **319**

Savigny, Friedrich Carl von (1779–1861): *Savigny* war der wohl einflussreichste Jurist des 19. Jahrhunderts. Er begründete die historische Rechtsschule, nach der – vereinfacht gesagt – das Recht nicht künstlich erschaffen wird, sondern es über lange Zeiträume wächst, z.B. durch Sitten und Gebräuche. Er war Mitgründer der noch heute in mehreren Abteilungen erscheinenden *Zeitschrift für geschichtliche Rechtswissenschaft*. Be- **320**

kannt ist *Savigny* auch für seine Schrift *Vom Beruf unserer Zeit für Gesetzgebung und Rechtswissenschaft*, in der er *Thibaut* (Rn. 325) widersprach, der ein einheitliches Zivilgesetzbuch für alle deutschen Staaten gefordert hatte. *Savignys* wichtigstes Werk ist aber das mehrbändige *System des heutigen römischen Rechts*. Auf dem Bereich der Methodenlehre entwickelte *Savigny* den traditionellen Auslegungskanon (Rn. 293).

321 **Schmidt-Rimpler, Walter** (1885–1975): *Schmidt-Rimpler* war ein Zivilrechtler. Er ist heute vor allem bekannt für seine These von der „materiellen Richtigkeitsgewähr des ausgehandelten Vertrages". *Schmidt-Rimpler* vertritt im Ausgangspunkt die These, dass ein Vertrag, der zwischen zwei annähernd gleich starken Parteien ausgehandelt wurde, für beide Parteien zu einem „richtigen" Ergebnis führt. Die heutige Begründung der Verbindlichkeit des Vertrages argumentiert ähnlich, wenn sie darauf abstellt, ob „Vertragsparität" zwischen den Parteien gegeben ist. Nicht übersehen werden darf allerdings, dass *Schmidt-Rimpler* seine These in einem Gutachten für die nationalsozialistische Akademie für Deutsches Recht entwickelte. In einem zweiten Schritt argumentiert er, dass der ausgehandelte Vertrag nicht immer die Interessen des (nationalsozialistischen) „Gemeinwesens" ausreichend berücksichtige. Der Vertrag sei nicht „Ermächtigung zur Selbstrechtsetzung", sondern die Belange der Gemeinschaft müssten immer berücksichtigt werden. Diese zusätzlichen Ausführungen haben mit Vertragsfreiheit als Freiheit zur Gestaltung der eigenen Verhältnisse (Rn. 97) nichts zu tun. Nach 1945 relativierte *Schmidt-Rimpler* den zweiten Teil seiner Ausführungen.

322 **Schmitt, Carl** (1888–1985): *Schmitt* war ein Staatsrechtler, der als „Kronjurist des Dritten Reiches" (der Begriff wurde von *Waldemar Gurian* geprägt) in Erinnerung geblieben ist, obwohl sein Wirken sich nicht auf die Zeit des Nationalsozialismus beschränkt. *Schmitt* hatte schon in der Weimarer Republik dazu beigetragen, die Verfassungstheorie als eigenständigen Forschungsbereich zu etablieren. Unter anderem prägte er den Begriff der „Verfassungswirklichkeit". Er plädierte für eine Verfassung mit starker Stellung des Präsidenten, die parlamentarische Demokratie erklärte er für veraltet. Im März 1933 trat er der NDSAP bei. In der Folge lieferte *Schmitt* das rechtstheoretische Fundament für *Hitlers* Führerprinzip. Auch äußerte *Schmitt* sich offen rassistisch, unter anderem bezeichnete er die Nürnberger Rassegesetze als „Verfassung der Freiheit", seinen wissenschaftlichen Gegenspieler *Kelsen* (Rn. 311) nannte er nur noch den „Juden *Kelsen*". Nach 1945 entging *Schmitt* nur knapp einer Anklage in den Nürnberger Prozessen. Er verlor aber alle öffentlichen Ämter, war in der Öffentlichkeit diskreditiert und wissenschaftlich isoliert.

323 **Sinzheimer, Hugo** (1875–1945): *Sinzheimer* war Arbeitsrechtler und sozialdemokratischer Politiker. Er gilt als der „Vater des Arbeitsrechts", weil er durch seine Schriften wesentlich zur Entwicklung des noch jungen Rechtsgebiets beitrug, auch wenn *Lotmar* (Rn. 315) dazu den Grundstein legte. *Sinzheimer* war Jude. 1933 wurde er deshalb durch die Nationalsozialisten inhaftiert, konnte aber nach seiner Entlassung zunächst in das niederländische Exil fliehen. Während des zweiten Weltkriegs wurde *Sinzheimer* wiederum mehrfach inhaftiert, doch konnte er sich nach seiner letzten Entlassung im Untergrund verstecken. Er starb letztlich an den Folgen seiner jahrelangen Flucht.

Staub, Hermann (1856–1904): Staub war ein Zivilrechtler, der vor allem dafür in Erinne-   **324**
rung geblieben ist, dass er die Rechtsfigur der positiven Vertragsverletzung (heute erfasst von §§ 280 Abs. 1, 241 Abs. 2 BGB) entwickelte.

Thibaut, Justus (1772–1840): *Thibaut* lieferte sich mit *Savigny* (Rn. 320) den sog. Kodifi-   **325**
kationsstreit. Darin ging es um die Frage, ob die zersplitterten deutschen Staaten ein
einheitliches Zivilgesetzbuch benötigten oder nicht. *Thibaut* sprach sich 1814 in seiner
Schrift *Über die Notwendigkeit eines allgemeinen bürgerlichen Rechts für Deutschland* für
ein einheitliches Zivilgesetzbuch aus. Obwohl sich *Savigny* zunächst durchsetzte, kam
es nach der Reichsgründung von 1871 mit dem Inkrafttreten des BGB zum 01.01.1900
zu der von *Thibaut* befürworteten Lösung.

Ulpian (? – 223): *Ulpian* war einer der bedeutendsten römischen Juristen. Er vertrat als   **326**
erster die Interessentheorie, um privates und öffentliches Recht voneinander abzugrenzen (Rn. 219). Große Teile des *corpus iuris civilis* (Rn. 332) gehen auf sein Werk zurück.

Welzel, Hans (1904–1977): *Welzel* war ein Strafrechtler, der vor allem dafür in Erinne-   **327**
rung geblieben ist, dass er der finalen Handlungslehre zum Durchbruch verhalf. Danach
ist der Vorsatz nicht Bestandteil der Schuld, sondern Teil der Tatbestandsverwirklichung
und Träger des Handlungsunrechts. Weniger bekannt ist, dass *Welzel* in der Zeit des Nationalsozialismus regimetreue Thesen vertrat. Gleichwohl durfte er nach 1945 weiter
lehren und er wurde 1962 sogar Rektor der Universität Bonn.

Windscheid, Bernhard (1817–1892): *Windscheid* war einer der führenden Zivilrechtler   **328**
seiner Zeit. Sein *Lehrbuch des Pandektenrechts* diente vor Inkrafttreten des BGB in der
Praxis als Ersatz für ein reichseinheitliches Zivilgesetzbuch. *Windscheid* war Mitglied der
Ersten Kommission, die den ersten Entwurf des BGB vorlegte.

C. Eine kleine juristische Zeitreise

18. Jh. v. Chr.: *Codex Hammurabi*. Der *Codex Hammurabi* ist eine der ältesten noch er-   **329**
haltenen Gesetzessammlungen. Er enthält Regeln zum öffentlichen Recht, zum Strafrecht und zum Zivilrecht. Benannt ist der Codex nach dem babylonischen König, der ihn
erließ.

Seit dem 8. Jh. v. Chr.: Römisches Recht. Das römische Recht entwickelte sich ab der   **330**
Gründung Roms (753 v. Chr.). Es lässt sich in mehrere Epochen teilen. Die frühesten noch
bekannten Rechtssätze waren im *Zwölftafelgesetz* aus dem 5. Jh. v. Chr. enthalten. Sie
befassten sich vor allem mit dem Zivilrecht. Seinen höchsten Entwicklungsstand er-
reichte das römische Recht in der Spätrepublik und der frühen Kaiserzeit (1. Jh. v. Chr.
bis 3. Jh. n. Chr.). Diese Epoche des *klassischen römischen Rechts* brachte viele Rechtsinstitute hervor, die auch heute noch in zahlreichen Gesetzbüchern zu finden sind. Nam-
hafte Juristen dieser Zeit waren *Gaius* (Rn. 303) und *Ulpian* (Rn. 326). In der späten Kaiserzeit und vor allem nach der Eroberung des weströmischen Reichs durch germanische
Stämme ging ein großer Teil des Wissens des klassischen römischen Rechts verloren. Es
entstand sog. *Vulgarrecht*, das sich als ein stark vereinfachtes (aber auch verfälschtes) römisches Recht verstehen lässt. Aus dem Vulgarrecht entstanden ab dem 5. Jh. n. Chr. frü-
he germanische Kodifikationen. In Ostrom stemmte sich *Iustinian* (Rn. 308) zunächst ge-

gen diese Entwicklung, indem er das *corpus iuris civilis* (Rn. 332) zusammenstellen ließ. Nach dem Tod *Iustinians* geriet das *corpus iuris civilis* zunächst in Vergessenheit. Eine Ausgabe des *corpus iuris civilis* wurde aber im 11. Jh. n. Chr. in Florenz wiederentdeckt (Rn. 333). Auf dieser Grundlage begann die mittelalterliche Rechtswissenschaft erneut, sich mit dem römischen Recht zu befassen. Im Spätmittelalter und der frühen Neuzeit entstand durch den modernen Gebrauch des *corpus iuris civilis* (sog. *usus modernus pandectarum*) ein ganzes Rechtssystem, das gemeine Recht (*ius commune*). Auch danach hatte das römische Recht großen Einfluss auf die (kontinental-)europäische Rechtsentwicklung. Wesentliche Elemente finden sich bis heute in den großen europäischen Zivilrechtskodifikationen. § 985 BGB ist beispielsweise nichts anderes als die römische *actio rei vindicatio*.

Tipp: *Diese Darstellung ist sehr stark gekürzt. Wenn sich in der Prüfungskommission ein Rechtshistoriker befindet oder aus den Protokollen hervorgeht, dass einer der Prüfer regelmäßig Fragen zur Rechtsgeschichte stellt, sollte das römische Recht unbedingt noch einmal vertieft werden, etwa mit dem AS-Skript Rechtsgeschichte (2015).*

331 **5./6. Jh. v. Chr.:** Stadtrecht von Gortyn. Das Stadtrecht von Gortyn (Kreta) ist eine der ältesten noch erhaltenen europäischen Gesetzessammlungen. Sie befasst sich mit dem Familien- und Erbrecht, dem Sachenrecht sowie Aspekten des Straf- und Prozessrechts.

332 **528–534 n. Chr.:** Entstehung des *corpus iuris civilis* (CICiv). Das *corpus iuris civilis* ist eine im Auftrag des (ost-)römischen Kaisers Iustinian (Rn. 308) zusammengestellte Sammlung des klassischen römischen Rechts. Das CICiv hatte großen Einfluss auf die weitere Rechtsentwicklung, einige Rechtsinstitute des klassischen römischen Rechts sind noch heute in Gesetzbüchern vieler Staaten enthalten, vor allem im Bereich des Zivilrechts. Das CICiv hatte folgende Bestandteile (Jahr der Veröffentlichung):

- *Codex Iustinianus* (529/534), der kaiserliche Erlasse enthielt

- *Institutiones* des *Gaius* (533), ein Lehrbuch des römischen Rechts (Rn. 303)

- Pandekten bzw. Digesten (533), eine Sammlung der Schriften der römischen Juristen (insbesondere Ulpians)

- *Novellae* (nach 534), eine Sammlung der Gesetze *Iustinians* aus der Zeit nach dem Abschluss der Kodifikation

333 **11. Jh. n. Chr.:** Entdeckung der *Florentina* (auch *Codex Florentinus*), einer Ausgabe der Digesten (s. *corpus iuris civilis*, Rn. 332), die vermutlich aus dem 6. Jh. n. Chr. stammt und daher dem Original der Digesten wahrscheinlich noch sehr ähnlich ist, da sie mutmaßlich wenig durch unrichtige Überlieferungen verfälscht wurde. Der Name leitet sich von dem Fundort (Florenz) ab. Die Entdeckung führte dazu, dass sich die mittelalterliche Rechtswissenschaft wieder mit dem klassischen römischen Recht beschäftigen konnte. Dies führte über viele Jahrhunderte zur Entstehung des gemeinen Rechts (*ius commune*) und beeinflusste auch neuzeitliche Kodifikationen, beispielsweise das BGB.

334 **12. Jh. n. Chr. bis 14. Jh. n. Chr.:** Entstehung des *corpus iuris canonici* (CICan). Das CICan ist eine Sammlung von Kirchenrecht. Es war bis 1917 in Kraft und wurde erst dann durch den *Codex Iuris Canonici* abgelöst, der das Kirchenrecht der römisch-katholischen Kirche

enthält. Das CICan hatte erheblichen Einfluss auf die Entwicklung des weltlichen Rechts. So ist etwa der Grundsatz *pacta sunt servanda* aus dem Kirchenrecht entstanden (Rn. 96).

Ca. 1220–1230: Abfassung des Sachsenspiegels durch *Eike von Repkow*. Der Sachsenspiegel gilt als das älteste Rechtsbuch des deutschen Mittelalters. Er enthält (nach heutiger Einteilung) sowohl Zivilrecht als auch Strafrecht und öffentliches Recht, jeweils einschließlich des Prozessrechts. Manche Regelungen des Sachsenspiegels existieren in ähnlicher Form noch heute, etwa das Jedermann-Festnahmerecht aus § 127 StPO oder der Überhang aus § 910 BGB. In Teilen Deutschlands galt der Sachsenspiegel bis in das 19. Jahrhundert, zumindest als subsidiäres Recht. **335**

1507: Erlass der Bambergischen Peinlichen Halsgerichtsordnung (auch *Bambergensis*, *Constitutio Criminalis Bambergensis*), einer Gesetzessammlung zum materiellen Strafrecht und zum Strafprozessrecht. Sie erlaubte in bestimmten Fällen die Folter („peinliche Befragung", „peinlich" von lat. *poena* für „Strafe"), um Geständnisse zu erlangen. Die *Bambergensis* bildete die Grundlage für die *Constitutio Criminalis Carolina*. **336**

1532: Erlass der *Constitutio Criminalis Carolina* (auch *Carolina*), die als erstes allgemeines Strafgesetzbuch in Deutschland gilt. Wie die *Bambergensis* enthält die *Carolina* sowohl materielles Strafrecht als auch Strafprozessrecht. Die *Carolina* trägt zum Teil bereits Züge des modernen Strafrechts. So enthält sie Regeln über den Versuch und die Teilnahme sowie die Schuldunfähigkeit. Auch gilt nach ihr der Grundsatz *nulla poena sine lege* (Rn. 173), jedoch mit Ausnahmen (unter anderem war eine Analogie zulässig). Ferner enthält sie feste Beweisregeln. Allerdings erlaubt auch die *Carolina* unter bestimmten Voraussetzungen die Folter zur Erlangung von Geständnissen. **337**

1776: Unabhängigkeitserklärung der Vereinigten Staaten von Amerika. Sie war die Geburtsstunde der USA und brachte unter anderem den Gewaltenteilungsgrundsatz und Grundrechte für Jedermann mit sich. **338**

1789: Ausbruch der französischen Revolution. Sie war unter anderem Geburtsstunde der modernen Gewaltenteilung in Europa und brachte eine Reihe von Grundrechten für Jedermann. **339**

1794: Inkrafttreten des Allgemeinen Landrechts für die Preußischen Staaten (auch Preußisches Allgemeines Landrecht, PrALR). Das PrALR ist eine naturrechtlich geprägte Kodifikation, die vor allem durch ihren immensen Umfang von mehr als 19.000 Vorschriften auffällt. Dieser rührt daher, dass die Verfasser auf den Befehl *Friedrichs des Großen* versuchten, fast das gesamte Zivilrecht, Strafrecht und öffentliche Recht einschließlich des Prozessrechts in nur einem Gesetzbuch zusammenzufassen. Hintergrund dieses Ansatzes war, dass *Friedrich der Große* ein ausgeprägtes Misstrauen gegen Juristen hegte und sie deshalb durch möglichst genaue Gesetze binden wollte. Als Ursache dafür vermutet man heute den Müller-Arnold-Fall (Rn. 122). Das PrALR sollte allerdings nur subsidiär gelten, das heißt nur dann, wenn kein anderes, örtliches Recht zur Anwendung gelangen konnte. Als Gewohnheitsrecht gelten noch heute die §§ 74, 75 der Einleitung des PrALR fort, die demjenigen einen Aufopferungsanspruch gewähren, der seine Güter (vor allem das Eigentum) im Interesse des Gemeinwohls opfert. **340**

341   **1804:** Inkrafttreten des *Code civil* (auch *Code Napoleon*). Der durch *Napoleon Bonaparte* eingeführte *Code civil* ist das Zivilgesetzbuch Frankreichs, das dort in abgewandelter Form noch heute gilt. Der *Code civil* ist wie das PrALR (Rn. 340) und das ABGB naturrechtlich geprägt. Nachdem Frankreich 1801 die westrheinischen Gebiete annektiert hatte, galt der *Code civil* auch dort. Er wurde als „Rheinisches Recht" nach der militärischen Niederlage *Napoleons* beibehalten, überdauerte die Reichsgründung von 1871 (Rn. 342) und wurde erst 1900 durch das Inkrafttreten des BGB (Rn. 342) abgelöst.

1806: Auflösung des Heiligen Römischen Reiches Deutscher Nation.

1812: Inkrafttreten des Allgemeinen Bürgerlichen Gesetzbuches (ABGB) in den Deutschen Erbländern der Österreichischen Monarchie. Das ABGB ist wie das PrALR (Rn. 340) oder der *Code civil* von 1806 eine Naturrechtskodifikation. Das ABGB ist in der Republik Österreich in abgewandelter Form noch heute geltendes Recht und hat dort dieselbe Bedeutung wie das BGB in Deutschland.

1815: Gründung des Deutschen Bundes. Der Staatenbund war geprägt von der Rivalität der beiden größten Mitgliedstaaten, Preußen und Österreich.

1848/1849: Gescheiterter Versuch einer Revolution mit bürgerlich-demokratischer Ausrichtung. Aus rechtlicher Sicht bedeutend ist der Entwurf einer Verfassung für das Deutsche Reich (auch Paulskirchenverfassung, Frankfurter Reichsverfassung), die neben Regelungen zum Staatsorganisationsrecht einklagbare Grundrechte der Bürger enthielt.

342   **1861:** Inkrafttreten des Allgemeinen Deutschen Handelsgesetzbuchs (ADHGB). Es war der Vorläufer des heutigen HGB und galt in den Ländern des Deutschen Bundes.

1866: Preußisch-Österreichischer Krieg.

1866/1867: Gründung des Norddeutschen Bundes und Auflösung des Deutschen Bundes infolge der militärischen Niederlage Österreichs im Preußisch-Österreichischen Krieg. Der Norddeutsche Bund bildete die Vorstufe zum Deutschen Reich von 1871.

1871: Gründung des Deutschen Reiches. Im selben Jahr wurde das StGB verabschiedet. Es trat 1872 in Kraft trat und gilt in abgewandelter Form bis heute.

1877: Verabschiedung der Reichsjustizgesetze (Inkrafttreten 1879). Die Reichsjustizgesetze umfassen das GVG, die ZPO und die StPO, die heute noch in abgewandelter Form gelten, ferner die Konkursordnung, die 1999 durch die InsO abgelöst wurde. Zusammen mit den Reichsjustizgesetzen traten diverse Nebengesetze in Kraft.

Tipp: 1877 galt das BGB noch nicht, sodass der gutgläubige Erwerb an Sachen noch nicht möglich war und auch das Trennungs- und Abstraktionsprinzip (Rn. 77) noch nicht galt. Das zeigt sich beispielsweise an § 771 Abs. 1 ZPO. Danach ist die Drittwiderspruchsklage statthaft, wenn dem Kläger ein „die Veräußerung hinderndes Recht" zusteht. Wegen der mit dem BGB eingeführten Möglichkeit des gutgläubigen Erwerbs (§§ 892 ff., 932 ff. BGB) gibt es solche Rechte streng genommen nicht. Heute legt man den Tatbestand so aus, dass die Veräußerung ein Recht des Klägers verletzen muss.

1897: Inkrafttreten des HGB, das in abgewandelter Form noch heute gilt. Das HGB löste das ADHGB ab.

01.01.1900: Das BGB tritt in Kraft (Merksatz: „Ein neues Gesetz für ein neues Jahrhundert!"). Das BGB regelte erstmals das Zivilrecht einheitlich für das gesamte Deutsche Reich. Es steht am Ende einer langen Entwicklung, die mit dem Kodifikationsstreit zwischen *Thibaut* (Rn. 325) und *Savigny* (Rn. 320) begann. Nachdem auf politischer Ebene nach 1871 entschieden worden war, ein einheitliches Zivilrecht zu schaffen, tagte von 1874 bis 1888 eine erste Kommission, die einen Entwurf erarbeitete, der sich stark an den Lehren *Savignys* orientierte. Dieser erste Entwurf wurde als unzeitgemäß und zu kompliziert abgelehnt. Ab 1890 tagte eine zweite Kommission, die 1895 einen zweiten Entwurf vorlegte, der dem ursprünglichen BGB schon sehr ähnlich war. Die Beratungen beider Kommissionen fasste *Benno Mugdan* in den *Gesammten Materialien zum Bürgerlichen Gesetzbuch für das Deutsche Reich* zusammen, die auch heute noch für die historische Auslegung genutzt werden. Die Beratungen der ersten Kommission nennt man „Motive", die der zweiten Kommission „Protokolle". Das BGB fußt im römischen Recht und ist vom bürgerlichen Liberalismus geprägt, der für das 19. Jahrhundert typisch war. Dafür wurde es auch kritisiert: *Gierke* (Rn. 304) etwa lehnte das BGB ab, weil es in seiner römischrechtlichen Tradition nicht lebensnah genug sei, weil es aber auch nicht „sozial" genug sei. Eine häufig zu vernehmende Kritik lautete, dass die Lohnarbeit in den Regelungen über den Dienstvertrag viel zu wenig Beachtung gefunden habe. Bis heute finden sich die wichtigsten Teile des Arbeitsrechts nicht im BGB, sondern in Spezialgesetzen.

343

Tipp: Eine ausführlichere Behandlung der Entstehung des BGB findet sich im AS-Skript Rechtsgeschichte (2015).

1914–1918: Erster Weltkrieg.

1918: Gründung der Weimarer Republik. Am 9.11.1918 riefen *Philipp Scheidemann* (SPD) und *Karl Liebknecht* (Spartakusbund) jeweils gesondert die Republik aus. *Scheidemann* setzte sich durch, sodass der neue Staat demokratisch, nicht sozialistisch geprägt war. Offiziell lautete der Name des Staates weiterhin Deutsches Reich. Der Name Weimarer Republik rührt daher, dass die verfassungsgebende Versammlung in Weimar tagte. Erster Reichspräsident wurde *Friedrich Ebert*. Die Weimarer Reichsverfassung trat am 14.8.1919 in Kraft. Die Weimarer Republik zeichnete sich durch häufige Regierungswechsel aus, auch wurde sie mehrfach durch Putschversuche erschüttert. Als ihr faktisches Ende gilt heute der 30.1.1933. An diesem Tag wurde *Adolf Hitler* zum Reichskanzler ernannt, der in der Folge seine nationalsozialistische Diktatur errichtete.

344

Tipp: Über Art. 140 GG sind Teile der Weimarer Reichsverfassung bis heute geltendes Recht!

30.01.1933: Reichspräsident *Paul von Hindenburg* ernennt *Adolf Hitler* zum Reichskanzler, der in der Folge seine nationalsozialistische Diktatur errichtet. Der Vorgang ist – je nach Standpunkt – bekannt als *Machtergreifung, Machtübergabe* oder *Machtübernahme*. Die Ernennung *Hitlers* war erst möglich geworden, weil die NSDAP im Reichstag die stärkste Fraktion stellte (bei der Wahl am 6.11.1932 erhielt sie 33,1% der Stimmen) und weil die demokratischen Parteien sich nicht zu einem geschlossenen Vorgehen gegen die NSDAP entschließen konnten. Die folgenden Monate nutzte *Hitler*, um seine Macht auch mit Hilfe von „Notverordnungen" zu festigen und den Weg in die Diktatur zu bereiten. Bei der Wahl vom 5.3.1933 errang die NSDAP zusammen mit der DNVP die absolute Mehrheit. Allerdings war dies bereits keine freie Wahl mehr, denn unter anderem wurden politische Gegner inhaftiert. Das Ermächtigungsgesetz vom 24.3.1933, das *Hitler* diktatorische Befugnisse verlieh, wurde zwar vom Reichstag mit Zweidrittelmehrheit (gegen die Stimmen der SPD) beschlossen. Zuvor waren jedoch die Abgeordneten der Kommunistischen Partei Deutschlands ausgeschlossen und die Geschäftsordnung des Reichstags geändert worden, um die Beschlussfähigkeit herzustellen. Außerdem waren bei der Stimmabgabe bewaffnete SA- und SS-Leute anwesend. Ausschlaggebend für die Zweidrittelmehrheit waren gleichwohl die Stimmen der (demokratischen) Zentrumspartei. Ob es sich bei dem ganzen Vorgang um eine „Machtergreifung", eine „Machtübernahme" oder eine „Machtübergabe" handelt, ist bis heute umstritten.

1939–1945: Zweiter Weltkrieg. Nach dem Kriegsende wird Deutschland in vier Besatzungszonen aufgeteilt: Die USA, England und Frankreich besetzen das Gebiet der späteren Bundesrepublik Deutschland (BRD), die Sowjetunion besetzt das Gebiet der späteren Deutschen Demokratischen Republik (DDR).

345 **23.05.1949:** Gründung der BRD durch das Inkrafttreten des GG.

Tipp: Das GG wurde in wesentlichen Teilen durch den Verfassungskonvent von Herrenchiemsee erarbeitet. Seine endgültige Fassung erhielt es durch den Parlamentarischen Rat, der sich im Museum König in Bonn versammelte. Nach Abschluss der Arbeiten des Parlamentarischen Rates musste das GG noch von den westlichen Besatzungsmächten genehmigt und von den deutschen Ländern ratifiziert werden (Art. 144 Abs. 1 GG). Bayern stimmte als einziges Land dagegen. Je nach Zusammensetzung der Prüfungskommission empfiehlt sich eine intensivere Auseinandersetzung mit der Geschichte des GG, etwa mit dem AS-Skript Rechtsgeschichte (2015).

07.10.1949: Gründung der DDR.

Seit 1951: Europäische Integration. Diese dauert an und besteht im Wesentlichen aus folgenden Entwicklungsschritten:

- Gründung des Europarats (1949) und Verabschiedung der Europäischen Menschenrechtskonvention (1950). Beachte: Europarat und EMRK sind von der Europäischen Union (EU), deren Rechtsvorgängern, ihren Organen und den von ihnen erlassenen Rechtsakten streng zu unterscheiden, auch wenn Art. 6 Abs. 2 EUV heutiger Fassung einen Beitritt der EU zur EMRK vorsieht.

- Gründung der Europäischen Gemeinschaft für Kohle und Stahl (EGKS) zwischen Belgien, Frankreich, Deutschland, Italien, Luxemburg und den Niederlanden auf Vorschlag *Robert Schumans* (1951).

- Römische Verträge (1957), Gründung der Europäischen Wirtschaftsgemeinschaft (EWG) und der Europäischen Atomgemeinschaft (EURATOM).

- Vertrag von Brüssel (1965), Bündelung der bestehenden Gemeinschaften in den Europäischen Gemeinschaften (EG).

- Beitritt Dänemarks, Irlands und des UK (1973).

- Beitritt Griechenlands (1981).

- Beitritt Portugals und Spaniens (1986).

- Vertrag von Luxemburg/Einheitliche Europäische Akte (1986), Grundlage für die weitere Integration durch den Vertrag von Maastricht.

- Vertrag von Maastricht (1992), Gründung der EU, Entstehung des „Tempelmodells" mit den EG, der Gemeinsamen Sicherheits- und Außenpolitik (GASP) und der Polizeilichen und Justiziellen Zusammenarbeit in Strafsachen (PJZS) als „Säulen" unter dem „Dach" der EU, Gründung der Wirtschafts- und Währungsunion als Grundlage für die gemeinsame Währung, den Euro, an dem allerdings nicht alle EU-Mitgliedstaaten teilnehmen.

- Beitritt Finnlands, Österreichs und Schwedens (1995).

- Vertrag von Amsterdam (1997).

- Gründung der Europäischen Zentralbank und Festlegung der Wechselkurse der mitgliedstaatlichen Währungen zum Euro (1999), Euro-Bargeld wurde ab 2002 in den Verkehr gebracht.

- Vertrag von Nizza (2001).

- Beitritt zehn weiterer Mitglieder (2004).

- Ablehnung des Vertrags über eine Verfassung für Europa durch Referenden in den Niederlanden und in Frankreich (2005).

- Beitritt Bulgariens und Rumäniens (2007).

- Vertrag von Lissabon (2007), durch den das „Tempelmodell" abgeschafft wurde, an die Stelle der EG trat die EU. Grundlagen sind der Vertrag über die Arbeitsweise der Europäischen Union (AEUV), der Vertrag über die Europäische Union (EUV) sowie die Charta der Grundrechte der Europäischen Union (EU-GRCh).

- Infolge der globalen Banken- und Staatsschuldenkrise stärkere fiskalische Zusammenarbeit (seit 2009).

- Beitritt Kroatiens (2013).

Tipp: *Heute nehmen wir die europäische Integration in erster Linie als politische, kulturelle und wirtschaftliche Zusammenarbeit wahr. Ursprünglich war sie jedoch ein Friedensprojekt, geboren aus der Erfahrung zweier Weltkriege: Indem die verfeindeten Staaten Deutschland und Frankreich ihre (damals) kriegswichtigen Industriezweige Kohle und Stahl unter die Hoheit einer gemeinsamen Behörde stellten (der „Hohen Behörde" aus der die Europäische Kommission hervorging), wurde ein Krieg zwischen diesen Ländern faktisch unmöglich. Auch die heutige EU garantiert weiterhin den Frieden – zwischen den Mitgliedstaaten, aber auch gegenüber Bedrohungen von außen.*

1956: Wiederbewaffnung Deutschlands unter dem Eindruck des kalten Krieges. Voraussetzung für die Gründung der Bundeswehr war eine umfangreiche Änderung des Grundgesetzes. Neu eingefügt wurden Art. 12a, 17a, 45a–c, 65a und 87a–c GG.   **346**

1957: Das Saarland tritt der Bundesrepublik Deutschland bei.

1960: Die VwGO tritt in Kraft.

1968: Erlass der Notstandsverfassung. Durch das Siebzehnte Gesetz zur Änderung des Grundgesetzes wurden unter der Kanzlerschaft von *Kurt Georg Kiesinger* mit den Stimmen von CDU, CSU und SPD Grundrechte eingeschränkt, die Möglichkeit der Notstandsgesetzgebung durch den Gemeinsamen Ausschuss (Art. 53a GG) eröffnet und der Abschnitt „Xa Verteidigungsfall" (Art. 115a ff. GG) eingefügt. Gegen das Gesetz stimmte nur die FDP. Teile der Bevölkerung sprachen sich gegen das Gesetz aus, weil sie darin ein neues „Ermächtigungsgesetz" sahen, vergleichbar dem, durch welches *Hitler* im Jahr 1933 diktatorische Befugnisse erhalten hatte. Bei näherer Betrachtung trifft dieser Vergleich allerdings nicht zu.

15.12.1983: Das BVerfG erkennt im „Volkszählungsurteil" (1 BvR 209, 269, 362, 420, 440, 484/83) das Recht auf informationelle Selbstbestimmung an, das es aus Art. 2 Abs. 1 GG i.V.m. Art. 1 Abs. 1 GG ableitet und als Teil des allgemeinen Persönlichkeitsrechts ansieht.

1989/1990: Herstellung der Einheit Deutschlands („Wiedervereinigung") durch die friedliche Revolution in der DDR und ihren Beitritt zur BRD am 03.10.1990. Die wichtigste Regelung zur Wiedervereinigung ist der Einigungsvertrag, der insbesondere regelt, ab wann welche Gesetze auf dem Gebiet der ehemaligen DDR gelten und welche Abweichungen dabei zu beachten sind.

1999: Die InsO löst die seit dem Jahr 1877 geltende Konkursordnung ab. Damit trat eines der vier Reichsjustizgesetze (Rn. 342) nach über einhundert Jahren außer Kraft.

347   **2002:** Im Zuge der Schuldrechtsreform wird das zweite Buch des BGB in weiten Teilen überarbeitet. Die neuen Regeln treten zum 01.01.2002 in Kraft. Zum einen wurden durch das Schuldrechtsmodernisierungsgesetz die Regeln des allgemeinen Schuldrechts verändert. Weiter wurden durch Rechtsfortbildung anerkannte Rechtsinstitute wie der Wegfall der Geschäftsgrundlage (heute § 313 BGB), die *culpa in contrahendo* (heute §§ 280 Abs. 1, 311 Abs. 2 und 3 BGB) und die positive Vertragsverletzung (heute §§ 280 Abs. 1, 241 Abs. 2 BGB) ausdrücklich geregelt. Schließlich wurden Nebengesetze in das BGB überführt, insbesondere das AGB-Gesetz (heute §§ 305 ff. BGB) und das Haustürwiderrufsgesetz sowie das Fernabsatzgesetz (heute zusammen in den §§ 312b ff. BGB geregelt).

2014: Zur Umsetzung der Verbraucherrechterichtlinie (Richtlinie 2011/83/EU) werden die Vorschriften über Verbraucherverträge (§§ 312 ff. BGB) neu gefasst, die Vorschriften über den Verbrauchsgüterkauf (§§ 474 ff. BGB) angepasst. Der Gesetzgeber nutzte die aufgrund der Pflicht zur Richtlinienumsetzung (Art. 288 Abs. 3 AEUV) notwendige Reform auch dazu, das BGB an die Rspr. des EuGH anzupassen, etwa in § 474 Abs. 5 BGB. Das Gesetz zur Umsetzung der Verbraucherrechterichtlinie trat am 13.06. 2014 in Kraft.

D. Rechtslatein

Latein ist in der Rechtssprache allgegenwärtig, wie beispielsweise die Auslegungsregeln *lex specialis derogat legi generali* oder *lex posterior derogat legi priori* belegen. Auch wenn das Latinum keine Voraussetzung für die Aufnahme des Jurastudiums mehr ist, wird von Kandidaten in der mündlichen Prüfung deshalb erwartet, dass sie die wichtigsten lateinischen Rechtsbegriffe beherrschen. Beherrschen heißt, dass diese Begriffe frei übersetzt und vor allem richtig angewendet werden können. Das ist nicht immer der Fall: Ein besonders beliebter Fehler sind die *„essentialia negotii* des Vertrages". *Essentialia negotii* bedeutet „wesentliche Vertragsbedingungen". Die Aussage lautet also übersetzt „wesentliche Vertragsbedingungen des Vertrages". Eine unnötige Doppelung! Solche Missgriffe lassen sich sehr leicht vermeiden: Eine Liste lateinischer Rechtsbegriffe ist mit Übersetzung bzw. Erläuterung im Internet kostenlos in der Wikipedia abrufbar unter dem Suchbegriff „Latein im Recht".

348

Tipp: Im Prüfungsgespräch sollte man nicht krampfhaft versuchen, lateinische Rechtsbegriffe zu verwenden, nur um zu zeigen, dass man diese beherrscht. Wenn ein Begriff völlig gängig ist (z.B. ne bis in idem oder dolo agit [qui petit quod statim redditurus est]), kann er natürlich verwendet werden. Wenn die Prüfungskommission selber nach lateinischen Rechtsbegriffen fragt und die Antwort nicht bekannt ist, ist es immer besser, dies ehrlich zuzugeben, als Verständnis vorzutäuschen und den Begriff dann falsch zu übersetzen oder zu verwenden.

6. Teil: Aktenvorträge zur Vorbereitung

349 Auf den folgenden Seiten findet sich zur Vorbereitung auf den Prüfungsvortrag (Rn. 42 ff.) ein Übungsvortrag nebst Lösungsvorschlag aus jedem der drei Rechtsgebiete. Die Vorträge sind auf eine Vorbereitungszeit von 60 Minuten und eine Vortragszeit von zwölf Minuten angelegt. Als Hilfsmittel steht nur das Gesetz zur Verfügung. Es empfiehlt sich, diese Vorgaben einzuhalten, damit die Prüfungssituation möglichst realistisch simuliert wird. Der Lerneffekt ist dabei am größten, wenn einer oder mehrere Zuhörer dem Vortragenden ein Feedback geben, nicht nur zu rechtlichen Lösung, sondern vor allem zum Vortragsstil (dazu Rn. 46 ff.).

A. Aktenvortrag aus dem Zivilrecht

I. Sachverhalt

350

Bahir (B), Adam (A) und Ulrike (U) sind Gesellschafter der BAU GbR, die Hoch- und Tiefbauarbeiten übernimmt. Unter anderem ist die BAU GbR auf einer Baustelle an der Wombatallee tätig. Eines Tages fährt ein Arbeitnehmer der BAU GbR mit einem Lastwagen, der im Eigentum der BAU GbR steht und den sie auf eigene Kosten betreibt, eine Ladung Aushub von der Baustelle zu einem Schuttabladeplatz außerhalb der Stadt. Dabei verschmutzt er die Wombatallee sehr. Vergleichbare Vorfälle hatten sich bei diesem Arbeitnehmer schon häufiger ereignet. Die BAU GbR hatte dagegen aber nie etwas unternommen.

Auf der Fahrbahn bildet sich durch die Verschmutzung ein Schmierfilm, der für den übrigen Verkehr eine Gefahr darstellt. Es ist Eile geboten. Die Gemeinde S, die Eigentümerin der Wombatallee ist, reinigt daraufhin unverzüglich mit eigenem Personal und Gerät die Straße. Die Reinigung verursacht Kosten in Höhe von 1.500 €.

Sie sind Praktikant(in) im Rechtsamt der S und werden von Ihrem Ausbilder gebeten, zu begutachten, ob der S gegen die BAU GbR und/oder ihre Gesellschafter ein Anspruch auf Zahlung von 1.500 € zusteht.

Bearbeitervermerk: Auszug aus dem Straßengesetz des Landes, in dem S belegen ist:

§ 7 Straßenbaulast

(1) Träger der Straßenbaulast für die öffentlichen Straßen sind die Gemeinden.
(…)
(4) Zur Straßenbaulast gehört die Pflicht, die öffentlichen Straßen so zu reinigen, dass die Verkehrssicherheit erhalten bleibt (verkehrsmäßige Reinigung)…

§ 15 Verunreinigung und Beschädigung

(1) Wer eine Straße über das übliche Maß hinaus verunreinigt, hat die Verunreinigung ohne Aufforderung unverzüglich zu beseitigen; andernfalls kann der Träger der Straßenbaulast die Verunreinigung auf Kosten des Verursachers beseitigen oder beseitigen lassen…

Mögliche Ansprüche auf der Grundlage des § 15 sind nicht zu prüfen. Die Zulässigkeit einer möglichen Klage ist nicht zu prüfen. Es ist zu unterstellen, dass die 1.500 € den der S tatsächlich entstandenen Kosten entsprechen und dass diese den objektiven Kosten einer Reinigung entsprechen, wie sie die S vorgenommen hat.

II. Lösungsvorschlag

A. Ansprüche der S gegen die BAU GbR   **351**

I. Vertragliche Ansprüche?

Vertragliche Ansprüche scheiden aus, da, kein Austausch von Willenserklärungen zwischen S und der BAU GbR stattfand.

II. Anspruch aus den §§ 670, 683 S. 1, 677 BGB?

S könnte gegen die BAU GbR aber einen Anspruch auf Zahlung von 1.500 € aus den §§ 670, 683, 677 BGB haben.

1. BAU GbR als Anspruchsgegner?

Dazu müsste die BAU GbR überhaupt rechtsfähig sein, denn nur dann kann sie Anspruchsgegner sein. Eine GbR ist jedenfalls dann rechtsfähig, wenn sie im Rechtsverkehr als GbR auftritt (Rn. 153). Auch die BAU GbR ist rechtsfähig, da sie am Rechtsverkehr teilnimmt: Sie ist Eigentümerin des Lkw und hat mit mindestens einem Arbeitnehmer einen Arbeitsvertrag geschlossen.

2. Geschäftsbesorgung

S müsste nach § 677 BGB ein Geschäft besorgt haben. Nach allgemeiner Ansicht ist das Tatbestandsmerkmal weit auszulegen. Erfasst sind nicht nur Rechtsgeschäfte oder die Ausübung von Gestaltungsrechten, sondern auch tatsächliche Handlungen. Das Reinigen einer Fahrbahn ist eine Geschäftsbesorgung.

3. „Für einen anderen"

Nach § 677 BGB muss das Geschäft „für einen anderen" besorgt worden sein. Aus § 687 Abs. 1 BGB folgt, dass der Geschäftsführer den Willen gehabt haben muss, für einen anderen zu handeln. Nur selten wird er diesen Willen aber ausdrücklich äußern. Die h.M. unterscheidet deshalb zwischen objektiv fremden und objektiv neutralen Geschäften. Objektiv fremd sind Geschäfte, die schon ihrem Inhalt nach in einen fremden Rechts- und Interessenkreis eingreifen. Objektiv neutral sind Geschäfte, an denen der Geschäftsführer ein Eigeninteresse haben kann. Bei einem objektiv fremden Geschäft wird der Fremdgeschäftsführungswille (widerleglich) vermutet. Bei einem objektiv neutralen Geschäft wird der Fremdgeschäftsführungswille nicht vermutet, er muss sich vielmehr in irgendeiner Form äußerlich erkennbar manifestieren.[68]

---

68 Zusammenfassend BGH RÜ 2009, 481.

Grundsätzlich ist es Angelegenheit desjenigen, der eine Straße verschmutzt, diese Verschmutzung wieder zu beseitigen (§ 15 Abs. 1 Hs. 1 Landesgesetz). Demnach wäre es hier Sache der BAU GbR, die Straße zu reinigen und es läge ein objektiv fremdes Geschäft vor. Fraglich ist allerdings, ob ein objektiv fremdes Geschäft dadurch ausscheidet, dass S als Trägerin der Straßenbaulast (§ 7 Abs. 1 Landesgesetz) kraft öffentlichen Rechts dazu verpflichtet ist, die Fahrbahn zu reinigen (§ 7 Abs. 4 Landesgesetz). Richtigerweise ist dies zu verneinen: Selbst wenn S neben der BAU GbR für die Reinigung der Straße verantwortlich sein sollte, entbindet dies die BAU GbR nicht von ihrer Reinigungspflicht. Zugleich kommt die Reinigung durch die S auch der BAU GbR zugute.[69] Damit liegt ein objektiv fremdes Geschäft vor, selbst wenn S aufgrund öffentlich-rechtlicher Vorschriften verpflichtet war, die Straße zu reinigen. Ihr Fremdgeschäftsführungswille wird deshalb vermutet.

4. Ohne Auftrag oder sonstige Berechtigung

Nach § 677 BGB muss der Geschäftsführer handeln, ohne durch den Geschäftsherrn beauftragt oder ihm gegenüber sonst dazu berechtigt zu sein. Eine abschließende öffentlich-rechtliche Pflicht des Geschäftsführers, für den Geschäftsherrn tätig zu werden, schließt einen Anspruch aus GoA deshalb aus. Hier enthält § 15 Landesgesetz eine Reglung zur Kostenerstattung. Unabhängig davon, ob danach Ansprüche der S gegeben sind (dies ist nach dem Bearbeitervermerk nicht zu prüfen), stellt sich also die Frage, ob die Norm einem Anspruch aus §§ 670, 683 S. 1, 677 BGB entgegensteht. Dafür spricht, dass § 15 Landesgesetz eine Sonderregelung darstellt, die durch den Rückgriff auf die Regeln der GoA umgangen zu werden droht. Das wäre auch deshalb problematisch, weil die S sich dadurch der aus § 15 Landesgesetz folgenden öffentlich-rechtlichen Bindungen entledigen könnte.[70]

5. Zwischenergebnis

Ein Anspruch der S aus den §§ 670, 683 S. 1, 677 BGB scheidet damit aus.

III. Deliktische Ansprüche?

1. Anspruch aus § 7 Abs. 1 StVG?

S könnte gegen die BAU GbR einen Anspruch auf Zahlung von 1.500 € aus § 7 Abs. 1 StVG haben. Dass die BAU GbR ein Anspruchsgegner sein kann, wurde oben festgestellt.

a) Sperrwirkung des § 15 Landesgesetz?

Fraglich ist auch hier zunächst, ob § 15 Landesgesetz einem Anspruch aus § 7 Abs. 1 StVG entgegensteht Dagegen spricht, dass Schadensersatzansprüche das Integritätsinteresse des Eigentümers einer Sache schützen, während ein möglicher Anspruch aus öffentlich-rechtlichen Vorschriften

---

69 Ebenso für einen ähnlichen Fall BGH NJW 1976, 619.
70 Ebenso in einem vergleichbaren Fall BGH RÜ 2012, 550.

lediglich dazu dient, den Hoheitsträger von den mit seiner Tätigkeit verbundenen Kosten zu befreien. Wegen der unterschiedlichen Zwecksetzung sperren öffentlich-rechtliche Erstattungsvorschriften einen Schadensersatzanspruch nicht. Damit entfaltet § 15 Landesgesetz keine Sperrwirkung gegenüber Ansprüchen aus § 7 Abs. 1 StVG.

b) Haftungsbegründender Tatbestand

Wird bei dem Betrieb eines Kraftfahrzeugs eine Sache beschädigt, so ist der Halter nach § 7 Abs. 1 StVG verpflichtet, dem Verletzten den daraus entstehenden Schaden zu ersetzen.

Der Lkw ist ein Kraftfahrzeug. Halter eines Kraftfahrzeugs ist, wer den mit dem Betrieb eines Kfz verbundenen Nutzen erlangt und die damit verbundenen Lasten trägt. Das kann, muss aber nicht der Eigentümer sein. Hier ist die BAU GbR sowohl Eigentümerin des Lkw als auch dessen Betreiberin. Dass ein Arbeitnehmer das Fahrzeug fährt, steht nicht entgegen (Umkehrschluss aus § 18 StVG). Die BAU GbR ist Halterin.

Die Straße ist eine Sache. Sie steht im Eigentum der S. Fraglich ist, ob durch die Verschmutzung der Straße die Sache beschädigt wurde. Eine Beschädigung einer Sache ist die nicht bloß unerhebliche Beeinträchtigung ihrer Benutzbarkeit. Hier wurde durch den Schmutz eine Gefahrenlage für den Straßenverkehr geschaffen, sodass die Nutzbarkeit der Straße eingeschränkt war. Sie wurde folglich beschädigt.[71] Dies geschah auch bei dem Betrieb des Lkw.

Die Halterhaftung ist auch nicht nach § 8 Nr. 3 StVG ausgeschlossen, weil die Beschädigung durch die Ladung des Lkw verursacht wurde. § 8 Nr. 3 StVG erfasst nicht den Fall, dass eine Sache durch die Ladung beschädigt wird, sondern nur den Fall, dass die Ladung selbst beschädigt wird.

Anders als bei der Fahrzeugführerhaftung (§ 18 StVG) ist bei der Halterhaftung kein Vertretenmüssen erforderlich. Es handelt sich um einen Fall der Gefährdungshaftung.

c) Haftungsausfüllender Tatbestand

Die Höhe des Schadens berechnet sich bei § 7 Abs. 1 StVG im Fall der Sachbeschädigung (für die Tötung und die Körperverletzung beachte die §§ 10 ff. StVG) nach den §§ 249 ff. BGB. Die Höhe des Schadens beträgt hier nach der Differenzhypothese 1.500 €. Diesen Schaden kann S nach § 249 Abs. 2 BGB auch ersetzt verlangen. Die haftungsausfüllende Kausalität begegnet keinen Bedenken. Erwägenswert ist, ob S sich einen Teil des Schadens nach § 9 StVG i.V.m. § 254 BGB anrechnen lassen muss. Das wäre etwa der Fall, wenn die BAU GbR selbst hätte benachrichtigt werden können und es der BAU GbR möglich gewesen wäre, den Schaden kostengünstiger zu

---

71 Ebenso in einem vergleichbaren Fall BGH MDR 2013, 1454.

beheben. Indes war nach dem Sachverhalt im Interesse der Verkehrssicherheit Eile geboten. Eine Anspruchskürzung wegen Mitverschuldens der S scheidet deshalb aus.

d) Zwischenergebnis

Da sonstige Einwendungen oder Einreden nicht ersichtlich sind, steht S gegen die BAU GbR ein Anspruch auf Zahlung von 1.500 € aus § 7 Abs. 1 StVG zu.

2. Anspruch aus § 823 Abs. 1 BGB?

Ein Anspruch aus § 823 Abs. 1 BGB besteht nicht. Dass die BAU GbR ein Anspruchsgegner sein kann, wurde zwar oben festgestellt. Auch sperrt § 15 Landesgesetz einen Anspruch aus § 823 Abs. 1 BGB nicht. Indes hat die BAU GbR selbst die Straße nicht verschmutzt, sondern ihr Arbeitnehmer. Dessen Verhalten muss sie sich nicht nach § 278 BGB zurechnen lassen, weil zwischen BAU GbR und S kein Schuldverhältnis besteht, sodass der Arbeitnehmer im Verhältnis zu S kein Erfüllungsgehilfe ist. Auch eine Zurechnung seines Verhaltens analog § 31 BGB scheidet aus, weil der Arbeitnehmer nicht Organwalter der BAU GbR ist.

3. Anspruch aus § 823 Abs. 2 BGB i.V.m. § 32 StVO?

Auch ein Anspruch aus § 823 Abs. 2 BGB i.V.m. § 32 StVO scheidet mangels Zurechenbarkeit des Verhaltens des Arbeitnehmers aus. Es kann deshalb dahinstehen, ob § 32 StVO ein Schutzgesetz ist oder nicht.

4. Anspruch aus § 831 Abs. 1 S. 1 BGB?

S könnte gegen die BAU GbR aber ein Anspruch auf Zahlung von 1.500 € aus § 831 Abs. 1 S. 1 BGB zustehen. Dass die BAU GbR mögliche Anspruchsgegnerin ist, wurde festgestellt. Dass § 15 Landesgesetz einen Schadensersatzanspruch nicht sperrt, wurde festgestellt.

a) Haftungsbegründender Tatbestand

Voraussetzung für den Anspruch ist zunächst, dass der Arbeitnehmer ein Verrichtungsgehilfe der BAU GbR ist. Verrichtungsgehilfe ist, wer mit Wissen und Wollen im Interesse eines anderen nach dessen Weisung eine Tätigkeit verrichtet. Der Arbeitnehmer ist gegenüber der BAU GbR weisungsgebunden (§ 106 GewO) und wird bei der Arbeit in deren Interesse tätig.

Weiter müsste der Arbeitnehmer bei der Verrichtung seiner Tätigkeit den Tatbestand einer unerlaubten Handlung erfüllt haben, mit Ausnahme des Vertretenmüssens, weil dieses bei § 831 BGB durch das Auswahl-, Instruktions- und Überwachungsverschulden des Geschäftsherrn ersetzt ist. Indem der Arbeitnehmer die Straße verschmutzt hat, hat er das Eigentum der S an der Straße beeinträchtigt und dadurch den Tatbestand des § 823 Abs. 1 BGB verwirklicht. Dies geschah auch in Ausübung seiner Arbeit und damit bei Verrichtung seiner Tätigkeit.

Schließlich darf sich die BAU GbR nicht nach § 831 Abs. 1 S. 2 BGB exkulpieren können. § 831 Abs. 1 S. 1 BGB vermutet, dass der Geschäftsherr bei der Auswahl, Instruktion oder Überwachung des Verrichtungsgehilfen schuldhaft gehandelt hat, gestattet ihm aber die Exkulpation. Diese wird der BAU GbR nicht gelingen: Vergleichbare Vorfälle waren bei diesem Arbeitnehmer schon häufiger vorgekommen, ohne dass die BAU GbR etwas dagegen unternommen hat. Dadurch hat sie ihre Überwachungspflicht verletzt.

b) Haftungsausfüllender Tatbestand

Das zu § 7 Abs. 1 StVG Gesagte gilt entsprechend.

c) Zwischenergebnis

Da Einwendungen oder Einreden nicht ersichtlich sind, steht S gegen die BAU GbR ein Anspruch auf Zahlung von 1.500 € aus § 831 Abs. 1 S. 1 BGB zu.

IV. Anspruch aus § 812 Abs. 1 S. 1 Fall 1 BGB?

S könnte gegen die BAU GbR ein Anspruch auf Zahlung von 1.500 € aus § 812 Abs. 1 S. 1 Alt. 1 BGB (Leistungskondiktion) zustehen.

1. „Etwas" erlangt

Das erlangte „Etwas" ist die Befreiung von einer Verbindlichkeit, konkret die Befreiung von der Pflicht, die Straße zu säubern.

2. Durch Leistung

Dieses etwas erlangte die BAU GbR durch eine bewusste und zweckgerichtete Mehrung ihres Vermögens durch S, mithin durch eine Leistung. Wie bei der GoA wird man dagegen nicht einwenden können, dass S nach § 7 Landesgesetz verpflichtet war, die Reinigung vorzunehmen (s.o.).

3. Ohne Rechtsgrund

Fraglich ist allerdings, ob die Leistung ohne Rechtsgrund erfolgte. Denkbar ist, dass die Regelung in § 15 Landesgesetz eine abschließende Regelung enthält, die auch als Rechtsgrund anzusehen ist. Für eine Sperrwirkung spricht, dass es bei einem Anspruch aus § 812 Abs. 1 S. 1 Alt. 1 BGB nicht um den Schutz des Integritätsinteresses geht (wie bei den Ansprüchen auf Schadensersatz), sondern „nur" um den Ausgleich der dem Hoheitsträger entstehenden Kosten. Insoweit gilt wie bei der GoA, dass die öffentlich-rechtlichen Vorschriften eine abschließende Sonderregelung sind (s.o.). Entsprechendes wird man auch hier annehmen müssen.

V. Ergebnis

S kann von der BAU GbR die Zahlung von 1.500 € aus § 7 Abs. 1 StVG sowie aus § 831 Abs. 1 S. 1 BGB verlangen.

352   B. Ansprüche der S gegen B, A und U

Inhaltsgleiche Ansprüche der S bestehen gegen die Gesellschafter B, A und U der BAU GbR. Das folgt aus einer Analogie zu § 128 HGB. Die Gesellschafter haften nicht subsidiär, sondern unmittelbar, vergleichbar der gesamtschuldnerischen Haftung nach den §§ 420 ff. BGB.[72] Einwendungen oder Einreden, die nur den Gesellschaftern zustehen, sind nicht ersichtlich.

B. Aktenvortrag aus dem Strafrecht

I. Sachverhalt

353

A ist auf dem Weg zur Wohnung seines Vaters. An einer Straßenecke trifft er auf X, Y und Z. X ist erkennbar angetrunken (aber noch voll zurechnungsfähig) und beleidigt A in übler Weise. A beachtet die Gruppe zunächst dennoch nicht. Da die Beleidigungen nicht aufhören, ruft A schließlich, sie „sollten nur abwarten". Dann „würden sie schon sehen". Die Wohnung des Vaters des A liegt in der nächsten Seitenstraße. Dort trifft A auf seine kräftigen Cousins B und C. Diesen teilt er mit, dass draußen auf der Straße „eine Sache zu klären" sei und dass wohl eine Schlägerei bevorstehe. A geht danach aber zuerst in die Küche und nimmt ein kleines Küchenmesser mit. Dann begeben sich A, B und C zu X, Y und Z.

B und C fangen an, sich mit X und Y zu prügeln. A feuert seine Cousins dabei zunächst kräftig an. Dann besinnt er sich jedoch eines Besseren und kommt mit dem ebenfalls etwas abseits stehenden Z überein, dass die Schlägerei doch eigentlich gar nicht nötig sei. Daraufhin versucht A, den X und den B auseinander zu zerren, die sich etwas entfernt von den anderen geprügelt hatten. Dies gelingt ihm auch.

B kehrt zu C und Y und Z zurück. C und Y haben inzwischen auch mit der Schlägerei aufgehört. X allerdings wendet sich dem A zu, streift einen Schlagring über seine Finger und fängt an, auf A einzuschlagen. X ist dem A auch körperlich deutlich überlegen. A kann zunächst ausweichen. Da er aber weiß, dass er ein sehr schlechter Läufer ist, denkt er über eine wirkliche Flucht gar nicht erst nach. Deshalb zückt er das Messer und zeigt es dem X warnend. X zeigt sich davon nicht beeindruckt und holt zu einem weiteren Schlag aus. Um sich zu verteidigen, sticht A einmal in den Hals des X und fügt diesem eine Stichwunde zu. X verblutet an Ort und Stelle. A hatte nicht erwartet, dass X tödlich verletzt werden könnte und er wollte dies auch nicht.

Bearbeitervermerk: Hat sich A nach § 227 StGB strafbar gemacht?

---

72 Vgl. BGH RÜ 2001, 160.

II. Lösungsvorschlag

A. Strafbarkeit des A nach §§ 227, 223 Abs. 1, 224 Abs. 1 StGB? **354**

Der A könnte sich gemäß §§ 227, 223 Abs. 1, 224 Abs. 1 StGB wegen Körperverletzung mit Todesfolge strafbar gemacht haben, indem er X mit einem Messer in den Hals stach. § 227 StGB ist ein erfolgsqualifiziertes Delikt, bei dem bezüglich der qualifizierenden Folge nach § 18 StGB auch bloße Fahrlässigkeit genügt.

I. Grunddelikt: Verwirklichung des Tatbestands der §§ 223 Abs. 1, 224 Abs. 1 StGB?[73]

1. Objektiver Tatbestand der §§ 223 Abs. 1, 224 Abs. 1 StGB

a) Objektiver Tatbestand des § 223 Abs. 1 StGB

Der objektive Tatbestand des § 223 Abs. 1 StGB verlangt zunächst eine Körperverletzung. Eine Körperverletzung ist jede Gesundheitsschädigung sowie jede unangemessene Behandlung, die das körperliche Wohlbefinden eines anderen nicht bloß unerheblich beeinträchtigt. Eine körperliche Misshandlung ist mit dem Messerstich in den Hals den W ebenso verwirklicht wie eine Gesundheitsschädigung.

b) Objektiver Tatbestand des § 224 Abs. 1 StGB?

Zudem könnte der objektive Tatbestand der gefährlichen Körperverletzung (§ 224 Abs. 1 StGB) verwirklicht sein:

- In Betracht kommt zunächst, dass A den X mit einer Waffe angegriffen hat (Nr. 2 Var. 1). Eine Waffe ist nach h.M. jeder Gegenstand, der nach seiner objektiven Beschaffenheit dazu geeignet und bestimmt ist, einem Menschen erhebliche Verletzungen zuzufügen. Daran fehlt es bei einem kleinen Küchenmesser, das nach seiner objektiven Bestimmung nur für Küchenarbeiten verwendet wird.

- Stattdessen könnte das Messer ein gefährliches Werkzeug sein (Nr. 2 Var. 2). Ein gefährliches Werkzeug ist nach h.M. jeder Gegenstand, der aufgrund seiner objektiven Beschaffenheit und nach Art seiner konkreten Verwendung dazu geeignet ist, einem Menschen erhebliche Verletzungen beizubringen. Ein kleines Küchenmesser ist zwar objektiv nicht zu diesem Zweck bestimmt, aber doch so beschaffen, dass es im konkreten Fall dazu genutzt werden kann, einen anderen Menschen schwer zu verletzen. Der objektive Tatbestand des § 224 Abs. 1 Nr. 2 Var. 2 StGB ist damit erfüllt.

- Dagegen scheidet ein hinterlistiger Überfall (Nr. 3) aus: Er setzt voraus, dass der Täter in planvoll-verdeckender Weise vorgeht, um sein Opfer zu überraschen. Hier zeigt A dem X das Messer vorher sogar zur Warnung.

---

[73] Streng genommen, würde es ausreichen, an dieser Stelle § 223 Abs. 1 StGB zu prüfen, zumal nach § 224 StGB nicht ausdrücklich gefragt ist. Wenn die Zeit reicht, sollte § 224 StGB aber mitbehandelt werden, weil der Sachverhalt zahlreiche Anknüpfungspunkte für diesen Tatbestand enthält und weil § 227 StGB auch auf § 224 StGB verweist.

■ Auch der Tatbestand der gemeinschaftlichen gefährlichen Körperverletzung (Nr. 4) ist nicht erfüllt, weil dieser voraussetzt, dass die an der Tat Beteiligten dem Opfer gemeinsam unmittelbar gegenübertreten. Zwar hatte A hier die Unterstützung seiner Cousins B und C, doch hielten diese sich bei der konkreten Auseinandersetzung mit X zurück.

■ Stattdessen könnte A den objektiven Tatbestand des § 224 Abs. 1 Nr. 5 StGB erfüllt haben. Insoweit ist umstritten, ob eine „das Leben gefährdende Behandlung" voraussetzt, dass das Opfer im konkreten Fall in Lebensgefahr gerät oder ob es ausreicht, dass der Angriffsmodus generell-abstrakt dazu geeignet ist, das Opfer in Lebensgefahr zu bringen. Da X hier in konkrete Lebensgefahr geriet, bedarf dies keiner Entscheidung. Der objektive Tatbestand der Nr. 5 ist erfüllt.

2. Subjektiver Tatbestand der §§ 223 Abs. 1, 224 Abs. 1 StGB

A müsste vorsätzlich gehandelt haben. Vorsatz ist das Wissen und Wollen der Tatbestandsverwirklichung. A verletzte den X hier wissentlich mit dem kleinen Küchenmesser und er wollte dies auch. Damit handelte er jedenfalls vorsätzlich hinsichtlich des objektiven Tatbestands der §§ 223 Abs. 1, 224 Abs. 1 Nr. 2 Var. 2 StGB.

Fraglich ist, ob A auch hinsichtlich des objektiven Tatbestands des § 224 Abs. 1 Nr. 5 StGB vorsätzlich handelte, weil er den X nicht töten wollte und er auch nicht mit einer tödlichen Verletzung rechnete. Die Rspr. lässt es genügen, dass der Täter die Umstände kennt, aus denen sich die Lebensgefährdung ergibt.[74] Das wird man auch in der Person des A anzunehmen haben, weil er hinsichtlich des Stiches (dem Umstand der Lebensgefährdung) vorsätzlich handelte. Die h.L. verlangt dagegen, dass der Täter auch hinsichtlich der Lebensgefährdung vorsätzlich handelt.[75] Folgt man der zweiten Auffassung, handelte A hier nicht vorsätzlich hinsichtlich der Nr. 5. Dafür spricht, dass der Tatbestand der Nr. 5 ausdrücklich eine „das Leben gefährdende Behandlung" verlangt, die Lebensgefährdung also einbezieht, und dass der Vorsatz sich nach § 16 Abs. 1 StGB auf alle Tatbestandsmerkmale beziehen muss.

3. Zwischenergebnis

Als Grunddelikt liegt eine gefährliche Körperverletzung nach §§ 223, 224 Abs. 1 Nr. 2 Var. 2 StGB vor.

II. Besondere Folge: Tod eines Menschen zurechenbar verursacht?

1. Besondere Folge, Kausalität und objektive Zurechnung

A hat den Tod eines Menschen kausal verursacht, indem er X mit einem Messer in den Hals gestochen hat, woran dieser verstarb. Es bestehen auch keine Anhaltspunkte dafür, dem A dies nicht objektiv zuzurechnen. Die schwere Folge

---

74 BGH NJW 1989, 781.
75 Schönke/Schröder/*Stree/Sternberg-Lieben*, StGB, 29. Aufl. 2014, § 224 Rn. 13 m.w.N.

des § 227 StGB hat A also herbeigeführt und dies ist ihm auch objektiv zuzurechnen.

2. Tatbestandspezifischer Gefahrzusammenhang

Nach allgemeiner Ansicht ist es nur gerechtfertigt, das hohe Strafmaß des § 227 StGB zu verhängen, wenn neben die Kausalität und die objektive Zurechnung ein tatbestandsspezifischer Gefahrzusammenhang tritt. Umstritten ist allerdings, wie dieser ausgestaltet sein muss.

- Nach der Rspr. genügt es, dass die Körperverletzungshandlung potentiell tödlich ist. Das hat zur Folge, dass von dem Gefahrzusammenhang auch Folgewirkungen umfasst werden (z.B. Infektion einer Wunde, infolge der das Opfer schwer erkrankt und schließlich verstirbt).[76]

- Nach einer starken Ansicht in der Lit. muss dagegen der Körperverletzungserfolg die Gefahr des Todes in sich bergen (Letalitätskriterium), weil anderenfalls das hohe Strafmaß des § 227 StGB nicht gerechtfertigt sei.[77]

Hier ist der tatbestandsspezifische Gefahrzusammenhang nach beiden Ansichten zu bejahen, weil ein Stich in den Hals stets die Gefahr des Todes des Opfers mit sich bringt. Auch im konkreten Fall hat sich diese Gefahr verwirklicht.

3. Fahrlässigkeit bezüglich der besonderen Folge?

Nach § 18 StGB muss A bezüglich der besonderen Folge mindestens fahrlässig gehandelt haben. Da A nicht mit dem Tod des X rechnete und er diesen auch nicht wollte, scheidet ein Vorsatz bezüglich der schweren Folge hier auch aus. Jedoch hat A den Tod des X fahrlässig herbeigeführt, weil es objektiv sorgfaltswidrig ist, einem anderen Menschen mit einem Messer in den Hals zu stechen und weil es auch vorhersehbar ist, dass dies zum Tod dieses Menschen führen kann.

III. Rechtswidrigkeit

Fraglich ist allerdings, ob A auch rechtswidrig handelte. In Betracht kommt hier eine Rechtfertigung durch Notwehr (§ 32 StGB).

1. Gegenwärtiger, rechtswidriger Angriff?

Der Notwehrtatbestand setzt zunächst einen gegenwärtigen, rechtswidrigen Angriff voraus. Ein Angriff ist die Beeinträchtigung eines geschützten Rechtsguts durch einen anderen. X war gerade dabei, A zu schlagen und beeinträchtigte dadurch dessen Gesundheit. Ein Angriff ist gegenwärtig, wenn er unmittelbar bevorsteht, gerade stattfindet oder noch andauert. X war gerade dabei, den A zu schlagen, sodass ein gegenwärtiger Angriff bejaht werden kann. Schließlich war X auch nicht seinerseits gerechtfertigt. Zwar zeigte A dem X

---

76 Vgl. nur BGH NJW 1982, 2831 – Hochsitzfall.
77 Schönke/Schröder/*Stree/Sternberg-Lieben*, StGB, § 224 Rn. 5 m.w.N.

sein Messer und warnte ihn vor einem weiteren Angriff. Gerade dadurch brachte A aber zum Ausdruck, dass er X nicht von sich aus angreifen werde, sodass X nicht seinerseits aus Notwehr handelte.

2. Notwehrhandlung?

Eine Notwehrhandlung ist eine Handlung, die zur Abwehr eines gegenwärtigen, rechtswidrigen Angriffs geeignet und erforderlich ist. Geeignet ist eine Notwehrhandlung, wenn sie einen Angriff beendet oder zumindest abschwächt. Der Stich in den Hals des X war geeignet, dessen Angriff sofort zu unterbinden. Erforderlich ist eine Notwehrhandlung, wenn dem Angriffenen kein milderes, gleich geeignetes Mittel zur Verfügung steht. Als alternative Mittel kamen hier die Flucht, ein Schlag mit der Faust oder ein Stich in eine weniger empfindliche Stelle des Körpers des X in Betracht. Indes wäre keines dieser Mittel gleich geeignet gewesen: Eine Flucht des A hätte den Angriff nicht sofort beendet, sondern sie hätte dazu geführt, dass der schnellere X den A verfolgt und weiter angreift. Zudem ist eine Flucht nach h.M. nie erforderlich, weil die Notwehr zumindest auch dazu dient, dem Recht gegen das Unrecht zur Durchsetzung zu verhelfen. A konnte sich auch nicht mit der Faust wehren, weil X viel stärker war als er. Schließlich wäre auch ein Stich an eine andere Stelle, etwa in das Bein, nicht gleich geeignet gewesen, weil X dadurch womöglich nicht sofort kampfunfähig gewesen wäre.

3. Gebotenheit?

Fraglich ist allerdings, ob die Notwehr auch geboten war. Die Gebotenheit der Notwehr könnte hier aus mehreren Gründen zu verneinen sein: Erstens könnten geschütztes Rechtsgut (Gesundheit des A) und verletztes Rechtsgut (Leben des X) hier in einem krassen Missverhältnis stehen. Zweitens könnte A zur Zurückhaltung gezwungen gewesen sein, weil X erkennbar angetrunken, wenn auch nicht schuldunfähig war. Drittens könnte es an der Gebotenheit fehlen, weil A die Schlägerei kommen sah und er sich bewusst mit dem Messer in die gefährliche Lage begeben hat. Viertens könnte Art. 2 Abs. 1 S. 2 EMRK einer Rechtfertigung entgegenstehen.

■ Der erste Einwand greift nicht durch, weil die Notwehr – anders als der rechtfertigende Notstand (§ 34 StGB) – grundsätzlich keine Rechtsgüterabwägung kennt. Zudem ist auch die Gesundheit ein hohes Rechtsgut und auch Schläge mit der Faust können lebensgefährlich (hier für A) sein, sodass von einem krassen Missverhältnis nicht die Rede sein kann.

■ Der zweite Einwand greift nicht durch, weil eine Einschränkung des Notwehrrechts gegenüber einem Alkoholisierten allenfalls dann in Betracht kommt, wenn dieser schuldunfähig (§ 20 StGB) oder zumindest vermindert schuldfähig (§ 21 StGB) ist, weil er dann nicht mehr weiß, was er tut. Das war bei X nicht der Fall, denn er war voll zurechnungsfähig.

■ Bei dem dritten Einwand ist zu differenzieren: Eine Einschränkung des Notwehrrechts kommt jedenfalls in Betracht, wenn der Täter die Notwehrlage mit der Absicht herbeiführt, das Opfer in dieser Lage anzugreifen (Absichtsprovokation). Das war hier nicht der Fall: Zwar nahm A bewusst sein Messer mit in das Geschehen, aber er hatte nicht die Absicht, den X zu provozieren, um ihn niederzustechen. Vielmehr hatte A die Situation beruhigt und er warnte den X sogar noch vor einem Angriff.

- Anders liegt es, wenn der Täter den Angriff zwar nicht absichtlich herbeigeführt, ihn aber doch vorwerfbar verursacht, der Angriff in engem zeitlichen und räumlichen Zusammenhang zu der Provokation durch den Täter steht und er sich auch als adäquate Folge darstellt (unabsichtlich provozierter Angriff). Hier entfällt die Vorwerfbarkeit nicht dadurch, dass X zuerst den A provoziert hat, ihn nämlich übel beleidigt hat. Zum einen erfolgte die Notwehr des A nicht in Reaktion auf die Beleidigung. Zum anderen trat durch das Aufsuchen der Wohnung des Vaters und den Beginn der Schlägerei auch eine Zäsur ein. Der Angriff des X auf A stand dagegen in engem zeitlich-räumlichen Zusammenhang zu der zuvor durch A angezettelten Schlägerei, bei der er seine Cousins kräftig anfeuerte. Zweifelhaft ist dagegen, ob der Angriff des X noch als adäquate Folge auf diesen Angriff gelten kann, denn die Schlägerei war zu diesem Zeitpunkt schon beendet, und zwar gerade durch das Eingreifen des A. Letztlich kann die Frage dahinstehen, weil der unabsichtlich provozierte Angriff nicht zur Folge hat, dass das Notwehrrecht stets ganz entfällt. Zwar muss der Täter einem Angriff ausweichen, wenn dies ohne Risiko möglich ist und er muss bei der Wahl seiner Verteidigungsmittel Zurückhaltung walten lassen. Beides hat A hier jedoch getan: Er ist zunächst ausgewichen. Eine Flucht kam nicht in Betracht, weil A ein sehr schlechter Läufer ist. Indem er den X erst vor einem Angriff warnte und dabei das Messer zeigte, übte er auch Zurückhaltung bei der Wahl seiner Verteidigungsmittel. Schließlich ist zu beachten, dass ein Schlagring ebenfalls geeignet ist, lebensgefährliche Verletzungen zu verursachen, sodass es A nicht zuzumuten war, eine weniger wirksame Verteidigung unter Inkaufnahme eigener Verletzungen zu wählen. Demnach wäre A also durch § 32 StGB gerechtfertigt gewesen.

- Anderes folgt auch nicht aus der Rechtsfigur der *actio illicita in causa*. Ähnlich wie bei der *actio libera in causa* soll sich danach derjenige nicht auf einen Rechtfertigungsgrund berufen können, der diesen pflichtwidrig herbeiführt (Rn. 193). Selbst wenn man die *actio illicita in causa* nicht schon wegen des Gesetzlichkeitsprinzips grundsätzlich ablehnt, muss sie richtigerweise doch zumindest dahingehend eingeschränkt werden, dass der Angreifer nicht durch seine eigenverantwortliche Handlung ein Risiko setzt, dass dem Täter nicht zugerechnet werden kann. So lag es aber hier: Selbst wenn A den Angriff des X durch sein pflichtwidriges Verhalten (Herbeiführen einer Schlägerei) mitverursacht hat, war es doch der X, der sich aus freien Stücken dazu entschloss, den A anzugreifen, nachdem sich die Lage beruhigt hatte und dabei sogar noch einen Schlagring zu verwenden.

- Der vierte Einwand greift ebenfalls nicht durch. Zwar darf ein Mensch nach Art. 2 Abs. 1 S. 2 EMRK nur durch Vollstreckung eines Todesurteils, das ein Gericht wegen eines Verbrechens verhängt hat, für das die Todesstrafe gesetzlich vorgesehen ist, getötet werden (das ist wegen Art. 102 GG in Deutschland bedeutungslos). Indes gilt die EMRK nicht unmittelbar zwischen Privaten, sondern nur zwischen Staat und Bürger. Zwar müssen die Gerichte bei der Auslegung des einfachen Rechts die EMRK berücksichtigen. Eine Tötung wird jedoch nach Art. 2 Abs. 2 lit. a) EMRK nicht als Verletzung des Absatzes 1 betrachtet, wenn sie durch eine Gewaltanwendung verursacht wird, die unbedingt erforderlich ist, um jemanden gegen rechtswidrige Gewalt zu verteidigen. Letzteres war jedenfalls hier der Fall.

Damit war die Notwehr des A gegen den Angriff des X auch geboten.

4. Subjektives Rechtfertigungselement

Nach überwiegender Ansicht erfordert die Notwehr schließlich ein subjektives Rechtfertigungselement. Umstritten ist, ob es sich dabei um einen Verteidigungswillen handeln muss oder ob es ausreicht, dass der Täter in Kenntnis der Rechtfertigungslage handelt. A handelte jedenfalls, um sich zu verteidigen und damit mit Verteidigungswillen.

IV. Ergebnis

A hat sich nicht nach § 227 StGB strafbar gemacht.

C. Aktenvortrag aus dem öffentlichen Recht

I. Sachverhalt

355

Die kreisfreie Stadt S ist im Bundesland L belegen und hat ein Problem mit einer Überpopulation der wild lebenden Tauben der Stadt. Um die Zahl der Tauben zu reduzieren, hat die zuständige Ordnungsbehörde von S eine ordnungsbehördliche Verordnung (VO) erlassen. § 3 VO lautet:

„Das Füttern von wild lebenden Tauben ist im gesamten Stadtgebiet verboten."

Die Behörde begründet den Erlass der Verordnung damit, dass die Zahl der Tauben am schonendsten und natürlichsten durch eine Verknappung des Nahrungsangebots erreicht werden kann. Dazu beruft sie sich auf ein Gutachten einer unabhängigen und staatlich anerkannten Forschungseinrichtung, das sie im Vorfeld eingeholt hat. Zudem verweist sie darauf, dass früher ergriffene Maßnahmen wie Abschuss, Vergiften und Bejagung der Tauben durch Falken nicht zu einer dauerhaften Reduzierung des Bestandes geführt hätten. Durch die Verringerung der Taubenpopulation soll die mit ihr einhergehende Belastung durch Milben und sonstiges Ungeziefer verringert werden. Dies hält die Behörde zum Schutz der Gesundheit der Menschen in S für erforderlich. Zur Begründung verweist sie auf ein medizinisches Gutachten eines unabhängigen Universitätsklinikums. Außerdem wirke der Kot der Tauben ätzend auf historische Bauwerke, in und auf denen die Tauben mit Vorliebe nisten. Die Behörde befürchtet, dass durch die Überpopulation auf lange Sicht die Bauwerke schwer beschädigt werden. Dies belegt sie mit dem Gutachten eines unabhängigen Bausachverständigen.

Die Witwe W, die schon seit Jahrzehnten die Tauben der Stadt füttert, kann dies nicht nachvollziehen und füttert daher ihre gefiederten Freunde im Stadtpark weiter, wie sie es schon immer getan hat. Die zuständige Behörde hört die W daraufhin an und erlässt gegen diese anschließend schriftlich einen Verwaltungsakt, durch den sie der W das Füttern der Tauben in der Zukunft untersagt. Zur Begründung verweist sie auf § 3 VO sowie auf die Erwägungen, die zum Erlass der VO geführt haben. Zudem sei W ein schlechtes Vorbild für andere, das Nachahmungspotential sei erfahrungsgemäß hoch. Schließlich könne W im örtlichen Zoo die dort lebenden Zuchttauben füttern. Mit ihrem Rentnerausweis habe sie kostenlosen Zugang zu dem Tierpark. Beides entspricht der Wahrheit.

W ist empört. Sie kommt in Ihre Anwaltskanzlei. Der Bescheid sei rechtswidrig, weil sie schon aus Gründen des Tierschutzes die Tauben füttern müsse, da diese sonst Hunger leiden müssten. Zudem sei dies die einzige ihr noch verbliebene Freude, seitdem ihr geliebter Mann verstorben sei. Ferner sei der Bescheid der Behörde unrechtmäßig ergangen, da bereits ein Verbot mit der Verordnung existiere und ein „Doppelverbot" durch die Behörde nicht nötig sei.

Bearbeitervermerk: Prüfen Sie die Rechtmäßigkeit des Bescheids und erteilen Sie der W anschließend Rechtsrat. Vorschriften des Bundestierschutzgesetzes sind nicht zu prüfen. Es ist zu unterstellen, dass die VO formell rechtmäßig ist. Weiter ist zu unterstellen, dass auf das Verwaltungsverfahren im Land L das VwVfG anzuwenden ist. Das Ordnungsbehördengesetz (OBG) des Landes L gilt auch für die Behörden der S und enthält folgende Bestimmungen:

§ 14 Voraussetzungen des Eingreifens
Die Ordnungsbehörden können die notwendigen Maßnahmen treffen, um eine im einzelnen Falle bestehende Gefahr für die öffentliche Sicherheit oder Ordnung (Gefahr) abzuwehren.

§ 25 Allgemeines
Ordnungsbehördliche Verordnungen sind die aufgrund der Ermächtigung in § 27 erlassenen Gebote oder Verbote, die für eine unbestimmte Anzahl von Fällen an eine unbestimmte Anzahl von Personen gerichtet sind.

§ 27 Verordnungsrecht der Ordnungsbehörden
Die Ordnungsbehörden können zur Abwehr von Gefahren für die öffentliche Sicherheit oder Ordnung Verordnungen erlassen.

§ 29 Inhalt
Ordnungsbehördliche Verordnungen müssen in ihrem Inhalt bestimmt sein

II. Lösungsvorschlag

356 Der Verwaltungsakt ist rechtmäßig, wenn er auf einer wirksamen Ermächtigungsgrundlage beruht und formell und materiell rechtmäßig ist.

A. Wirksame Ermächtigungsgrundlage

Als Ermächtigungsgrundlage kommt zunächst § 3 VO in Betracht. Indes enthält § 3 VO nur ein Verbot und keine Rechtsfolgenregelung. Der Verwaltungsakt greift zudem in die allgemeine Handlungsfreiheit (Art. 2 Abs. 1 GG) der W ein und steht deshalb unter dem Vorbehalt des Gesetzes. Ermächtigungsgrundlage kann folglich nur ein formelles Gesetz sein. § 3 VO entstammt jedoch einer behördlichen Verordnung, er hat also nicht die Qualität eines formellen Gesetzes. Diesen Anforderungen genügt hingegen § 14 OBG, an dessen Wirksamkeit keine Zweifel bestehen. Damit ist § 14 OBG die richtige Ermächtigungsgrundlage.

B. Formelle Rechtmäßigkeit des Verwaltungsakts

I. Zuständigkeit der Behörde

Laut Sachverhalt wurde der Verwaltungsakt durch die zuständige Behörde erlassen.

II. Anhörung der W

In Bundesland L gilt laut Bearbeitervermerk das VwVfG. Bevor ein Verwaltungsakt erlassen wird, der in Rechte eines Beteiligten eingreift, ist diesem nach § 28 Abs. 1 VwVfG grundsätzlich Gelegenheit zu geben, sich zu den für die Entscheidung erheblichen Tatsachen zu äußern. Der Verwaltungsakt greift in die allgemeine Handlungsfreiheit der W ein (s.o.). Die W wurde allerdings vorher angehört.

III. Form des Verwaltungsakts

Nach § 37 Abs. 2 VwVfG bedarf der Verwaltungsakt keiner besonderen Form. Ein schriftlicher Verwaltungsakt ist jedoch nach § 39 VwVfG mit einer Begründung zu versehen. Diesen Anforderungen genügt der durch die Behörde erlassene Verwaltungsakt.

IV. Zwischenergebnis

Der Verwaltungsakt ist formell rechtmäßig.

C. Materielle Rechtmäßigkeit

Der Verwaltungsakt ist materiell rechtmäßig, wenn die Tatbestandsvoraussetzungen des § 14 OBG erfüllt sind und die Behörde das ihr nach dieser Norm zustehende Ermessen ordnungsgemäß ausgeübt hat.

I. Vorliegen des Tatbestands des § 14 OBG

1. Gefahr für die öffentliche Sicherheit oder Ordnung

§ 14 OBG setzt zunächst eine Gefahr für die öffentliche Sicherheit oder Ordnung voraus. Der öffentlichen Sicherheit unterfallen der Schutz der geschriebenen Rechtsordnung, des Staates und seiner Bürger sowie deren individuelle

Rechtsgüter. Der öffentlichen Ordnung unterfallen die ungeschriebenen Regeln, die für den einzelnen und die Allgemeinheit gelten, ohne die ein gedeihliches Miteinander in einer Gesellschaft nicht möglich wäre. Eine Gefahr ist ein Zustand, der bei ungehindertem Geschehensablauf mit hinreichender Wahrscheinlichkeit zu einer Verletzung der öffentlichen Sicherheit und/oder Ordnung führen würde. Hier verletzt die W § 3 VO, indem sie die Tauben im Stadtpark füttert. § 3 VO ist Bestandteil der geschriebenen Rechtsordnung. Demnach ist die öffentliche Sicherheit verletzt und eine Gefahr gegeben. Voraussetzung dafür ist allerdings, dass § 3 VO seinerseits rechtmäßig ist. Dazu müsste die VO ihrerseits rechtmäßig sein, also auf einer wirksamen Ermächtigungsgrundlage beruhen und formell und materiell rechtmäßig sein.

2. Rechtmäßigkeit der VO

   a) Ermächtigungsgrundlage für den Erlass der VO

      Ermächtigungsgrundlage für den Erlass der VO sind die §§ 25, 27 OBG. An deren Wirksamkeit bestehen keine Zweifel.

   b) Formelle Rechtmäßigkeit der VO

      Die VO ist laut Bearbeitervermerk formell rechtmäßig.

   c) Materielle Rechtmäßigkeit der VO

      Die VO ist materiell rechtmäßig, wenn die Tatbestandsvoraussetzungen der §§ 25, 27 OBG erfüllt sind, sie nicht gegen höherrangiges Recht verstößt und die sie erlassende Behörde von dem ihr zustehenden Ermessen ordnungsgemäß Gebrauch gemacht hat.

      Die Tatbestandsvoraussetzungen der §§ 25, 27 OBG sind erfüllt: § 3 VO enthält ein Verbot, das für eine unbestimmte Anzahl von Fällen an eine unbestimmte Anzahl von Personen gerichtet ist (§ 25 OBG). Das Verbot dient auch der Abwehr einer Gefahr für die öffentliche Sicherheit. Durch das Verbot soll die Gesundheit der Bewohner der Stadt S geschützt werden. Diese ist durch Art. 2 Abs. 2 GG, der dem Staat auch Schutzpflichten auferlegt, Teil der öffentlichen Sicherheit. Zudem dient das Verbot dazu, die historischen Bauwerke der Stadt vor schweren Schäden zu bewahren und dient damit dem Schutz des Eigentums an diesen Bauwerken, das nach § 903 BGB und Art. 14 Abs. 1 GG ebenfalls geschützt und damit Teil der öffentlichen Sicherheit ist. Würde die Taubenpopulation nicht reduziert, würde dies auf absehbare Zeit mit hinreichender Wahrscheinlichkeit zu einer Beeinträchtigung der Gesundheit der Menschen in S und der Bausubstanz führen. Dies belegen die Gutachten des Universitätsklinikums und des Bausachverständigen.

      Die VO ist auch hinreichend bestimmt i.S.d. § 29 OBG, weil sie die verbotene Handlung konkret beschreibt. Sie verstößt auch nicht gegen sonstiges höherrangiges Recht, insbesondere nicht gegen Art. 20a GG, weil diese Vorschrift es nicht pauschal verbietet, Jagd auf Tiere zu machen, die eine Gefahr für andere Verfassungsgüter wie die Gesundheit der Menschen darstellen.

Die Behörde hat auch das ihr zustehende Ermessen ordnungsgemäß ausgeübt: Sie hat den Sachverhalt sorgfältig ermittelt und ihre Ergebnisse durch unabhängige Gutachten bestätigen lassen. Das Verbot ist auch verhältnismäßig: Es dient dem Schutz der Gesundheit der Bürger und des Eigentums und damit dem legitimen Ziel, verfassungsrechtlich geschützte Rechtsgüter zu bewahren. Das Verbot ist geeignet, dieses Ziel zu erreichen. Ferner ist das Verbot erforderlich. Die Behörde hat sich mit alternativen Optionen auseinandergesetzt und diese als weniger geeignet verworfen. Das Verbot ist auch angemessen. Zwar beschränkt es die Handlungsfreiheit der Bürger der Stadt S. Doch es nimmt auf diese auch Rücksicht, weil es nur für wild lebende Tauben gilt und z.B. nicht für Tauben, die in privater Zucht gehalten werden. Die Beschränkung der Handlungsfreiheit ist nicht unangemessen im Verhältnis zum Schutz der Gesundheit und des Eigentums. Auch Erwägungen des Tierschutzes können im Ergebnis nicht zu einem anderen Ergebnis führen, weil Wildtiere in der Lage sind, sich ihr Futter selbst zu suchen und weil die Fütterung wild lebender Tauben lediglich einen unnatürlichen Zustand aufrechterhält.

3. Zwischenergebnis

Als Zwischenergebnis bleibt also festzuhalten, dass § 3 VO seinerseits rechtmäßig ist und dass deshalb der Tatbestand des § 14 OBG verwirklicht ist.

II. Ordnungsgemäße Ermessensausübung

Die Behörde übt ihr Ermessen nach § 40 VwVfG ordnungsgemäß aus, wenn sie ihr Ermessen entsprechend dem Zweck der Ermächtigung ausübt und die gesetzlichen Grenzen des Ermessens einhält. Zu unterscheiden ist insoweit zwischen dem Entschließungsermessen („Ob" des Einschreitens) und dem Auswahlermessen („Wie" des Einschreitens).

1. Entschließungsermessen

Die Behörde hat ihr Entschließungsermessen ordnungsgemäß ausgeübt. Der Verwaltungsakt ist nicht etwa deswegen rechtswidrig, weil mit § 3 VO bereits ein Verbot existiert. Vielmehr führt erst der Erlass des Bescheids dazu, dass für den konkreten Einzelfall für alle Beteiligten verbindlich festgestellt ist, dass die W durch das Füttern der Tauben gegen die öffentliche Sicherheit verstößt. Das verschafft allen Beteiligten Rechtssicherheit und gibt der Behörde die Möglichkeit, das Verbot im Wege der Verwaltungsvollstreckung durchzusetzen. § 14 OBG fungiert insoweit als Transmissionsnorm, die es erlaubt, Ge- und Verbote aus anderen Rechtsvorschriften im Wege einer „unselbständigen Verfügung" im Einzelfall durchzusetzen. Zudem verweist die Behörde auf das hohe Nachahmungspotential, das die W durch ihr Verhalten auslöst.

2. Auswahlermessen

Die Behörde hat auch ihr Auswahlermessen ordnungsgemäß ausgeübt. Insbesondere ist der Verwaltungsakt verhältnismäßig: Er dient dem Schutz der öffentlichen Sicherheit und damit einem legitimen Ziel. Er ist geeignet, dieses Ziel zu erreichen und er ist erforderlich, weil mildere Mittel nicht ersichtlich sind. Er ist auch angemessen und führt insbesondere nicht zu einer unzumutbaren Härte für W. Die Witwe hat die Möglichkeit, im städtischen Zoo die dort lebenden Zuchttauben zu füttern und sie hat zu dem Tierpark auch freien Eintritt.

D. Ergebnis

Der Verwaltungsakt ist rechtmäßig. Der W ist zu raten, nicht gegen den Bescheid vorzugehen.

STICHWORTVERZEICHNIS

Die Zahlen verweisen auf die Randnummern.